어느 시골내기 목사의
이야기 천자문

하늘과 땅과 사람,
즉 천지인(天地人)의 이야기

어느 시골내기 목사의
이야기
천자문

이종도 지음

차례

시작하는 말 08
천자문의 저자에 대하여

제1장

천지만물의 운행과 조화 14
천도(天道)와 음양의 이치

  천지의 시작 15 / 태초의 아침 17

제2장

자연을 영위하는 인간의 삶 24
지도(地道)와 오행의 이치

  사육신(死六臣)의 시 26 / 신숙주는 배신자인가? 30 / 숙주나물의 유래와 진실 31 / 중국의 야광주 설화 35 / 낙랑국의 자명고 설화 36 / 호기가, 한산도가, 북정가 38

제3장

정치·경제와 사회·문화의 발전 44
인도(人道)와 덕치화합

  문왕과 강태공, 단과 공자 50 / 역사에서 동이족(東夷族)의 진실 54 / 알렉산더와 송양지인(宋襄之仁) 58 / 나폴레옹의 야망과 러시아 원정 61

제4장

인간으로서 마땅히 해야 할 일　　　　　　　　66
충효와 인의예지신

한양 도성의 인의예지신(仁義禮智信) 67 / 충절과 사랑의 노래 77 / 말과 행동에 대한 교훈 85 / 닭과 감의 5덕 90 / 조홍시가와 풍수지탄 91

제5장

군자로서 당연히 지켜야 할 도리　　　　　　　　98
사덕과 오지(五止)

문경지교와 로마의 두 청년 100 / 백이숙제 두 형제 108 / 개자추와 한식의 유래 110 / 굴원의 어부사와 단오 111 / 죽림칠현과 죽고칠현 115 / 도연명과 귀거래사 116 / 신라의 마지막 왕자 117 / 고려 말 삼은(三隱) 119 / 두문동 유신들 121 / 멸망 위기의 백성을 구한 여인 123 / 화랑과 원화 이야기 130 / 신라의 두 청년과 임신서기석 136

제6장

궁궐의 위엄과 선정덕치(善政德治)　　　　　　　　143
연비여천(鳶飛戾天)

중국과 우리나라, 성경의 도읍 143 / 예루살렘의 뜻과 평화의 왕 146 / 예루살렘 성문의 의미 147 / 조선의 궁궐, 다윗과 솔로몬의 성전 155 / 삼천갑자 동방삭 이야기 159

제7장

업적을 남긴 위대한 신하들　　　　　　168
명신열전(名臣列傳)

　주문왕과 강태공, 은탕왕과 이윤 168 / 연횡책과 합종작전 174

제8장

영토의 범위와 명소, 경작과 조세제도　　　180
사해지내(四海之內)

　중국의 오악과 성경의 유명한 산 181

제9장

관리로서 지켜야 할 태도와 예의　　　　　189
진퇴지절의 덕목과 자세

　맹모삼천지교의 문제점 190 / 춘추시대 지혜로운 부인과 충신들 193

제10장

관직을 떠난 군자의 삶　　　　　　　　　202
안빈낙도(安貧樂道)

　자연가와 청산가 205 / 눈물에 젖은 빵, 빈곤과 풍요의 역설 211

제11장

평안을 누리는 군자의 삶 214
향오(嚮五)의 평온

제사의 관습과 조상 제사 220 / 성경의 제사 제도 221 / 이스라엘의 절기 222

제12장

시대에 뛰어난 인재들 227
회고(回顧), 인생을 돌아보다

중국과 성경의 미녀 231 / 동심초와 설도의 춘망사 234 / 인류 최초의 서정시 236

제13장

인생의 마지막 길에서 247
하늘의 명을 기다리다

천자문의 마지막 교훈 252 / 모든 일에 끝이 좋아야 한다(유종지미) 254

마치는 말 257

군자와 선비와 양반은 누구인가? / 시간과 기회

시작하는 말

"하늘 천, 따 지, 검을 현, 누를 황."

옛날 서당에서 아이들의 글 읽는 소리가 구성지게 들린다. 예로부터 세 가지 아름답고 듣기 좋은 소리(三好聲)[1] 중 하나, 『천자문』을 외는 소리다. 여기에 재미있는 노래도 생겼다.

> 하늘 천 따지
> 가마솥에 누룽지
> 박박 긁어서[2]
> 너 하나 나 한 그릇
> 오독오독 싶어
> 맛있게 먹어 보자
> 아이, 고소하다.

---

1) 삼호성 또는 삼미성(三美聲)은 아기 울음소리와 아이들 글 읽는 소리, 여인들의 다듬이 소리다.
2) "박박 긁어서" 뒤의 가사는 누구나 다르게, 재미있게 지어 부르기도 했다.

천자문의 저자에 대하여

『천자문』은 네 글자가 한 문장을 이루는 한시(漢詩)[3]로 대표적인 한문 습자교본[4]이다. 저자는 중국 남북조 시대(420~589) 양나라(梁, 502~557) 무제(武帝, 464~549)의 신하 주흥사(周興嗣, 약 470~521)로 전해진다.

주흥사가 양무제의 명을 받아 4자씩 250구의 시를 짓는데, 같은 글자를 쓰지 않고 하룻밤에 완성하여, 그의 머리가 하얗게 되었다. 그래서 사람들이 그를 백두(白頭) 선생 혹은 백수(白首) 선생이라 하였고, 이 때문에 『천자문』을 '백수문(白首文)'으로 부르기도 한다. 이는 당나라 이작(李綽, 7세기 중엽)의 『상서고실(商書故實)』에서 "주흥사가 하루저녁에 책을 엮어 진상하려니, 머리카락이 다 희어졌다."[5]고 했는데, 이것을 조선 숙종(肅宗, 1661~1720) 때 한석봉(韓石峯, 1543~1605)이 「어제천자문서(御製千字文序)」에 인용하면서 '백수문(白首文)'으로 알려지게 되었다.

그런데 상식적으로 생각해도 하룻밤에 一千字로 중복되는 글자 없이 4언 250구의 문장을 짓는다는 것은 도저히 불가능하다. 이는 『천자문』이 너무나 유명하여 지어낸 이야기로, 책이 완성되기까지 그만큼 심혈(心血)을 기울였음을 알 수 있다.

그렇다면 과연 『천자문』은 주흥사만의 작품인가? 아닐 것이다. 사실 『천자문』이 완성되기 이전에 이와 유사한 책들이 많이 있었는데, 이것을 주

---

3) 한시(漢詩)의 4줄은 절구, 8줄은 율시, 12줄 이상은 장률(또는 배율)이다. 5글자 4줄은 오언절구, 5글자 8줄은 오언율시. 이외 운(韻)이나 자수(字數)의 제약 없이 비교적 자유로운 형식을 고시(古詩)로 분류한다.
4) 습자교본(習字敎本)은 초보자들이 글쓰기를 배우고 익히기 위해 편찬한 책을 말한다.
5) 周興嗣 夕編綴 進上鬢髮皆白 (주흥사 석편철 진상빈발개백).

홍사가 정리하여 편집했다는 것이 정설(定說)이다.

주흥사 이전에 삼국시대 위(魏)나라 조조(曹操, 155~220)의 신하(재상)이자 서예 대가인 종요(鍾繇, 151~230)가 『천자문』을 지었다고 하지만, 현존하는 것은 주흥사의 『천자문』이다. 종요는 명필 왕희지(王羲之, 307~365)가 존경하던 인물이었다.

양무제는 왕희지의 글을 좋아하여, 그의 자녀들에게 글을 가르칠 때, "경전을 읽기 위해 먼저 익히면 좋은 글자로, 왕희지의 글에서 뽑아 가르치도록 하라."고 하였다.

왕의 명을 받고 글을 살피던 신하들이 책 한 권을 발견하는데, 이것이 왕희지가 친필로 쓴 종요의 『천자문』이다.[6] 이에 이 글 전체를 주흥사가 첨삭하여 문맥에 맞게 편찬했으니, 이것이 바로 이 시대까지 전해 온 주흥사의 『천자문』이다.

우리나라에 『천자문』이 전해진 기록은 없으나 대략 4세기 중엽(中葉)으로 본다. 백제의 왕인 박사(王人, 4~5세기)가 일본에 『천자문』을 전한 시기가 4세기 말이니, 주흥사의 출생 시기보다 1세기 앞서고 있어, 이것이 '종요의 『천자문』'인 것을 알 수 있다.

『천자문』은 겹치는 글자 없이 사언고시(四言古詩) 250구(句) 일천 자로 구성되어, 오래전부터 글을 배우기 위한 교재로 사용하였고, 한문을 익히는 사람들의 입문서(入門書)로 활용되었다.

그런데 상용한자 중 『천자문』에 자연의 봄春과 뫼山, 방향의 북北, 그리고 숫자 三, 六, 七이 없다. 또 『천자문』은 교육용 기초 한자(1,800자)가 약

---

6) 이윤숙 지음, 『鍾繇의 大敍事詩 千字文 易解』 이달원 엮음(경연학당, 2008).

3/4 정도 되고, 1/4은 한자검정시험 특급 준비생이 아니면 굳이 익힐 필요가 없는 어려운 글자다. 그래서 다산 정약용(丁若鏞, 1762~1836)은 "『천자문』은 어린아이가 배울 책이 아니다."라고 말했다.[7]

하지만 『천자문』은 글의 구성이 섬세하고 문장이 간결하여 노래하듯 익히기 쉽다. 그래서 어린이와 성인에 이르기까지, 여러 분야의 초보자들이 자연과 철학, 문학, 사상 등 기초 학습에 많은 영향을 끼쳤다. 따라서 글의 뜻을 이해하면 학습의 시야가 넓어지고 창의력과 사고력, 표현력에 많은 도움이 될 것이다.

지금은 『천자문』을 익히는 사람들이 많지 않다. 그런데도 서점에는 여러 종류의 『천자문』을 찾아볼 수 있다. 우리나라에는 명필 한석봉의 『천자문』이 유명하다.

필자는 어릴 때 집안 어른들에게 배웠던 『천자문』을 이야기 형식으로 편집해 보았다. 여태껏 출간된 『천자문』 번역이 대다수 무난하나 그래도 어색한 곳이 있으니, 필자 또한 조심스럽기는 마찬가지다. 이 책에서 번역과 표현의 부족한 점은 독자들의 양해로 가늠한다.

『천자문』과 성경의 공통점은 하늘과 땅과 사람, 즉 천지인(天地人)[8]의

---

[7] 我邦之人 得所謂周興嗣千文 以授童幼 而千文 非小學家流也(아방지인 득소위주흥사천문 이수동유 이천문 비소학가류야). "우리나라 사람이 주흥사의 『천자문』을 어린아이들에게 가르치는데, 『천자문』은 소학에 적합한 책이 아니다." 『여유당전서(與猶堂全書)』 제1집, 시문 잡평.

[8] 천지인(天地人)은 동양철학에서 우주 만물을 구성하는 3가지 근원이 되는 요소로, 삼재(三才)를 말한다. 이 삼재를 언급한 책은 중국에서 가장 오래된 『설문해자(說文解字)』와 『주역(周易, 易經)』과 우리의 『훈민정음(訓民正音)』 그리고 옛 문헌 여러 곳에서 볼 수 있다. 한편 우리나라의 국기는 흰 바탕에 청홍의 태극문양과 4괘, 건(乾 ☰ 하늘), 곤(坤 ☷ 땅), 감(坎 ☵ 물), 리(離

이야기에 있다.

『천자문』은 고대 중국에서, 성경은 고대 팔레스타인과 메소포타미아 지역에서 기록되어 그 환경과 문화와 생활방식은 다르지만, 이 세상 모든 사람이 겪는 생로병사(生老病死)와 희로애락(喜怒哀樂)은 한결같을 것이다.

성경은 구약 39권[9]과(천주교는 46권) 신약 27권, 총 66권이고(천주교는 73권), 40여 명이 1,600여 년간 역사에 있었던 사실을 영감(靈感)으로 기록하였다. 그래서 신화, 전설, 민담과 같은 설화와는 다르다.

성경은 실제로 일어난 일을 사실로 기록하고 예언한 하나님의 말씀으로 천지창조와 인류의 역사, 이 모든 것을 주관하시는 하나님의 섭리와 경륜이 담겨 있다.[10]

성경을 기록한 사람 중에 뛰어난 지식인도 있지만 배우지 못한 목자, 농부, 어부도 있으며, 한 나라를 다스린 왕도 있고 포로로 잡혀 이방에서 고위관직에 오른 사람도 있다. 또 어려운 환경에 과부가 되어 시어머니를 모시고 살다가 지방의 유력한 사람과 결혼하여 인생역전을 한 여인과, 이방에서 왕후가 되어 자기 백성을 위기에서 구한 여인의 이야기도 있다.

이렇게 서로 다른 시대와 다른 배경에서 기록한 말씀인데, 마치 한 사람이 쓴 것같이 그 주제는 오직 하나이며, 의문스러운 구절은 서로 짝을 찾

☰ 불)로 우주 만물의 근원이 음양의 완전한 조화와 결합에 있음을 보여 주고 있다.

9) 천주교는 히브리어로 쓰인 39권과 헬라어로 쓰인 토빗기, 유딧기, 마카베오기 상하, 지혜서, 집회서, 바룩서 7권을 더해 46권으로, 히브리어 성경을 제1경전, 헬라어 성경을 제2경전으로 부른다. 개신교는 구약 39권, 신약 27권만 정경으로 하고 그 외는 외경으로 분류하여 경전으로 인정하지 않는다.

10) 섭리(Providence)는 신의 경영과 법도고 사전적 의미는 자연계를 지배하는 법칙이다. 경륜(Dispensation)은 절대 주권을 말하며 사전적 의미는 세상을 다스리는 능력이다. 따라서 인간이 선택할 수 있는 것은 섭리고, 선택의 여지가 없는 것은 경륜이다.

으면 모든 문장이 바르고 정확하게 해석된다.

"너희는 여호와의 책에서 찾아 읽어 보라! 이것들 가운데서 빠진 것이 하나도 없고 제 짝이 없는 것이 없으니, 이는 여호와의 입이 이를 명령하셨고 그의 영이 이것들을 모으셨음이니라(사 34:16)."

제1장

천지만물의 운행과 조화

> **천도(天道)와 음양의 이치**
> **(1)~(5) 5문장 40자**
>
> 하늘을 중심으로 나타나는 자연현상은 천도의 변화와 음양의 이치에 의한 것이다. 무한한 우주의 태극 안에 해와 달의 운행은 낮과 밤을 이루고, 춘하추동 사계절의 아름다운 변화가 일 년이 되어, 한 시대는 가고 새 시대가 오는 세월 속에 인류의 역사는 이루어진다.

자연은 위대하다. 스스로 운행하는 능력과 생성, 성장, 변화, 쇠퇴, 소멸 시키는 힘을 지니고 있다.

철학자 탈레스(Thales, 약 B.C. 623~B.C. 546)는 '만물의 근원을 물'이라 하였다.

물이 생물을 번성케 하니, 하늘 궁창에는 새가 날고, 땅과 바다에 생물들은 생육하고 번성하여 충만하며, 사람은 이 모든 생물들을 다스린다(창 1:20~28).

천지만물의 조화는 대자연의 신비다. 인류는 이 신비로운 자연에서 살아왔고, 앞으로도 더 나은 미래를 위해 탐구하고 개척하며 살아갈 것이다.

(1) 天地玄黃 宇宙洪荒(천지현황 우주홍황): 하늘은 검고 땅은 누르며, 우주는 넓고 거칠다

- "하늘天, 땅地, 검을玄, 누를黃, 집宇, 집宙, 넓을洪, 거칠荒"

문장 구성으로 '천현지황'이 맞으나 뒤의 문장과 격을 맞추기 위해 '천지현황'으로 도치했다.

옛 사람들은 하늘의 본래 모습을 검다고 여겼다. 맞는 말이다. 빛이 없는 밤하늘은 검다. 그러나 빛이 있는 낮 하늘은 푸르고 아름답다.

천지의 시작

『천자문』 첫 문장에서 말한 것처럼 우리가 알고 있는 우주는 무한에 가까울 정도로 넓고, 무서울 정도로 험하고 거칠다. 과연 인간은 이 넓은 우주를 얼마나 알고 개척해 나아갈 것인가?

이것은 천지의 시작을 말한다. 『주역』 건곤괘에 말하기를 "하늘은 검고 땅은 누렇다 하니, 하늘은 위에 덮고 있어 그 색이 검으며 땅은 아래에 실려 있어 그 색은 누렇다. 천지의 안을 횡(橫)으로 말한즉 상하사방(宇, 공간)이요, 종으로 말한즉 왕고래금(宙, 시간)이니, 洪은 넓은 것이요 荒은 먼 것이며 애(한계)가 없고 종극(끝)이 없다"[11](『주해천자문(註解千字文)』).[12]

---

11) 此言天地之始也. 易曰(乾坤卦) 天玄而地黃 天覆於上而其色玄 地載於下而其色黃也. 天地之內 橫設則爲上下四方 竪(縱)設則爲往古來今 洪廣而荒遠 無涯無終極也(차언천지지시야 역왈 천지이지황 천부어상이기색현 지재어하이기색황야. 천지지내 횡설즉위상하사방 수(종)설즉위왕고래금 홍광이황원 무애무종극야).

12) 『註解千字文(주해천자문)』으로 가장 오래된 판본은 1752년(영조 28년)에 홍성원(洪聖源)이 쓴 책이다. 이후 1804년(순조 4년)에 홍태운(洪泰運)이 쓴 경판방각본(京板坊刻本)이 있는데, 이

성경 첫 문장에 태초로 시작하는 책은 창세기와 요한복음과 요한1서 3권이다(창 1:1, 요 1:1, 요1서 1:1).

성경은 태초를 두 가지로 구분한다. 창세기는 천지만물의 시작이고, 요한복음과 요한일서는 창세전의 상고(上古), 즉 영원(עוֹלָם, 올람)을 의미한다(미 5:2).[13]

창조설은 과연 사실인가?[14] 천지만물의 조화와 운행이 이를 증명하고 있다.

"창세로부터 그의 보이지 아니하는 것들 곧 그의 영원하신 능력과 신성이, 그가 만드신 만물에 분명히 보여 알려졌으니 그러므로 그들이 핑계치 못할지니라(롬 1:20)."

> "하늘이 하나님의 영광을 선포하고
> 궁창은 그의 손으로 하신 일을 나타내도다.
> 날은 날에게 말하고 밤은 밤에게 지식을 전하니
> 언어도 없고 말씀도 없으며 들리는 소리도 없으나
> 그의 소리가 온 땅에 통하고 그의 말씀이 세상 끝까지 이르도다."
>
> - 시 19:2~4

이 거대한 우주는 어떻게 생겼을까? 정말 놀라운 사실이다. 인간은 도

책은 민간에 널리 사용된 『석봉천자문』에 있는 새 곤(鯤)과 멀 료(遼)가 큰고기 곤(鯤), 동관 료(僚)로 되어 있다. 이는 통해속본(通解俗本)에서 잘못 수정한 것으로 보인다.

13) 미가 5장 2절의 히브리어 원문 올람(עוֹלָם)은 영원(永遠)의 뜻이다. 이는 영어 이터니티(eternity)와 같이 영원이요, 영겁이며 불멸이다.

14) 창조설은 1980년에 설립된 '한국창조과학회'에서 증명하고 있다. 필자의 책 『사람은 무엇으로 어떻게 살아야 하는가?』(2023) 제2장에서 논증하였다.

무지 우주를 알 수 없으나, 성경 곳곳에 기록되어 있다(창 1장, 욥 38장, 마 24:29, 벧후 3:10, 계 8:12). 이와 같이 모든 만물은 시작과 끝이 있다.

공자가 말하기를, "만물에는 근본과 끝이 있고 일에는 시작과 종말 있으니, 먼저 해야 할 것과 나중에 해야 할 것을 안다면 도에 가까울 것이다(『대학장구(大學章句)』1장)".[15]

태초의 아침

윤동주(尹東柱, 1917~1945)

봄날 아침도 아니고
여름, 가을, 겨울,
그런 날 아침도 아닌 아침에

빨간 꽃이 피어났네.
햇빛이 푸른데,

그 전날 밤에
그 전날 밤에
모든 것이 마련되었네,

사랑은 뱀과 함께
독은 어린 꽃과 함께.

---

15) 孔子曰 物有本末 事有終始 知所先後 則近道矣(공자왈 물유본말 사유종시 지소선후 즉근도의).

이 시의 1연은 "태초"를, 2연은 "천지창조"를, 3연의 "그 전날 밤 모든 것이 마련되었네."는 하나님의 영원하신 예정과 섭리를, 4연의 "사랑과 어린 꽃"은 선, "뱀과 독"은 악을 상징하고 있다.

(2) 日月盈昃 辰宿列張(일월영측 진수열장): 해와 달은 기울고 차며, 별들은 줄지어 늘어서 있다

- "날日, 달月, 찰盈, 기울昃, 별辰, 별宿, 벌릴列, 베풀張"

별이름 수(宿)는 '묵다, 자다(숙박, 宿泊)'의 뜻으로, 옛사람들은 '잘 숙(宿)'으로 읽었다.

『주역』에 말하기를 "해가 한낮이 되면 기울고 달이 차면 이지러진다. 해는 하루 안에 가운데 있다가 기울고 달은 한 달 안에 찼다가 기울어서, 경도와 위도가 서로 엇갈리고 모이는 것이 고리처럼 끝이 없다".[16]

하늘(천체) 주위 도(방위)를 24로 나누면 진(辰)이요 해와 달이 모이는 곳을 28로 나누어 28수(宿)가 운행되니, 고리처럼 연결되고 나열되어 펼쳐져 있다.[17]

해와 달은 양(陽)과 음(陰)이요 오행(五行: 불, 물, 나무, 쇠, 흙)과 함께 요일(日月火水木金土)을 이룬다. 이 오행의 상생상극相生相剋)[18]과, 간지

---

16) 易曰 日中卽昃 月盈卽虧 日一日之內 中而昃 月一月之內 盈而虧 經緯錯綜 如環無端也(역왈 일중즉측 월영즉휴 일일일지내 중이측 월일일지내 영이휴 경위착종 여환무단야).

17) 周天之度 分爲十二次 是爲辰 而日月會 分爲二十八次 而二十八宿行 環列而分張也(주천지도 분위십이차 시위진 이일월회 분위이십팔차 이이십팔숙행 환열이분장야).

18) 오행의 상생(相生)은 火生土(화생토) 土生金(토생금) 金生水(금생수) 水生木(수생목) 木生火(목생화)이다. 상극(相剋)은 火剋金(화극금) 金剋木(금극목) 木剋土(목극토) 土剋水(토극수) 水剋

(干支)[19]에 한국의 성씨(姓氏) 항렬(行列)[20]이 들어 있다.

하늘 궁창에 광명체(日月)가 있어 땅을 비추고 낮과 밤이 나뉘어 징조와 계절과 날과 해를 이루고, 달과 별은 창공에서 세상을 비추고, 낮과 밤을 주관하여 빛과 어둠이 교차된다(창 1:14~18). 사물은 생명이 없으나 순리에 따라 움직인다. 그래서 시인은 자연을 노래하며 명령하고 있다.

"해와 달아 그를 찬양하며
밝은 별들아 다 그를 찬양할지어다.
하늘의 하늘도 그를 찬양하며
하늘 위에 있는 물들도 그를 찬양할지어다.
그것들이 여호와의 이름을 찬양함은
그가 명령하시므로 지음을 받았음이로다."

- 시 148: 3~5

火(수극화)이다.

19) 간지(干支)는 천간(天干)과 지지(地支)이다. 천간은 갑을병정무기경신임계(甲乙丙丁戊己庚辛壬癸)이고, 지지는 자축인묘진사오미신유술해(子丑寅卯辰巳午未申酉戌亥)이다. 이는 12동물(쥐, 소, 범, 토끼, 용, 뱀, 말, 양, 원숭이, 닭, 개, 돼지)로 해의 띠를 말하고 쥐띠해(甲子年) 60회가 되면 회갑이다. 또 천간은 우리나라에서 선거구 등을 구분할 때(갑, 을 구역), 차례나 등급을 매길 때, 계약할 때 그리고 법학에서 사람을 지칭하는 말로 쓰기도 한다(갑은 을에게). 또 유리한 위치에 있는 자를 못마땅하게 여길 때 "갑질한다"며 비꼬기도 한다.

20) 한국의 성씨 항렬 대부분은 오행의 상생과 천간으로 하고 있다. 오행상생 항렬은 대체로 집-영-규-종-우-상(병)-희(형)-재(集-榮-圭-鐘-雨-相(秉)-熙(炯)-在) 순이며, 천간 항렬은 대체로 동-구-남-령-성-희-경-신-정-규(東-九-南-寧-成-熙-慶-新-廷-葵) 순이다. 각 글자마다 오행과 천간의 글자가 들어 있다.

(3) 寒來暑往 秋收冬藏(한래서왕 추수동장): 찬 것이 오면 더운 것이 가고, 가을에 수확하고 겨울에 저장한다

- "찰寒, 올來, 더울暑, 갈往, 가을秋, 거둘收, 겨울冬, 감출藏"

『주역』에 말하기를 "추위가 오면 더위가 가고 더위가 오면 추위가 가니 왕은 굽히는 것이요 래는 펴는 것이다".[21]

만물은 봄에 나서 여름에 자라고 가을에 성숙하여 거두어들이니, 겨울이 되면 (풀은) 죽고 (나무는) 말라 성장을 멈추고 자신을 간직한다.[22]

계절의 순환에 대해 말하고 있다. 자연의 순리에 따라 봄에 씨를 뿌려 여름에 자라고, 가을에 열매를 거두어 겨울을 준비한다. 그런데 지금은 동지섣달에도 꽃을 볼 수 있고, 겨울에도 온갖 채소와 과일이 나온다.

하나님의 형상을 닮은 인간은(창 1:26~27) 창조의 능력이 있어 위대한 창의력을 지니고 있다.

"여호와 하나님이 땅의 흙으로 사람을 지으시고 생기를 그 코에 불어넣으시니 사람이 생령이 되니라(창 2:7)."

인류는 과학기술 문명의 축적으로 인공지능(AI)을 만들어 사용한다. 그러므로 다니엘(약 B.C. 605~B.C. 534)의 예언과 같이 많은 사람이 빨리 왕래하며 지식이 더하여져(단 12:4), 미래의 인류는 더욱 새롭고 놀라운 것을 만들어 낼 것이다.

---

21) 易曰 寒來卽暑往 暑往卽寒來 往者屈也 來者伸也(역왈 한래즉서왕 서왕즉한래 왕자굴야 래자신야).

22) 萬物 春生夏長 秋而成熟 卽斂而收之 冬而肅殺 卽閉而藏之(만물 춘생하장 추이성숙 즉렴이수지 동이숙살 즉폐이장지).

"그러나 땅이 있을 동안에는 심음과 거둠과 추위와 더위와 여름과 겨울과 낮과 밤이 쉬지 아니하리라(창 8:23)."

(4) 閏餘成歲 律呂調陽(윤여성세 율려조양): 윤달이 남아 해를 이루고, 율려가 음양의 조화를 이룬다

- "윤달閏, 남을餘, 이룰成, 해歲, 법律, 법呂, 고를調, 볕陽"

해와 달의 운행은 연도와 월력을 이룬다. 일 년은 12달(30일씩) 24절기 (15일씩) 기영(+5.25) 삭허(-5.5)가 32개 쌓이면(곱하면) 29일 남짓 된다. 이것으로 윤달을 두어 사시(四時)를 정하고 1년이 된다.[23]

6개 율이 양이 되고 6개 여가 음이 되니, 선왕이 음악을 고찰하여 율과 여를 정하고 음양의 조화가 이루어져 만물이 다스려지니 양을 들면 음은 그 속에 있는 것이다.[24]

율려에서 律은 양음(陽音)이요, 呂는 음음(陰音)이다. **6율과 6려의 온음과 반음이 12음계**의 조화를 이뤄 운행되고 있으니 정말 놀라운 변화로다! 이와 같이 대자연은 음악이 흐르듯 고요하다가 때로는 폭풍이 몰아치기도 하고, 스스로 조화를 이룬다.

"하늘 궁창에 광명체들이 있어 낮과 밤이 나뉘고 그것들로 징조와 계절

---

23) 一歲 十二朔, 二十四氣 氣盈朔虛 積三二朔 卽爲二十九日餘 以置閏而定四時成歲矣(일세 십이삭, 이십사기 기영삭허 적삼십이삭 즉위이십구일여 이치윤이정사시성세의).
24) 六律爲陽 六呂爲陰 先王 考音樂 定律呂 卽陰陽調而萬物理矣 擧陽卽陰在中(육률위양 육여위음 선왕 고음악 정률여 즉음양조이만물리의 거양즉음재중).

과 날과 해를 이루니(창 1:14)."

"날은 날에게 말하고 밤은 밤에게 지식을 전하여, 언어도 없고 말씀도 없으며 들리는 소리도 없으나 그 소리가 온 땅에 통하고 그 말씀은 세상 끝까지 이르도다(시 19:2~4)."

(5) 雲騰致雨 露結爲霜(운등치우 노결위상): 구름이 올라가 비가 되며, 이슬이 맺혀 서리가 내린다

- "구름雲, 오를騰, 이룰致, 비雨, 이슬露, 맺을結, 하爲, 서리霜"

산과 못물에서 구름이 나고 구름이 날고 엉겨 비를 오게 하니 이는 구름과 비가 서로 이어받는 것을 말하고, 밤기운이 이슬을 만들어 이슬이 차게 맺혀 서리가 되니 이는 이슬과 서리가 서로 물려주는 것을 말한다.[25]

이것은 대기와 물의 순환을 말한다. 물은 생명의 근원이다. 지구의 모든 생명체는 물에서 왔고 물을 떠나서는 살 수가 없다. 또한 생물체 안에 수많은 생화학 반응은 에너지의 원천인 빛과 물이 있어야 일어난다. 따라서 물과 빛이 없으면 생명도 없다.

빛은 어디서 왔으며, 물은 어떻게 만들어졌는가?

"땅이 혼돈하고 공허하며 흑암이 깊음 위에 있고 하나님의 영은 수면 위에 운행하시니라. 하나님이 이르시되 빛이 있으라 하시니 빛이 있었고(창 1:2~3)."

---

25) 山澤出雲 雲凝而騰卽致雨 此 言雲之相仍也 夜氣成露 露寒而結卽爲霜 此 霜露之相嬗也(산택출운 운응이등즉치우 차 언운지상잉야 야기성로 로한이결즉위상 차 상로지상단야).

우주와 자연의 신비는 이루 말할 수 없고 인간으로 측량할 수가 없으니 (욥 38~39장), 그야말로 신묘막측(神妙莫測)할 뿐이다(시 139:14).

자연의 순리는 인간에게 축복이다.

"여호와께서 너희의 땅에 이른 비, 늦은 비를 적당한 때에 내리시리니 너희가 곡식과 포도주와 기름을 얻을 것이요(신 11:14), 보라! 형제가 연합하여 동거함이 어찌 그리 선하고 아름다운가. 머리에 있는 보배로운 기름이 수염 곧 아론[26]의 수염에 흘러 그의 옷깃까지 내림 같고, 헐몬[27]의 이슬이 시온의 산들에 내림 같도다. 거기서 여호와께서 복을 명령하셨나니 곧 영생이로다(시 133:1~3)."

---

26) 아론(약 B.C. 1529~B.C. 1406)은 모세의 형이며 미리암의 동생으로 히브리 민족이 이집트에서 탈출할 때와 광야에서 생활할 때 모세를 도왔고, 제정일치 시대에 이스라엘 최초의 대제사장으로 사명을 감당하였다. 여기서 '보배로운 기름'은 초대 대제사장 위임식의 아름다운 장면을 묘사하고 있다.

27) 헐몬(hermon mountain)은 이스라엘의 가장 북쪽 골란고원에 있는 산이다. 해발 2,914m 높이로 한여름 외에는 늘 눈이 쌓여 있어 스키와 눈썰매를 즐길 수 있는 곳이다. 대체로 건조한 이스라엘에서 헐몬은 아주 주요한 자원이다. 헐몬산의 눈이 녹아 바위와 수로에 스며들어 샘이 되고 강을 형성한다. 그래서 아름다운 갈릴리호수와 남으로 흐르는 요단강 그 아래에 세계에서 가장 낮은 소금호수 염해(사해)가 있다.

제2장

자연을 영위하는 인간의 삶

> **지도(地道)와 오행의 이치**
> **(6)~(9) 4문장 32자**
>
> 땅을 중심으로 나타나는 자연현상은 오행의 작용으로, 만물이 성장하고 변화한다. 생은 봄이요 장은 여름이며, 수는 가을이고 장이 겨울이니 곧 생장수장(生長收藏)으로 사계를 이뤄 그 가운데 인간은 살아간다.

(6) 金生麗水 玉出崑岡(금생여수 옥출곤강): 금은 여수에서 나고 옥은 곤강에서 출토된다
- "쇠金, 날生, 고울麗, 물水, 옥玉, 날出, 뫼崑, 뫼岡"

여수는 중국 운남성의 여강납서족(麗江納西族) 자치현의 금사강(金沙江)을 말한다. 곤강은 곤륜산맥(쿤룬산맥)으로, 중국 티베트고원 북동부에 있는 청해성(青海省)은 빛나고 아름다운 옥이 생산되는 곳으로 유명하다. 여수는 운남성 영창부에 있는데 그 지방 토착민이 물에서 모래를 채취

하여 걸러서 백 번 단련하면 금이 된다.[28]

곤은 산 이름으로 형산의 양지(남쪽)에 있어 초(楚)나라 사람 변화(卞和)가 옥을 얻어 성왕에게 바치니, 이름을 화씨벽으로 지어 훗날 진나라 옥새가 되었다.[29]

자연은 이렇게 빛나고 화려하다.

우리 대한민국은 중국이나 미국의 대륙같이 웅장하지는 않지만, 산 좋고 물 맑은 아름다운 금수강산(錦繡江山) 배달[30]의 나라다.

"강산도 빼어났다. 배달의 나라."

지금의 세계도 이렇게 아름다운데 그 옛날 인류의 시조 아담[31]과 하와(이브)[32]가 살았던 에덴동산은 어떠했던가(창 2:8~14). 지금의 세상과는 비교할 수 없이 아름다운 네 강의 낙원이었다.

"첫째 이름은 비손이라. 금이 있는 하월라 온 땅을 둘렀으며, 그 땅의 금은 순금이요…넷째 강은 유브라데더라(창 2:11~14)."

그러나 지금은 두 강만 남아 있을 뿐, 인류는 그 아름답고 찬란한 에덴

---

28) 麗水 在雲南省永昌府 土人 取沙於水淘 汰百鍊 卽成金(여수 재운남서영창부 토인 취사어수도 태백련 즉성금).

29) 崑山名 在荊山之陽 楚人卞和 得玉於此 獻於成王 名和氏璧 後爲秦璽 곤산명 재형산지양 초인 변화 득옥어차 헌어성왕 명화씨벽 후위진새).

30) 배달의 배는 밝다, 희다(白)의 뜻이고 달은 터(땅)의 옛말이다. 배달민족은 밝은 터에 사는 민족을 말한다(배달겨레).

31) 아담(Adam)은 히브리어로 사람, 붉다(흙)의 뜻이다. 육은 흙으로 지어진(창 2:7) 연약한 존재지만, 영적으로는 거룩한 존재요 인격적이고 도덕적이며 지적인 존재다(창 2:15~25).

32) 하와(Hawwāh)는 히브리어로 생명, 즉 모든 산 자의 어머니(창 3:20) 뜻이고, 이브(Eve)는 헬라어 에우아(Εὔα)와 라틴어 에바(Eva)의 영어식 이름이다. 신약성경에 이와(Εὔαν)로 표기되어 있다(고후 11:3, 딤전 2:13. 개역한글).

동산을 상실(失樂園, 실낙원)³³⁾하고 말았다. 그렇다면 잃어버린 낙원은 언제 회복(復樂園, 복락원)될 것이며(사 11:6~9), 옥으로 빛나는 초목이 무성한 물댄동산(사 58:11; 렘 31:12)의 낙원은 어디 있는가.

"이기는 자가 낙원의 생명나무 열매를 먹고(계 2:7), 생명수 강가의 열매와 만국을 치료하는 잎사귀를 볼 것이다(계 22:1~2)."

여수의 금이 좋다 한들 순금이 아니며, 곤강의 옥이 좋다 한들 갈고 다듬어야 한다.

사육신(死六臣)의 시

사육신(死六臣)³⁴⁾의 한 사람인 박팽년(朴彭年, 1417~1456)은 "금생여수 옥출곤강(金生麗水 玉出崑岡)"의 문장으로 시 한 수를 읊었다.

> 금생여수라 한들 물마다 금이 나며
> 옥출곤강이라 한들 뫼마다 옥이 나랴
> 아무리 여필종부인들 임마다 쫓을쏘냐
>
> -『청구영언』,『해동가요』,『가곡원류』

---

33) 「실낙원(Paradise Lost)」은 영국의 시인 밀턴(John Milton, 1608~1674)이 지은 장편 서사시다. 그는 최초의 영시 「그리스도 강탄의 아침에」(1629) 이후 저작에 몰두하느라 시력을 잃고(1652), 어려운 환경에서 대서사시 「실낙원(失樂園, Paradise Lost)」(1667), 「복낙원(復樂園, Paradise Regained)」(1671), 「투사 삼손(Samson Agonistes)」(1671) 3대 거작을 발표했다.

34) 사육신(死六臣)은 박팽년, 이개, 유응부, 하위지, 유성원, 성삼문이다. 이들은 단종(端宗, 1441~1457)을 쫓아낸 수양대군을 거부하고 일편단심, 죽음으로 충신불사이군(忠臣不事二君)의 충절을 지켰다. 이에 남효온(南孝溫, 1454~1492)이 『추강집(秋江集)』 육신전(六臣傳)에 이들의 행적을 높게 평가한 데서 이름이 지어졌고, 생육신(生六臣)은 사육신에 대응하여 남효온이 죽은 후 정하였다.

이 시조의 일화는 다음과 같다. 수양대군(首陽大君, 1417~1468)의 명을 받은 도승지 구치관(具致寬, 406~1470)이 단종 복위를 꾀한 이들을 회유하기 위해 마지막으로 옥에 갔다. 성삼문을 설득했으나 실패하고 박팽년에게 가니 그 역시 시 한 수로 대신하고 입을 다물었다. 이 시를 들은 구치관은 자신을 변절자로 욕하고 있다는 생각에 순간 숨이 멈출 것 같은 큰 충격을 받았다고 한다.

박팽년이 충청도관찰사로 있을 때(1455, 세조 즉위), 장계에 신(臣)을 거(巨) 자로 쓰고 세조(世祖)를 '상감'이 아니라 '나리'로 불렀다.

세조가 화가 나서, "그대가 나에게 이미 신(臣)이라 했거늘, 지금 그렇게 부른들 무슨 소용 있는가?"

박팽년은 당당히 말했다.

"나는 상왕(단종)의 신하이지 나리의 신하가 아닙니다. 지금까지 한 번도 신(臣)이라 한 적이 없습니다."

이에 세조는 그의 장계를 자세히 보았다. 과연 신(臣)을 써야 할 곳에 초서로 거(巨)가 쓰여 있었다.

　　가마귀 눈비 마자 희는 듯 검노믹라
　　야광명월이 밤인들 어두오랴
　　님 향한 일편단심이야 고칠 즐이 이시랴.

　　　　　　　　　- 박팽년, 『청구영언』, 『해동가요』, 『가곡원류』

　　방안에 혓난 촉불 눌과 이별하엿관듸
　　것츠로 눈물 디고 속타는 줄 모로는고

우리도 저 촛불 굿도다 속 타는 줄 모로노라.

- 이개(李塏, 1417~1456), 『해동가요』

간밤에 불던 바람 눈서리 치단 말가
낙락장송이 다 기울어 가노매라
하물며 못다 핀 꽃이야 일러 무삼하리오.

- 유응부(兪應孚, 미상~1456), 『가곡원류』

하위지(河緯地, 1412~1456)[35]는 서예가였으나 그의 시는 전하지 않는다. 생육신 남효온은 그의 인품에 대해 "사람됨이 침착하고 조용하며(말이 적어 버릴 것이 없고), 공손하고 예절이 밝아…그 당시의 인물을 논할 때 그를 (높여) 우두머리로 삼았다."[36]고 평하였다.

초당에 일이 없어 거문고를 베고 누워
태평성대를 꿈에나 보려터니
문전의 수성어적이 잠든 나를 깨와다.

---

35) 하위지의 본관은 진주, 선산(善山) 출신이다. 4세에 『천자문』을 읽고, 공부가 재미있어 형과 함께 남들이 얼굴을 모를 정도로 학문에 정진하였다. 형 하강지는 급제하여 동복현감이 되고, 하위지는 1435년(세종 17년)에 생원시, 1438년(式年)에 문과에 장원급제하여 집현전 부수찬이 되었다. 건강과 집안일로 사직과 복직을 거듭하며 부교리, 교리, 학사, 직제학, 부제학으로 승진하였고, 성품이 침착하고 강직하여 불의를 참지 못하고 간언하였다. 세조 즉위 후 예조참판에 임명되었으나 녹(祿)을 부끄럽게 여겨 따로 방에 쌓아 두고 먹지 않았다. 국문(鞫問)할 때 작형(灼刑)은 당하지 않았으나, 동료와 함께 거열형(車裂刑)을 당했고, 두 아들도 연좌(連坐)로 사형되었다.

36) 爲人沈靜寡黙 恭而有禮…當時論人才 推緯地爲首(위인침정과묵 공이유예…당시논인재 추휘지위수). 『추강집(秋江集)』 육신전(六臣傳).

- 유성원(柳誠源, 약 1415~1456), 『청구영언』

봉래산가(蓬萊山歌)

이 몸이 주거 가셔 무어시 될꼬 하니
봉래산 제일봉에 낙락장송 되야 이셔
백설이 만건곤홀 제 독야청청ᄒ리라.

- 성삼문(成三問, 1418~1456), 『해동가요』

수양산 바라보며 이제를 한하노라
주려 죽을진들 채미도 하난것가
비록애 푸새엣 것인들 그 뉘 따헤 낫던고.

- 성삼문, 『가곡원류』

이 시에 대하여, 조선 숙종(肅宗, 1661~1720) 때 무과에 급제하여 칠원 현감을 지낸 주의식(朱義植, 약 1660~1730)이 백이숙제를 변론하기 위해 지은 시 한 수가 전해지고 있다.

주려 주그려 ᄒ고 수양산에 드럿거니
현마(설마) 고사리 머그려 키야시랴
물성이 구븐 줄 애다라 펴보려 키미라.
(물체성질 굽은 것이 애달파 펴 보려 캠이라)

- 주의식, 『청구영언』

"수양대군이 불러온 피바람, 그렇지만 세조의 피바람 뒤에 우리는 의(義)를 알았다. 사육신이 죽지 않았던들 우리가 의를 알았겠는가. 이것도 고난의 뜻이 아닌가. 고난 뒤엔 배울 것이 있다(함석헌, 『씨알의 소리』)."

신숙주는 배신자인가?

신숙주(申叔舟, 1417~1475)는 왜 성삼문과 동행하지 않았는가? 신숙주와 성삼문은 신흥강국 조선의 꿈을 현실로 옮긴 당대 최고의 학자로, 정인지(鄭麟趾, 1396~1478)는 최고참이었고, 성삼문, 박팽년, 이개, 강희안(姜希顔, 1419~1464)과는 1, 2년 차 친구였다. 하지만 그들의 뜻은 달랐다. 신숙주는 유관(柳寬, 1346~1433)처럼 '두 임금을 섬기는 것도 충신'이라 생각했다.[37] 그런 신숙주의 뜻을 사람들은 이해하지 못하고 변절자로 낙인찍었다.

일제 때 저자 미상의 신소설 『만고의열 신숙주 부인전』[38]에서 '신하들이 단종 복위를 꾀하다가 발각되어 새남터로 끌려갔다는 말을 듣고 베 짜던 신숙주 부인 윤 씨가 남편 따라 죽을 준비를 하는데, 죽기는커녕 대신이 된 것을 보고 윤 씨는 크게 실망하여 대들보에 목을 매어 자살했다'는 이야기는 남편 신숙주에 대해, 뼈대 있는 집안(파평) 출신 윤 씨 부인을 자

---

37) 유관은 고려의 신하로 조선 건국공신이 되어 대제학과 우의정에 올라 오직 백성을 위해 헌신하여 청백리가 되었다. "비록 고려가 망해 임금은 바뀌었지만 백성은 바뀌지 않았는데 나라를 위해 일하지 않는 것은 옳지 않다."
38) 『만고의열 신숙주 부인전』은 선조 때 사림파 예조판서 이기의 『송와잡설』에 근거하여 창작한 신소설이다(영창서관).

결하게 하여 신숙주의 변절을 매도한 것이고, 그 후 박종화가 1923년 『백조(白鳥)』에 근대 역사소설의 효시 단편 「목 메이는 여자」를 발표했는데, '남편 신숙주의 변절에 고심하던 부인 윤씨가 남편을 대신하여 죽음으로 죄를 대속했다' 했고, 뒤이어 이광수도 1928년 11월부터 1년간 동아일보에 역사소설 「단종애사(端宗哀史)」를 연재, 독자들의 열광을 받았는데 그 내용은 '신숙주의 부인 윤씨가 사육신 사건에 가담하지 않은 남편 신숙주에 실망하여 목매어 자살했다'는 것이다. 이것은 모두 지조를 내세우는 조선 후기 사림파[39]의 야사를 근거로 사실과는 전혀 다른 흥미 위주의 창작소설이다.

숙주나물의 유래와 진실

숙주나물은 녹두로 만든 것으로 콩나물보다 쉽게 변한다.[40] 그래서 신숙주(申叔舟, 1417~1475)가 변절하여 붙여진 이름으로 알려져 있으나, 사실은 그 어원이 확실치 않다.

숙주나물은 원나라 초기 종합생활백과 『거가필용(居家必用)』에 "두아채(豆芽菜)"로, 순조 8년(1808)에 편찬된 『만기요람(萬機要覽)』에 "녹두길음(菉豆長音)"으로 표기했고, 한글로 기록된 문헌은 아직 밝혀지지 않는다. 따라서 이 말이 신숙주를 비하하는 의미라 해도, 그 기록은 400년이 지난 19세기 이후니, 도무지 모를 노릇이다. 숙주는 순우리말이다.[41] 그

---

39) 사림파(士林派) 또는 사림(士林)은 산림, 전원에서 유학을 공부하는 문인 학자들로 15세기 이후, 조선 중기 정치, 사회, 문화를 주도한 사람들이다.
40) "녹두노물은 잘 쉬께 오늘 싹 묵어 치워야 쓰겄다." 전라남도 방언.
41) 조선 후기 한글이 많이 쓰이면서, 순우리말이 활성되고 발전했는데, 한자 녹두길음(菉豆長音)

러니 두문불출이나 행주치마가 두문동이나 행주대첩의 유래가 아닌 것과 같다.

숙주나물과 신숙주를 연관 지은 최초의 한글은 1924년 이용기(李用基)의 『조선무쌍신식요리제법(朝鮮無雙新式料理製法)』에[42] 기록되어 있다. "숙주는 세조님금째에 신숙주가 여섯신하를 고변하야 죽인고로 미워하야 이나물을 숙주라하얏나니 이나물을 만두소를너을적에 짓익여늣는고로 신숙주를 이나물짓익이듯하자 하야서이니⋯."

이 글에서 신숙주가 고변했다는 것은 잘못된 것이다. 배신자는 바로 김질(金礩)과 그의 빙장 정창손(鄭昌孫)이다.[43]

그러므로 함부로 남을 비방하거나 미워해서는 안 된다(마 7:1). 이는 신숙주와 그 가문을 두둔해서가 아니라 사실이 그렇다(경기도 의정부시 고산동, 문충공 신숙주의 비명(碑銘),[44] 경기도 평택시 청북읍 고잔리, 신숙

을 숙주나물로 불렀다.

42) 이용기 저, 『조선무쌍신식요리제법』 서울: 라이스트리, 2019, p.145, 편집.

43) 정창손(1420~1487)은 1449년 부제학으로 춘추관 편수관과 수사관을 겸직하여 고려사, 『치평요람(治平要覽)』 편찬에 참여하였다. 1451년(문종 1년) 대사헌, 1455년(세조 1년)에 좌익공신(佐翼功臣) 3등에 녹훈되어 높은 관직에 올랐다. 그의 사위 김질(1422~1478)은 1450년 문과에 급제하여 집현전 학사로 제직하여, 계유정난(癸酉靖難) 때 사육신을 배신하고 세조 등극(登極)에 공을 세운 후 승승장구하였다. 그의 후손으로는 인조 때 간신 김자점과, 방계 후손으로 김구 선생이 있고, 포천에 그의 묘가 있다.

44) 그윽히 보건대 세상이 쇠미해지면 하늘이 장차 이를 흥하게 하려고 반드시 성군과 현명한 보좌를 내어 함께 세상을 바로 잡고 거룩한 정치를 이루도록 한다. 이런 까닭에 은나라가 쇠미해지자 부열이 있어 고종을 도와서 중흥에 이르게 하였고, 주나라가 쇠미해지자 방숙이 나와 선왕을 도와 옛 땅을 회복하였다. 그러나 지금 상고해 보면 부열에게는 보상의 업은 있었으나 무공이 있었다는 말은 듣지 못하였고, 방숙에게는 정벌의 공은 있었지만 재상의 업이 드러나지 못하였다. 그러므로 우리 문충공, 신숙주처럼 하늘이 주신 온전한 재주를 운명에 맞추어 성주를 보좌하는 자리로 올라가고 문과 무략으로, 밖으로는 장수가 되고 안으로는 정승이 되어 기

주의 한글창제 사적비).[45]

필자도 어릴 때 들은 대로 백이숙제를 비롯하여 충신들을 높이 평가하고, 변절자를 몹쓸 사람으로 부끄러워했다. 그런데 정의는 어디 있는가? 우리는 역사를 제대로 알지 못하고 무조건 판단해서 안 된다.

그렇다면 권력에 눈이 먼 수양대군과 한명회(韓明澮, 1415~1487)는 어떻게 평가하는가? 그들은 뛰어난 지략으로 국가를 경영하였지만, 충신들의 죽음에 백성들은 안타까워하며 분노했다.

사람은 자신의 잘못을 인정하지 않고 정당화하려 한다. 이것은 욕심이요 죄이다. 욕심은 죄와 사망을 낳는다(약 1:15).

역사에 가정(假定)은 없다지만, 수양대군이 단종(조카)을 돕고 유능한 신하들이 각자 맡은 일에 충성하였다면, 조선의 역사는 달라졌을 것이다. 충신의 대표 사육신은 후세 사람들이 신원(伸寃)하여, 마침내 숙종 17년 (1691. 12. 6.)에 관작(官爵)을 회복하고, 사당의 편액을 민절(愍節)로 사액했다. 사육신의 충절은 역사에 길이길이 남으리라(노량진 사육신공원).

"내 날은 적지 아니하니까. 그런즉…내가 돌아오지 못할 땅 곧 어둡고 죽음의 그늘진 땅으로 가기 전에 그리하옵소서. 땅은 어두워서 흑

울어 가는 나라를 붙잡아 태산처럼 평안하게 한 것과 어찌 같지 않겠는가. 우리 동방에 나라가 생긴 이래로 신하로서 공과 덕이 겸하기는 오직 이 한 분뿐일 것이다. 세종대왕기념사업회, 1999. 12. 30.

[45] "하늘이 우리 겨레에 복을 내리사 불세출의 준재를 이 땅에 보내시어 어진 임금을 보필함으로 인류문화의 금자탑인 한글을 창제하게 하시고 두 번이나 영의정의 대의를 받으시어 외교 문화에 이르기까지 널리 탁월한 치적을 남기게 하시니 그분이 바로 문충공 보한재 신숙주 선생이시다. 뛰어난 예지는 하나를 들어 열을 깨쳤고 비범한 문재를 당대 선비들이 크게 놀라…" 허웅(문학박사, 한글협회 이사장), 1971. 10. 9.

암 같고 죽음의 그늘이 져서 아무 구별이 없고 광명도 흑암 같으니다(욥 10:20~22)."

…한때는 그토록 찬란했던 빛이었건만
이제는 덧없이 사라져 돌이킬 수 없는
초원의 빛이여, 꽃의 영광이여,
다시는 찾을 길 없어도 결코 서러워 말자.
우리는 여기 남아 굳세게 살리라.
존재의 영원함을 티 없는 가슴에 품고
인간의 고뇌를 사색으로 달래며
죽음의 눈빛으로 부수듯 그렇게,
티 없는 믿음으로 이 시대에 남으리라.

- 윌리엄 위즈워스(William Wordsworth, 1770~1850,
영국, 낭만주의 계관시인)의 시 「초원의 빛」

(7) 劍號巨闕 珠稱夜光(검호거궐 주칭야광): 칼은 거궐이, 구슬은 야광주가 으뜸이다

- "칼劍, 부를號, 클巨, 대궐闕, 구슬珠, 일컬을稱, 밤夜, 빛光"

칼은 어떤 것이 유명하며 구슬은 무엇이 으뜸인가? 거궐(巨闕)은 칼 이름으로 구야자(歐冶子, 춘추 末~전국 初)[46]가 만들었다.

---

46) 구야자(歐冶子)는 제련 명인으로 월왕 윤상(允常, B.C. 537~B.C. 497. 陰)의 명을 받아 거궐(巨

월왕 구천이 오나라를 멸망시키고 보검 6자루를 얻으니 오구, 담로, 간장, 막야, 어장이요, 거궐이 그 하나다.[47]

중국의 야광주 설화

야광은 진주 이름이니 춘추시대 수(隨)나라 제후가 용의 아들을 살렸는데, 그 보답인 직경 한 치 구슬은 밤을 낮같이 비추는 것이었다. (이를) 초왕에게 바치니 왕이 크게 기뻐하여 몇 대에 걸쳐 수나라를 공격하지 않았다.[48]

춘추전국시대 오(吳)와 월(越)은 원수지간으로 항상 전쟁을 준비해야만 했다. 그래서 이 두 나라의 제련술은 단연 최고였다. 오왕 부차(夫差, B.C. 495~B.C. 473)와 월의 구천(句踐, B.C. 496~B.C. 465)의 와신상담(臥薪嘗膽) 일화가 유명하고, 『손자병법』에 오월동주(吳越同舟)의 기록이 있다.

'와신상담(臥薪嘗膽)'은 섶나무 위에서 누워 자고 쓸개를 맛본다는 뜻으로, 복수나 어떤 목표를 이루기 위해 어떤 고난도 참고 이겨 낸다는 의미다. 오왕 부차의 와신(臥薪)과 월왕 구천의 상담(嘗膽)에서 유래된 성어다.

'오월동주(吳越同舟)'는 『손자병법』 제11편 九地(군사를 쓸 수 있는 아홉 가지 땅)의 마지막이 사지(死地)인데, 여기서 "원수지간이라도 공동의 목적을 달성하기 위해서는 서로 협력해야 한다."고 실례(實例)를 덧붙인 이

闕), 담로(湛盧), 승사(勝邪), 어장(魚腸), 순구(純鉤) 명검 다섯 자루를 만들었는데 그중 거궐이 가장 으뜸이었다.
47) 巨闕 名劍也 歐冶子所造 越王句踐 滅吳 得寶劍六 吳鉤, 湛盧, 干將, 莫邪, 魚腸, 此其一也(거궐 검명 구야자소조 월왕구천 멸오 득보검육 오구 담로 간장 막야 어장 차기일야).
48) 夜光 珠名 春秋時 隨後活龍子 報以徑寸珠 照夜如晝 獻于楚王 王大悅 數世不加兵於隨(야광 주명 춘추시 수후활용자 보이경촌주 조야여주 헌우초왕 왕대열 수세불가병어수).

야기에서 유래되었다.

"감히 묻는데, 병사를 솔연(率然)⁴⁹⁾과 같이 움직이게 할 수 있는가?" 말하기를 "할 수 있다. 오나라 사람과 월나라 사람은 서로 미워하지만, 같은 배를 타고 건너가다가 바람을 만나게 되면 서로 돕기를 좌우의 손이 함께 협력하듯이 한다."⁵⁰⁾

낙랑국의 자명고 설화

중국의 야광주같이 낙랑국에는 자명고(自鳴鼓)가 있다.

서기 32년, 고구려 대무신왕(大武神王, 출생 4, 재위 18~44)은 남쪽 낙랑국(樂浪國)을 정벌하기 위해 먼저 해결해야 할 문제가 있었으니, 그것은 자명고를 제거하는 일이었다. 자명고는 적의 침략을 스스로 알리는 낙랑국의 보물이었다.

"대무신왕 15년 여름 4월에 왕자 호동이 옥저에 놀러 갔는데 낙랑왕 최리가 나와…보통 사람이 아니다 하고…딸을 아내로 주었다…그 후 호동이 나라로 돌아와 몰래 사람을 보내 최씨의 딸에게 고하기를 "만약 나라의 무기고에 들어가 북을 찢고 나팔을 부수면 내가 예로써 맞이하지만 그렇지 않으면 않으리오."…이에 최의 딸

---

49) 솔연(率然)은 중국 상산(常山)에 사는 뱀인데, 머리를 치면 꼬리가 달려들고, 꼬리를 치면 머리가 달려들고, 중간을 치면 머리와 꼬리가 함께 달려든다(率然者 常山之蛇也 擊其首則尾至 擊其尾則首至 擊其中則首尾俱至, 솔연자 상산지사야 격기수즉미지 격기수즉수지 격기중즉수미구지).

50) 敢問 兵可使如率然乎 日可 夫吳人與越人相惡也 當其同舟而濟遇風 其相救也 加左右手(감문 병가사여솔연호 왈가 부오인여월인상오야 당기동주이제우풍 기상구야 여좌우수).

이 예리한 칼을 가지고 몰래 창고 안에 들어가 북의 면과 나팔 주둥이를 쪼개고 호동에게 알렸다…최리는 북과 나팔이 울리지 않아 대비하지 못하고, 병사가 엄습하여 성 아래 와서 북과 나팔이 모두 부서진 것을 알고 마침내 딸을 죽이고 항복하였다."

- 『삼국사기(三國史記)』고구려본기(高句麗本記) 대무신왕 15년[51]

고구려 호동왕자와 사랑에 빠진 낙랑공주는 사랑을 위해 자명고와 나팔을 찢고, 결국 낙랑국은 멸망하게 된다. 낙랑왕 최리(崔理)는 딸을 죽이고, 비극으로 끝이 났다.

인류가 에덴의 동쪽[52]으로 추방되고(창 3:22~24), 형 가인이 아우 아벨을 살해한(창 4:1~15) 이후 전쟁이 그칠 날 없으니, 악한 일이 끊임없이 일어난다.

"여호와께서 사람의 죄악이 세상에 가득함과…생각하는 모든 계획이 항상 악할 뿐임을 보시고(창 6:5)."

라멕이 아내들에게 이르되 "…나의 상처로 내가 사람을 죽였고 나의 상함으로 소년을 죽였도다. 가인을 위하여는 벌이 칠 배일진대 라멕을 위하여

---

51) 大武神王 十五…夏四月 王子好童遊於沃沮 樂浪王崔理出行…非常人…以女妻之…後好童還國 潛遣人 告崔氏女曰 "若能入而國武庫 割破鼓角 則我以禮迎 不然則否"…於是 崔女將利刀 潛入庫中 割鼓面角口 以報好童…崔理以鼓角不鳴不備 我兵掩到城下 然後 知鼓角皆破 遂殺女子 出降(왕자호동유어옥저 낙랑왕최리출행…비상인…이여처지…후호동환국 잠추인 고최씨녀왈 "약능입이국무고 할파고각 불연즉부"…어시 최녀장리도 잠입고중 할고면각구 이보호동…최리이고각불명불비 아병엄지성하 연후 지고각개파 수살여자 출항).

52) '에덴의 동쪽(East of Eden)'은 죄를 지은 인류의 시조 아담과 하와가 낙원에서 추방되어 살게 된 곳으로(창 3:23~24), 인간이 살면서 피할 수 없는 고난과 슬픔과 죄악과 죽음이 있는 모든 장소를 의미한다.
'에덴의 동쪽'을 주제로 한 영화(1955년, 미국에서 제작, 1957년 개봉)와, 드라마(2008. 8.~2009. 3., 우리나라 MBC 방영)가 있다.

는 벌이 칠십칠 배이리로다(창 4:23~24)."(인류 최초 피의 복수 "칼의 노래")

피는 피를 낳고, 복수는 또 복수가 되어 결국 만행으로 이어진다. 그래서 이렇게 무자비한 사람들을 이른바 '카인의 후예'[53]라 일컫는다. 지금도 전쟁은 그칠 날이 없으니, 인류의 참된 평화는 어디에 있는가?

"너는 칼을 믿고 생활하겠고 네 아우를 섬길 것이며 네가 매임을 벗을 때에는 그 멍에를 네 목에서 떨쳐 버리리라(창 27:40)."

호기가, 한산도가, 북정가

칼로 남을 해치는 자는 다 칼로 망한다(마 26:52). 칼은 지키기 위한 무기요, 야광주는 빛과 평화를 주는 보배다. 정의의 '칼의 노래'로는 김종서의 「호기가」와 남이 장군의 「북정가」와 이순신 장군의 「한산도가」가 있다.

호기가(豪氣歌)

장백에 기를 곳고 두만에 물을 싯겨

서근 져 션븨야 우리 아니 ᄉ나희야

엇덧타 인각화상[54] 누고 몬져 글이오

(어이타 누각에 공신화상 누가 먼저 걸이오)

- 김종서(金宗瑞, 1383~1453), 『청구영언』 등

---

53) 『카인의 후예』는 황순원(1915~2000)의 장편 소설로 1953년 9월 문예지(文藝紙)에 연재되었고 1955년 아시아문학상을 수상했다. 이 소설의 제목으로 1968년에 개봉한 유현목 감독의 한국영화가 있다. 또 일본에서 1917년에 발표한 아리시마 다케오(1878~1923)의 소설이 있다. 이 작품들은 기독교적인 배경으로 사회적인 규범과 제도, 삶의 인식이 돋보이는 걸작들이다.

54) 인각화상은 서기 643년 당태종 이세민의 명으로 그를 도운 24명의 공신 초상화를 걸어두었던 누각을 말한다(凌煙閣勳臣, 능연각훈신).

장검을 빼어 들고 백두산에 올라 보니

대명천지에 성진이 잠겼어라

언제나 남북풍진을 헤쳐 볼까 하노라

- 남이(南怡, 1441~1468), 『해동가요』 등

한산도가(閑山島歌)

한산섬 달 밝은 밤에 수루에 홀로 앉아

큰 칼 옆에 차고 깊은 시름하는 차에

어디서 일성호가는 나의 애를 끊나니[55]

- 이순신(1545~1598), 『가곡원류』 등

북정가(北征歌)

백두산의 돌은 칼을 갈아 없애고

두만강물은 말을 먹여 없애리라

남자 스물에 나라를 평안케 못하면

뒷날 누가 대장부라 불러주겠는가.

白頭山石磨刀盡(백두산석마도진)

豆滿江水飮馬無(두만강수음마무)

男兒二十未平國(남아이십미평국)

後世誰稱大丈夫(후세수칭대장부)

- 남이, 『지봉유설』

---

55) 閑山島月明夜上戍樓(한산도월명야상수루) 撫大刀深愁時(무대도심수시) 何處一聲羌笛更添愁(하처일성강적갱첨수). 『난중일기』(1597, 선조 30, 정유년 8. 15).

남이(南怡, 1441~1468)는 태종의 외손으로 17세에 무과에 장원급제하여 이시애의 난(李施愛亂, 1467, 세조 13년)과 동년 건주위(建州衛)[56]를 토벌하고 세조의 총애를 받아 병조판서가 되었으나, 세조가 승하하고 예종이 즉위하자 실각되어 궁궐의 경비와 순찰, 왕을 호위하는 겸사복(兼司僕)의 장(將)으로 좌천되었다. 한 달이 지나 궁궐에서 숙직할 때, 혜성이 나타나자 "묵은 것을 없애고 새 것이 나타나려는 징조"라 말했다고 병조참지 유자광(柳子光)이 고변하였고, 「북정가(北征歌)」의 셋째 구절 끝부분 "未平國(미평국, 나라를 평안케 못하면)"을 "未得國(미득국, 나라를 얻지 못하면)"으로 모함하여 강순(영의정, 80세) 등 휘하 장수들과 함께 역모로 몰려 27세의 아까운 나이에 처형당했다.

구슬이 서 말이라도 꿰어야 보배가 되듯, 칼이든 무엇이든 그것이 생명을 살리는 역할을 할 때에 비로소 귀한 물건이 되는 것이다.
이 세상에서 가장 귀한 보배는 무엇인가?
"또 천국은 마치 좋은 진주를 구하는 장사와 같으니 극히 값진 진주 하나를 발견하매 가서 자기의 소유를 다 팔아 그 진주를 사느니라(마 13:45~46)."

---

56) 건주위는 후대에 건주여진(建州女眞, 길림성 여진)으로 건주좌위(建州左衛) 출신 누르하치(努爾哈赤, 1559~1626)가 여진족을 통합하여 후금을 세우고(1616년), 명나라의 국운이 쇠하는 틈을 타서 소수 민족을 평정하여 중국 최후 통일왕조 청(淸)을 세웠다.

(8) 果珍李柰 菜重芥薑(과진리내 채중개강): 과일의 보배는 자두와 버찌 (또는 능금)요 채소의 중한 것은 겨자와 생강이다

- "과일果, 보배珍, 오얏(자두)李, 벚柰, 채소菜, 무거울重, 겨자芥, 생강薑"

과일은 자두와 능금, 채소는 겨자와 생강을 으뜸으로 보고 있다.

오얏에 아름다운 품종이 있는데 진나라 왕융은 남이 종자를 전할까 두려워 그 씨에 구멍을 뚫었다.[57]

내는 빈파라 이름 하니 달콤하기가 빈의 열매 같고, 양주의 내는 포를 만들 수 있으니 모두 귀한 과일이다.[58]

겨자는 능히 위장을 따뜻하게 하며 기운을 내게 하고, 생강은 정신을 밝게 하며 나쁜 것을 제거하니, 채소는 한 종류가 아니지만 이 두 가지를 중하게 여긴다.[59]

건강에 좋은 음식은 무엇이며, 어떤 것이 사람을 이롭게 하는가?

"땅이 풀과 각기 종류대로 씨 맺는 채소와 각기 종류대로 열매 맺는 나무를 내니 하나님이 보시기에 좋았더라(창 1:12)."

인류 초기의 사람들은 곡식과 과일, 채소만 먹고 살았다.

"땅이 네게 가시덤불과 엉겅퀴를 낼 것이라 네가 먹을 것은 밭의 채소인즉, 네가 흙으로 돌아갈 때까지 얼굴에 땀을 흘려야 먹을 것을 얻으리니 네가 그것에서 취함을 입었음이라(창 3:18~19)."

---

57) 李有佳品 晉王戎 恐人傳種 鑽其核 (이유가품 왕진융 공인전종 찬기핵).

58) 柰名頻婆 甘如頻實 凉州柰 可作脯 皆果之貴者 (내명빈파 감여빈실 량주내 가작포 개과지귀자).

59) 芥能溫胃行氣 薑能通神明 去穢惡 菜非一種 而重此二者 (개능온위행기 강능통신명 거예악 채비일종 이중차이자).

육식이 허락된 것은 노아 홍수 이후다.

"모든 산 동물은 너희의 먹을 것이 될지라. 채소 같이 내가 이것을 다 너희에게 주노라(창 9:3)."

예로부터 인명재천(人命在天)[60]이라 했지만, 음식은 생명을 유지하는 필수요소이고, 규칙적인 생활은 심리와 정서의 안정감을 준다. 그래서 많은 사람들이 건강에 좋은 음식을 먹고 여가를 즐긴다. 여가 시간은 스트레스를 해소하고 아름다운 정서를 갖는 소중한 시간이다.

이스라엘은 광야에서 어떻게 살았는가?

그들은 때로 원망하고, 노래하며 만나[61]와 메추라기를 먹고, 반석의 물을 마셨다(출 16장, 17:1~7, 민 20:1~13).[62]

(9) 海鹹河淡 鱗潛羽翔 (해함하담 인잠우상) 바다는 짜고 강은 맑으며, 비늘 있는 것은 (물에) 잠겨 있고 깃털 있는 것은 (하늘을) 난다

- "바다海, 짤鹹, 강河, 맑을淡, 비늘鱗, 잠길潛, 날개羽, 깃翔"

바다는 많은 물이 돌아오는 곳이라 쌓여서 흩어지지 않고 적시어 내려

---

60) "人命在天"은 『순자(荀子)』 천론편(天論篇) 10장에 있다(人之命在天 國之命在禮, 사람의 운명은 하늘에 달려 있고, 나라의 운명은 예에 달려 있다). 순자는 맹자의 성선설에 대하여 성악설을 주장했다.

61) 만나의 뜻은 '이것이 무엇이냐?'이다. 생전처음 보는 그것을 그들이 알지 못하여 서로 한 말이 이름이 되었다(출 16:15).

62) 반석의 물은 도무지 나올 수 없는 곳에서 생수가 나온 이적을 말한다. 이 기적은 출애굽 광야생활에 두 번 기록되어 있다. 이 반석의 물은 상징적으로 신령한 음료(성령, 요 7:37~39)이고, 반석은 그리스도이다(고전 10:4).

가 짜게 되고, 하수의 근원은 곤륜산에서 나와 여러 물이 침해하지 않아서 그 맛이 가장 담백하니, 이치가 아닌 것이 없다.[63]

『예기』에 말하기를 "비늘동물 360종에서 용이 으뜸이고, 날개동물 360종에서 봉황이 으뜸이라, 비늘동물은 물에 잠기고 날개동물은 공중을 날아다니니 모두 다 그 성품이다".[64]

푸른 바다와 맑은 강물은 상쾌함을 주고, 물고기의 헤엄과 새들의 비상은 자연의 생동감을 느낀다. 강물이 아무리 많이 흘러도 바다는 여전히 그렇게 짜다.

하나님이 이르시되 "물들은 생물을 번성케 하라. 땅 위 궁창에 새가 날으라…충만하라…번성하라(창 1:20~22)". 자연은 이렇게 생육하고 번성하여 땅을 충만케 한다.

생존의 3요소는 공기와 물과 음식인데, 그중에 가장 중요한 것은? "강이 에덴에서 흘러 나와 동산을 적시고 거기서부터 갈라져 네 근원이 되었으니(창 2:10)."

---

63) 海歸衆水所歸 積而不散 潤下作鹹 河源 出於崑崙 諸水不侵 其味最淡 莫非理也(해위중수소귀 적이불산 윤하작함 하원 출어곤륜 제수불침 기미최담 막비리야).

64) 記曰 鱗蟲三百六十 龍爲長 羽蟲三百六十 鳳爲長 鱗蟲藏於水 羽蟲飛於空 皆其性也(기왈 린충삼백육십 룡위장 우충삼백육십 봉위장 린충장어수 우충 비어공 개기성야).

제3장

정치·경제와 사회·문화의 발전

> **인도(人道)와 덕치화합**
> **(10)~(18) 9문장 72자**
>
> 『주역』, 『시경』, 『서경』, 『사기』 등에 나오는 역사적인 내용을 토대로 세상을 이롭게 하는 어진 사람의 도(人道)를 보이고, 음양오행의 자연 이치를 다스려 화합하고 국태민안에 성현들의 슬기와 덕을 기리고 있다.

(10) 龍師火帝 鳥官人皇(용사화제 조관인황): 복희(天皇)는 용으로 벼슬을 하고, 신농(地皇)은 불로, 人皇(여와, 女媧)는 새로, 황제는 인문(人文)을 열었다

- "용龍, 스승, 벼슬師, 불火, 임금帝, 새鳥, 벼슬官, 사람人, 임금皇"

복희는 용으로 관직을, 창룡씨는 장양을 담당하고 백룡씨는 숙살을 담당하였다. 신농의 불이 상서로워 불로 관(官)을 기(紀)하니 화제라 한다.[65]

---

65) 伏羲以龍紀官師 如蒼龍氏司長養 白龍氏主 肅殺是也 神農有火端 以火紀官 故 日 火帝(복희이 용기관사 여창용씨사장양 백룡씨주 숙살시야 신농유화서 이화기관 고왈화제).

소호가 등극하자 봉황이 나타나 관직기강에 축구는 사도(교육), 저구는 사마(관원)로 했다. 인황은 황제이니 인문을 크게 갖추었기 때문이다.[66]

이는 고대 중국 제왕(帝王)들의 사적을 말하고 있다.

사마천의 『사기(史記)』 그리고 한서(漢書) 『예문지』에서 정리한 『예기(禮記, 禮經)』[67]에 의하면, 중국 역사 초기에 삼황오제(三皇五帝)가 있었다.

삼황은 천황(天皇, 복희씨), 지황(地皇, 신농씨), 인황(人皇, 여와),[68] 오제는 황제(黃帝), 전욱(顓頊), 제곡(帝嚳), 요(堯), 순(舜)이다. 전설로 기록된 이 시대는 역사적으로 구석기에서 신석기시대로 볼 수 있다.

이 중 오제의 두 임금 요(堯)와 순(舜)은 성군의 대명사였고 이상적인 천자상이다. 옛 사람들은 말했다.

"요순시대야말로 천하태평시대였다."

그러나 세상의 역사는 흥망성쇠(興亡盛衰)가 반복되고 있다. 요순시대가 지나고 하(夏)나라가 건국되었지만 은(殷)나라에 망하고, 은나라는 주(周)나라에 망하였다.

"사람이 땅 위에 번성하기 시작할 때에…여호와께서 사람의 죄악

---

66) 少昊之立 鳳鳥之 故以鳥紀官 如祝鳩司徒 雎鳩司馬是也 人皇 皇帝也 人文大備 故也(소호지위 봉조지 고이조기관 여축구사도 저구사마시야 인황 황제야 인문대비 고야).
67) 『예기(禮記)』는 사서오경의 하나로, 전한시대 『예문지』 141편 중에 '대덕'이 85편을 골라 '대기례기', 대덕의 조카 '대성'이 46편을 골라 '소대례기'라 부르고, 후한 말 학자 '마융'이 '소대례기'에 3편을 추가하여 총 49편의 『예경』이 완성되었다.
68) 여와(女媧)는 여신이다. 아이를 낳은 첫 번째 여자로 중국에서 모든 인간의 어머니로 여긴다 (창 3:20과 비교).

이 세상에 가득함과…모든 계획이 항상 악할 뿐임을 보시고."

- 창 6:1~5

(11) 始制文字 乃服衣裳(시제문자 내복의상): (창힐이) 처음 문자를 만들고, (황제가) 윗옷과 치마를 정했다

- "처음始, 지을制, 글월文, 글자字, 이에乃, 옷服, 옷衣, 치마裳"

문자와 의복의 시작에 대해 말하고 있다.

상고에 문자가 없어 끈 매듭(결승)으로 정치했는데, 복희가 처음으로 부호 글(서계)로 끈을 대신하고, 그 신하 창힐이 새의 발자국을 보고 글자를 만드니 문자의 시작이다.[69]

상고에 옷이 없어 나뭇잎이나 피혁(皮革)으로 몸을 가리니, 황제가 갓과 면류관, 의상을 만들어 엄숙히 보고 등위를 구분하여 의상의 시작이 되었다.[70]

성경에서 의복의 시작은 창세기 3장 7절 이후, 첫 사람 아담과 이브의 눈이 밝아져 벗은 줄을 알고 무화과나무 잎을 엮어 치마로 입었고, 하나님이 아담과 아내를 위하여 가죽옷을 지어 입히신 것이다(창 3:21).

---

69) 上古 無文字 結繩爲治 伏羲始造書契 以代結繩 其臣蒼頡 觀鳥跡而制字 爲文字之始(상고 무문자 결승위치 복희시조서계 이대결승 기신창힐 관조적이제자 위문자지시).

70) 上古 無衣裳 取木葉皮革以蔽體 皇帝爲 冠冕衣裳 以肅觀瞻 以別等威 爲衣裳之始(상고 무의상 취목엽피혁이폐체 황제위 관면의상 이숙관첨 이별등위 위의상지시).

사람이 사는 곳은 문화와 문명이 발전된다.[71]

> 아다는 야발을 낳았으니…가축을 치는(목축업) 자의 조상이 되고, 그의 아우는 유발이니 수금과 퉁소를 잡는(음악가) 조상이 되고… 두발가인은…여러 가지 기구를 만드는 자(공업가)가 되었다(창 4:19~22).

(12) 推位讓國 有虞陶唐(추위양국 유우도당): 나라를 양보하고 자리에 물러난 자는 유우와 도당이다

- "밀推, 자리位, 사양할讓, 나라國, 있을有, 헤아릴虞, 질그릇陶, 당나라唐"

유우는 순임금이고, 도당은 요임금이다. 요의 아들 단주가 못나서 순에게 선양하고, 순의 아들 상균이 불초하여, 우임금에게 양보하니 이것이 바로 추위양국이다.[72]

유우는 덕이 많고 공손하며 어질며 지혜로웠다. 요의 신하가 되어 맡기는 일마다 모든 직무를 잘 처리하여 백성들이 풍족한 생활을 하니, 이것이 '배를 두드리고 땅을 치며 노래하는 고복격양(鼓腹擊壤)'을 말한다.

요임금이 죽을 때 순(유우)에게 제위를 유언하였는데 순은 요의 아들 단주에게 물려주었으나, 사람들이 모두 순을 따랐다. 순은 효성이 지극하

---

71) 문화(文化)는 종교·학문·예술·도덕 등 정신적인 측면을, 문명(文明)은 생산·공업·기술 등 물질적인 방면을 이른다(예: 토론, 언론 문화. 기술, 기계 문명).

72) 有虞 帝舜 陶唐 帝堯 堯子丹朱不肖 讓於舜 舜子商均不肖 夏禹 此卽 推位讓國也(유우 제순 도당 제요 요자단주불초 양어순 순자상균불초 양어하우 차즉 추위양국야).

기로 유명하여 그 일화가 이 시대에도 전해진다.

요임금에 이어 태평성대를 이룬 순임금은 그의 아들(상균)이 어리석고 현명하지 못하자 덕이 많고 지혜로운 우(禹)에게 천하를 물려주었다. 이처럼 덕이 많고 현명한 자가 나라를 다스리니 그야말로 진정한 평화의 시대였다.

이스라엘 3대 왕 솔로몬은 태평성대를 이루고 큰 영광을 누렸다(왕상 4:20~34, 대하 9:1~28).

그의 지혜는 동쪽 모든 사람의 지혜와 애굽의 모든 지혜보다 뛰어났으며, 그가 잠언 삼천을 말하였고 그의 노래는 천다섯 편이었다(왕상 4:30~32). 이 시대의 우리도 지혜가 필요하다. 힘들고 어려운 일을 당할 때, 바른 판단을 하지 못하고 헤맬 때 현명하고 명쾌한 솔로몬의 재판(왕상 3:16~28)이 필요하다.

(13) 弔民伐罪 周發殷湯(조민벌죄 주발은탕): 백성을 위로하고 죄를 벌함은 주의 발왕과 은의 탕왕이라[73]

- "위로할弔, 백성民, 칠伐, 허물罪, 나라周, 필發, 나라殷, 사람이름湯"

주발은탕은 주나라를 세운 무왕과 은나라 탕왕을 말한다. 시대순은 殷-周로 '은탕주발'이지만, 湯 자의 압운으로 순서를 바꾸어 놓았다.

---

73) 하나라의 걸왕(桀王)과 은나라의 주왕(紂王)은 폭군으로 유명하다. 이 두 왕을 "폭군 걸주(桀紂)"라 했다.

백성을 불쌍히 여겨 위로가 조, 죄를 성토하여 치는 것이 벌이다.[74]

발은 주무왕의 이름이고 탕은 은나라 왕의 칭호다. 우의 후손에 걸이 무도하거늘 탕이 토벌하고 탕의 후손에 주가 무도하여 무왕이 토벌하니 이것이 조민벌죄다.[75]

요임금에 이어 순임금이 우(禹)에게 천하를 물려주어 하(夏)나라[76]가 건국되었다. 그러나 470년이 지나서 17대 걸왕(桀王)이[77] 절세미녀 말희(末喜, 妺嬉, 매희)와 향락에 빠져 은(殷)나라[78] 탕왕(湯王)에게 망하였고(B.C. 1600경), 은나라는 554년을 통치하였는데 31대 주왕(紂王)이[79] 귀비(貴妃) 달기(妲己)와 방탕한 생활을 하다가 결국 주(周)나라에 망하였다(B.C. 1046).

그래서 후세인들은 걸왕과 주왕 두 폭군을 '걸주(桀紂)'라 했고, '주지육림(酒池肉林)'의 고사성어가 여기서 나왔다. 민심을 저버리는 정치는 오래가지 못하니, 새 인물에 의해 개혁과 변혁의 새 시대가 열린다.

---

74) 恤民而慰之曰弔 聲罪而討之曰伐 (휼민이위지왈조 성죄이토지왈벌).
75) 發周武王名 湯殷王號 禹之後 桀無道 湯伐之 湯之後 紂無道 武王伐之 此卽弔民伐罪也 (발주무왕명 탕은왕호 우지후 걸무도 탕벌지 탕지후 주무도 무왕벌지 차즉조민벌죄야).
76) 하나라(약 B.C. 2070~B.C. 1600경)는 중국 최초의 왕조로 전해지고 있으나 아직 고고학적으로 입증되지 못하고 있다.
77) 걸왕(재위 B.C. 1652~B.C. 1600)은 "고기는 산처럼 쌓이고, 포는 숲처럼 걸려 있었으며, 술로 만든 못에 배를 띄웠다(酒池肉林)". 『십팔사략(十八史略)』
78) 은(殷)은 상(商) 부족(部族)이 세운 왕조다. 그래서 商나라인데, 마지막 수도가 은(殷)이어서 은나라로 불린다. 기원전 20세기에 수도였던 화북(華北) 지역에 은허(殷墟)가 발굴됨에 따라 실제 왕조였음이 증명되었다.
79) 주왕(재위 B.C. 1075~B.C. 1046)은 "술로 못을 만들고 고기로 숲을 만들어 밤낮 없이 즐겼다(酒池肉林)". 『사기(史記)』

이스라엘 유다왕국에도 개혁과 변화의 시대가 있었다. 바로 요시야왕의 개혁이다(열왕기하 22~23장). 그는 8세의 어린 나이에 왕위에 올라 31년간 다스렸는데, 어릴 때부터 여호와 보시기에 정직히 행하여 그의 조상 다윗의 모든 길로 행하고 좌우로 치우치지 아니하고 성군이 되었다(왕하 22:1~2).

사학자들은 중국 역사의 시작을 주(周, B.C. 1046~B.C. 256)나라로 본다. 주 민족은 본래 중국 서북쪽 변두리에서 싸움밖에 모르는 잔인하고 미개한 종족이었으나 무력으로 은(殷)을 몰아내고 개화된 문화를 수용, 점칠 때 쓰던 갑골문(甲骨文)을 개량하여 상용문자로 쓰고, 진(秦)-한(漢)-수(隋)-당(唐)으로 이어지는 중국의 전통적인 정치·사회와 학술·문화를 발전시켰다.

주나라는 백성을 문(文)으로 교화하고 덕(德)으로 복종케 했다(以文敎化 以德服人). 문은 전통이고 덕은 새로운 변화이니, 여기서 문화(文化)가 나왔다.

문왕과 강태공, 단과 공자

주(周)의 문왕(文王, 약 B.C. 1133~B.C. 1053)은[80] 강태공(姜太公, 여상

---

80) 주문왕 희창은 상(은)나라 말기 서백(西伯)의 벼슬로(이 때문에 서백창(西伯昌 또는 伯昌)이라 부르기도 했다), 인재를 등용하여 백성들의 삶을 편하게 하니 국력이 날로 커졌다. 이것이 상나라 주왕(제신)의 시기가 되어 유리(羑里)에 갇히게 되고, 수금기간 『주역(周易)』을 썼다고 하나, 『주역』은 은나라 점술에서 시작하여 성장, 발전하였고 B.C. 403년경에 완성되었으니, 문왕과 주공, 공자가 나누어 지었다는 (영향을 끼쳤을 수 있으나) 설은 근거가 적다. 서백창은 음주를 좋아하여 술병 천 개를 마실 정도로 통이 컸다고 한다.

태공망, 약 B.C. 1095~B.C. 1005)을[81] 등용하여 국가기반을 다졌고, 그의 아들 무왕(武王, 약 B.C. 1111~B.C. 1043)은 1046년 牧野大戰(목야대전)에서[82] 은(殷)을 물리치고 주변의 여러 민족을 제압하여 대제국을 이루었다.[83] 이 시기에 주(周)의 봉건제도가 시작되었다.[84]

무왕(武王)의 동생 주공 단(旦 周公, 약 B.C. 1107~B.C. 1027)은 주나라 초기 국가기반을 다진 중심인물로 노(魯)를 봉토로 받아 노나라의 초대 왕이 되었다.[85]

후세에 공자(孔子, B.C. 551~B.C. 479)는 주공 단을 매우 존경하여 이상적인 성인으로 닮고 싶어 했다.

『논어』에 "나는 심히 쇠하였구나. 오랫동안 주공을 꿈에 뵙지 못하였다(甚矣吾衰也. 久矣吾不復夢見周公)" 한탄할 정도였다(『논어(論語)』술이편(述而篇)).

---

81) 강태공의 죽음에 대해서는 고본 『죽서기』에 "강왕 6년에 제의 태공망이 죽었다(康王六年齊太公望卒)" 했으니 강왕 원년이 기원전 1010년이므로 태공의 사망 연도는 B.C. 1005년이 된다.
82) 牧野(목야)는 은허 바로 위쪽에 위치한 평야로, 허난성 신상시 무예구(牧野區)다.
83) 주나라는 중국 역사상 가장 오래 존속한 나라로 790년을 통치했다. 서주(B.C. 1046~B.C. 771)의 수도는 호경(鎬京), 현재의 시안(西安)이고 동주(B.C. 771~B.C. 256)의 수도는 낙읍(洛邑), 현재의 뤄양(洛陽)이다. 춘추전국시대를 종결한 통일국가 진의 도읍은 서안의 북쪽 함양(咸阳)이고 진의 멸망 후 한나라는 함양의 남쪽 시안(西安)을 새롭게 건설하여 장안(長安)으로 명명, 북송 이전까지 낙양(洛陽, 뤄양)과 수도를 번갈아 중국의 양대 도시로 번창했다. 수의 초대 문제(文帝. 541~604)는 장안, 아들 양제(煬帝, 569~618)는 낙양에 도읍하였다.
84) 주(周)나라 봉건제도는 무왕(武王)이 태공망 여상에게 제(齊)나라를, 주공(周公) 단(旦)에게 노(魯)나라를 봉토로 주면서 시작되었다.
85) 주문왕의 다섯째 아들 주공 단은 이민족을 포용하고 그들의 언어와 문화, 풍습을 발전시켜 백성들의 삶을 풍족케 하였고, 형 무왕과 그의 아들 성왕에 이르기까지 황제를 대신하여 국사(國事)를 도맡아 처리하였다. 김학주, 『주공 단』 연암서가, 2022. 7. 20.

공자는 춘추시대(春秋時代)[86] 말기 노(魯)나라의 수도 곡부(曲阜)에서 태어났다. 그의 조상은 원래 송(宋)의 귀족이었는데 노나라로 망명했다. 그는 주공(周公)을 흠모하여 전통문화 습득에 노력하였고, 학문과 덕을 쌓아 점차 유명해졌다. 처음에는 말단 관리였으나, 50세가 되어 정공(定公)에 중용(重用)되었고 탁월한 정치수완을 발휘하여 이름을 떨쳤다.

(14) 坐朝問道 垂拱平章(좌조문도 수공평장): 조정에 앉아 도를 물으니, (옷을) 드리우고 팔짱을 끼고도 공평하게 다스린다

- "앉을坐, 아침朝, 물을問, 길道, 드리울垂, 팔장낄拱, 고를平, 글월章"

이 글은 『서경(書經)』 필명(畢命)과 요전(堯典), 무성(武成)을 인용하였다. 『서경』 필명에 이르기를 "(옷소매) 드리우고 팔짱에 우러러 공을 이룬다. 요전(堯典)에 백성을 잘 다스렸으니, 자신을 공손히 해서 현인을 존중한즉 옷을 드리우는 팔짱에도 스스로 공평하고 밝은 다스림에 이른다".[87]

"신용을 두텁게 하고 의를 밝혀 덕을 높이고 공을 보상하니, 옷자락 팔짱에도 천하가 다스려진다. 임금의 다스리는 요점은 다만 자신이 조정에

---

86) 춘추시대(B.C. 770~B.C. 403)는 주나라가 수도를 낙읍(洛邑, 현재의 뤄양(洛陽)으로 옮긴(B.C. 770) 후부터~봉건제도가 붕괴되기 시작하는 시기를 말한다(B.C. 403). 이 말의 어원은 공자가 편찬한 『춘추(春秋)』에서 유래되었다. 전국시대(春秋戰國時代, B.C. 03~B.C. 21)는 진(秦)나라가 중국 통일을 완성한 B.C. 21년에 종식된다. 어떤 역사가들은 춘추시대 끝 시기를 B.C. 76년 또는 B.C. 22년으로 보고, 전국시대의 시작을 B.C. 22년으로 보기도 한다.

87) 書畢命日 垂拱仰成 堯典日 平章百姓 言恭己尊賢 卽垂衣拱手而自治均平章明之治也(서필명왈 수공앙성 요전왈 평장백성 언공기존현 즉수의공수이자치균평장명지치야).

공손히 앉아 어진 이를 존중하고 도를 묻는 데 있다(무성편)."[88]

국태민안(國泰民安)은 군자가 덕으로 다스리는 선정덕치(善政德治)다. 이스라엘도 이 정치로 번영의 시대가 있었다. 솔로몬의 영광(왕상 4:20~34)과 선한 왕들의 치세인데, 하지만 진정한 평화는 이사야가 예언한 시대다.

"그 때에 이리가 어린 양과 함께 살며 표범이 어린 염소와…송아지와 어린 사자와…암소와 곰이 함께 먹으며…사자가 소처럼 풀을 먹을 것이며, 젖 먹는 아이가…독사의 굴에 손을 넣을 것이라. 내 거룩한 산 모든 곳은 해 됨도 없고 상함도 없을 것이니 이는 물이 바다를 덮음 같이 여호와를 아는 지식이 세상에 충만함이라(사 11:6~9)."

(15) 愛育黎首 臣伏戎羌(애육려수 신복융강): 백성을 사랑하며 기르니, 서융, 강족도 신하로 엎드린다
- "사랑愛, 기를育, 검을黎, 머리首, 신하臣, 엎드릴伏, 오랑캐戎, 오랑캐羌"

여수(黎首)는 검은 머리(黔首), 즉 백성을 뜻한다.[89] 백성은 나라의 근본이니 임금이 마땅히 사랑하고 어루만지며 양육해야 할 것이고, 임금은 덕

---

88) 惇信明義 崇德報功 垂拱而天下治(돈신명의 숭덕보공 수공이천하치), 人君爲治之要 只在恭己而坐朝尊賢問道而已(인군위치지요 지재공기 이좌조존현문도이이).

89) 여수는 검수와 같은 말로 백성이다(黎首 猶言黔首 民也, 여수 유언검수 민야). 그 시대에 벼슬한 사람은 관을 쓰고 일반 백성은 관이 없는 검은 머리로 살았기 때문에 이 말이 생겼다.

제3장 정치·경제와 사회·문화의 발전

으로 품고 위엄으로 부리면 모두 와서 신하로 복종하게 된다.[90]

戎羌(융강)은 서쪽 오랑캐다. 옛날 중국은 이민족을 동서남북으로, 동이(東夷), 서융(西戎), 남만(南蠻), 북적(北狄) 오랑캐라 했다.[91]

우리나라는 북쪽 이민족을 오랑캐, 남쪽 섬나라 사람들을 왜구라 했고, 이스라엘은 자기들을 하나님이 택한 민족(選民, 선민), 즉 거룩한 백성이라 하고 이방인들을 멸시, 천대했다. 그래서 유대인은 이방인과 가까이하고 교제하면 위법인 줄 알고 살았다(행 10:28).

이렇듯 많은 사람들은 자기 입장, 자기 소견대로 생각한다.

"그 때에 이스라엘에 왕이 없으므로 사람이 각기 자기의 소견에 옳은 대로 행하였더라(삿 17:6, 21:25)."

신정국가(神政國家) 이스라엘의 통치자는 누구인가(삼상 8장).

역사에서 동이족(東夷族)의 진실

동이족(東夷族)은 넓은 중원의 동쪽에 말을 타고 다니며 활을 잘 쏘는 족속으로 "동쪽의 넓은 땅에 사는 온화한 성품의 어진 민족"으로 기록되어 있다.

"동이(東夷)는 동쪽에 사는 사람들이다. 오직 동이만이 대의(大義)를 따르는 대인(大人)들이다. 동이(東夷)의 풍속은 어질다. 어진 사람은 장수

---

90) 民也 民惟邦本 人君所當 撫愛而養育之也, 人君 德以懷之 威以馭之 卽咸來臣伏也(민야 민유방본 인군소당 무애이양육지야, 인군 덕이회지 위이어지 즉함래신복야).

91) 융강은 모두 서쪽 오랑캐지만 여기서는 사방 후손 모두를 말한다(戎羌皆西戎而此卽 總四裔言之也, 융강개서융이차즉 총사예언지야).

하는 법이라 그 곳은 군자들이 죽지 않는 나라다(有君子不死之國)."(『설문해자(說文解字)』)

공자도 "여기서 도가 행하여지지 않으니 군자불사지국(君子不死之國)인 구이(九夷)에 가고 싶다" 하고 뗏목을 바다로 띄웠다.(『설문해자(說文解字)』)

"동방(東邦)의 사람들을 이(夷)라 하는데 이는 근(根)을 뜻하고, 사람들의 성품이 어질고 생육하기를 좋아한다. 한(漢)에서 예를 잃었을 때는 동이(東夷)에 가서 배워야 할 것이라."(『후한서(後漢書)』)

또 전한 시대 언변과 수완이 능수능란하여 무제(武帝, B.C. 56~B.C. 7)에게 총애를 받은 동방삭(東方朔, 약 B.C. 54~B.C. 3)의 『신이경(神異經)』에 "동이족은 서로 칭찬하고 헐뜯지 않으며, 사람이 환난을 당하면 죽음을 무릅쓰고 구해 낸다"고 기록되어 있다.

동이(東夷)의 '이(夷)'는 大(큰 대)와 弓(활 궁)의 회의문자로 '큰 활'을 뜻한다. 즉 활을 잘 쏘는 사람들이다. 활쏘기로 유명한 주몽(朱蒙, B.C. 58~B.C. 19, 東明聖王) 역시 그 후손이다.

(16) 遐邇壹體 率賓歸王(하이일체 솔빈귀왕): 멀고 가까운 이들이 한 몸 되어, 거느리는 왕에게 귀의(歸依)한다

- "멀遐, 가까울邇, 한壹, 몸體, 거느릴率, 손賓, 돌아갈歸, 임금王"

솔빈(率賓/濱)은 '온 나라, 온 세상'의 뜻이다. 이 말은 『시경(詩經)』북산 지계에 나오는 솔토지빈(率土之濱: 땅을 다스리는 물가, 땅 끝)의 줄임말로,

땅(土)을 다스리는(率) 물가(濱)로, 광대한 영토나 지배권을 나타낸다.[92]

신하로부터 백성까지와 중하(화)로부터 먼 오랑캐까지 멀거나 가까운 곳이거나 모두 일체로 하여야 한다.[93]

덕화가 멀리 미쳐서 윗글에 말한 바와 같이 하면 사람들이 모두 이끌고 와서 복종하여 그를 왕으로 받들지 않는 자가 없을 것이다.[94]

넓은 영토와 강력한 지배력을 말하자면 세계사에 바벨론(Babylon)과 페르시아(Persia), 알렉산더(Alexandros 3세, B.C. 356~B.C. 323)와 칭기스칸(Genghis Khan, 1162~1227), 17세기 초 신대륙과 동양으로 진출하여 식민지 지배체제를 이룬 대영제국(大英帝國, British Empire)이 있고, 한국사에서는 고구려 19대 광개토대왕(廣開土大王, 374~412)을 꼽을 수 있다.

알렉산더 대왕은 인류 역사상 가장 뛰어난 군사 지휘관으로 전쟁에서 단 한 번도 패배하지 않았으며 그리스, 페르시아, 이집트, 인도에 이르는 대제국을 세웠다. 그의 아버지 필리포스 2세(B.C. 382~B.C. 336)가 이 모든 기반을 닦아 놓은 것이다.[95]

---

92) 넓은 하늘 아래 왕의 토지가 아닌 곳은 없고, 땅이 미치는 곳까지 왕의 신하가 아닌 자는 없다 (普天之下 莫非王土 率土之濱 莫非王臣, 보천지하 막비왕토 솔토지빈 막비왕신).『시경(詩經)』 소아(小雅) 북산(北山).

93) 自臣工而黎庶 自中夏(華)而外夷 無遠無近 視之 如一體也(자신공이여서 자중하(화)이외이 무원무근 시지 여일체야).

94) 德化遠曁 如上文所言 卽人皆相率而賓服 莫不歸往而王之矣(덕화원기 여상문소언 즉인개상솔이빈복 막불귀왕이왕지의).

95) 필리포스 2세는 외교와 군사전략에 뛰어났고 마케도니아의 비전을 갖고 있었다. B.C. 57년 발칸반도 서부 일리리아(Illyria)를 굴복시키고, B.C. 56년 알렉산더 대왕이 태어나던 해 크레니데스(Crenides)를 정복하여 자신의 이름을 따라 빌립포스(빌립보)로 바꾸고, 후에 원정에 사용할 금을 확보하여 그곳에 강력한 수비대를 두었다.

아버지의 뒤를 이어 왕이 된 알렉산더는 약소국인 마케도니아를 10여 년 만에 강대국으로 키웠다. 그는 지칠 줄 모르는 정복으로 페르시아를 무너뜨리고 이집트와 인도까지 진군하여 대제국을 세우는 과정에서 가는 곳마다 그리스인을 살게 하여 헬라 문화가 전파되었다. 그리스 문화와 오리엔트 문화가 융합된 헬레니즘 문화가 이때 생겼고 유클리드 기하학과 아르키메데스의 수학, 그리고 미술사에 흔적을 남겼다.

전쟁에는 두 가지가 있다. 첫째는 방어요, 둘째는 공격이다. 방어는 공동체를 보호하고 국토를 지키는 일이며, 공격은 적을 물리치고 정복하는 것이다.

성경은 정복에 대해 공의와 평화를 말하고 있다.

"네가 어떤 성읍으로 나아가 치려 할 때 그 성읍에 먼저 평화를 선포하라(신 20:10)."

평화의 선포는 전쟁의 명분을 분명히 하기 위해서다. 이스라엘은 가나안을 정복할 때 그곳 주민들에게 셋 중 하나를 선택하게 했다.

① 같이 평화롭게 살든지
② 싫으면 타지로 떠나든지
③ 아니면 싸울 수밖에 없다(출애굽기, 민수기, 사사기).

전쟁은 매우 중대한 일이다. 그러므로 최대한 피해야 하고, 싸우지 않고 이기는 방법이 최선인데 어쩔 수 없다면 속전속결로 피해를 최소화해야 한다.

손자가 말했다. "전쟁은 국가의 중대사다. 죽음과 삶의 터와 보존과 멸망의 길이 정해지니 자세히 살피지 않을 수 없다(『손자병법(孫子兵法)』 제1 시계편(始計篇))."[96]

『손자병법』에 "지피지기 백전백승"은 없다. 아무리 적을 잘 안들 누가 감히 "백전백승"을 함부로 말할 수 있는가. 그래서 손자는 오직 "지피지기 백전불태(知彼知己 百戰不殆)"라 했다.

"적을 알고 나를 알면 백 번 싸워도 위태롭지 않다(『손자병법』 모공편(謀攻篇))."

"전쟁은 나라의 큰일이다. 존재하느냐 망하느냐의 길이기 때문이다. …전쟁은 양쪽이 다 이길 수 없으며, 또 양쪽이 다 질 수도 없다(『육도(六韜)』[97] 논장편(論將篇))."[98]

알렉산더와 송양지인(宋襄之仁)

알렉산더가 다리우스 3세[99]와 전투를 벌일 때의 일이다. 적의 수가 많고 용맹스런 군사의 모습을 본 참모들이 밤을 틈타 기습공격하자는 제의

---

96) 孫子曰 兵者 國之大事 死生之地 存亡之道 不可不察也(병자 국지대사 사생지지 존망지도 불가불찰야).
97) 『육도』는 문도, 무도, 용도, 호도, 표도, 견도(文, 武, 龍, 虎, 豹, 犬韜)로 6권(60편)이고 도(韜)는 '비결, 감추다, 칼집(활집)'의 뜻이다. 내용은 周 문왕과 아들 무왕, 강태공이 대화하는 형식으로 군사비법을 말한다. 또 『삼략(三略, 상중하계략)』을 논증하여, 이 두 병서는 거의 한 권으로 읽었다(육도삼략). 『육도』는 전술, 『삼략』은 전략으로 후대에 손자(孫子, 약 B.C. 45~B.C. 70)와 남송의 명장 단도제(檀道濟, 약 365~436)가 "36계책" 마지막 패전계(敗戰計)에서 주위상계(走爲上計), 즉 "도망이 죄상의 계책(Fleeing is best)"을 말하여 "36계 줄행랑"이라는 속어가 생겼다.
98) 故兵者 國之大事 存亡之 所由也…故曰 兵不兩勝 亦不兩敗(고병자 국지대사 존망지 소유야(까닭)…고왈 병불양승 역불양패).
99) 다리우스 3세(B.C. 380~B.C. 330)는 페르시아 제국의 마지막 왕으로, 알렉산더의 원정에 페르시아 제국은 멸망했다.

를 했다.

"아무래도 불리하니, 기습 섬멸하는 것이 최선으로 보입니다."

그러나 알렉산더는,

"나는 승리를 훔치지 않는다."

단호히 거절하였다.

젊음의 패기였던가. 과연 그의 용맹은 대단하였다. 하지만 승리했기 망정이지, 패했더라면 송양지인(宋襄之仁)과 같이 후세에 웃음거리가 되지 않았겠는가 말이다.

춘추전국시대 송(宋)나라는 힘 있는 제후국이었다(춘추오패).[100] 특히 양공(襄公)의 치세 때 융성했다. 기원전 651년 봄, 환공이 죽고 태자 자보(玆甫)가 즉위하니 그가 양공이다. 양공은 패자가 되려고 힘썼으나 초나라 때문에 번번이 무산되었다. 결국 두 나라는 전쟁을 하게 되었고(B.C. 638년 11월) 송나라는 적은 병력으로 싸웠는데, 초나라의 군대가 홍수(泓水)를 반쯤 건넜을 때, 사마(司馬) 자어(목이)가 말했다.

"저들의 군대가 우리보다 많으니, 다 건너기 전에 공격합시다."

"군자는 남이 곤경에 처했을 때 공격하지 않는다."

초나라 군대가 강을 건넜으나 전열을 미처 갖추지 못하고 있자, 목이가 또 말했다.

"지금이라도 공격할 수 있습니다."

"저들이 전열을 갖추기를 기다려라."

---

100) 춘추오패(春秋五霸)로 제(齊)의 환공, 진(晉)의 문공, 초(楚)의 장왕, 오(吳)의 부차, 월(越)의 구천을 말하는데, 부차와 구천 대신 진(秦)의 목공, 송(宋)의 양공을 넣기도 한다.

전열을 다 갖춘 다음 송나라가 공격했다. 송의 군대는 크게 패하고 양공은 허벅지에 부상을 입었다. 송나라 사람들이 모두 양공을 원망했다. 그러자 양공은,

"군자는 어떤 경우든 남의 약점을 노리는 비겁한 짓을 해서는 안 된다."

목이가 말했다.

"그렇다면 전쟁할 필요가 있나요? 차라리 싸우기 전에 항복하는 것이 낫지 않습니까? 군대는 승리를 공으로 삼는데 무슨 그런 어리석은 말을 하십니까! 전시의 법도는 평시의 법도와 달라야 합니다."

부상을 입은 양공은 병세가 악화되어 결국 목숨을 잃고 말았다. 이때 양공의 仁은 어리석은 군자의 도(道)로, 세상 사람들이 '송양지인(宋襄之仁)'이라 비웃었다(『춘추좌전(春秋左傳)』).

후세에 맹자(孟子, B.C. 372~B.C. 289)는 이러한 양공이야말로 어진 이의 표상이라며, 회맹을 이루지 못해도 춘추오패에 선정했다. 맹자는 양공의 어리석음보다 인(仁)을 더 높이 평가한 것이다. 하지만 송나라 사람들이 왜 양공을 원망했는가? 얼마나 많은 사람들이 피를 흘리고 고통을 당했는가.

전쟁은 개인이든 국가든 하지 말고 미우나 고우나 사이좋게 지내야 한다. 불가피하다면 속전속결(速戰速決)해야 하고 피해를 최소화해야 한다. 전쟁은 예의를 차리기 위한 것이 아니라 승리를 위한 것이다.

"평화를 택하라! 선택이 아니면 유기다!"

나폴레옹의 야망과 러시아 원정

나폴레옹(Napoleon Bonapart, 1769~1821)은 1789년 프랑스 혁명의 혼란 속에 탁월한 재능으로 전쟁을 승리로 이끌었고, 1799년 11월 18일 쿠데타를 일으켜[101] 권력을 장악하고 1804년 프랑스 역사상 최초의 황제로 등극했다.

"성경은 단순한 책이 아니다. 반대하는 모든 것들을 정복하는 능력을 가진 생명체다."라고 말한 그는 오직 정복의 신념으로 강력한 독재체제를 구축하여, 유럽 대부분을 지배하고 프랑스 혁명사상과 철학, 시민평등, 법치주의, 능력주의,『나폴레옹 법전』등 자유주의 이념을 유럽에 전파하여 세계사에 한 획을 그었다. 근대는 프랑스 혁명과 나폴레옹의 정치혁명과 영국의 산업혁명이 어우러져 완성된 세계라 할 수 있다.

"정복하지 않으면 정복당한다."

이 말같이 그는 초창기 혁명정신은 온데간데없이 사라지고 오직 정복에만 눈이 멀어, 1812년 6월 61만의 대군을 이끌고 러시아로 진군했다.

모스크바 근방 보로디노의 첫 전투에서 승리하여 시내로 들어가니, 도시는 텅 비어 있었다. 혹독한 추위와 굶주림 속에 퇴각하는 도중, 40만이 죽고 10만이 포로가 되고 11만 명이 돌아왔지만 동상과 기아와 질병으로 큰 상처를 입었다.

원정에 실패하여 엘바 섬에 유배되었으나 탈출하여 다시 정권을 장악하고, 워털루 전투에서 패하여 세인트헬레나 섬에 유배되어 죽기 전에 그

---

101) 브뤼메르 18일 쿠데타(18 Brumaire)로 불린다. 이는 1793~1805년에 사용한 프랑스 혁명력 무월(霧月, 안개 달, 브뤼메르)에 일어났기 때문이다.

는 뜻깊은 말을 남겼다.

"나는 총과 칼과 대포로 세상을 정복하려 했으나 실패했다. 그러나 나사렛 예수는 바늘 하나 들지 않고 사랑으로 세상을 정복했다."

여기서 우리는 참된 평화가 무엇인지 알게 된다. 진리야말로 참된 평화를 누리게 한다.

"진리를 알지니 진리가 너희를 자유롭게 하리라(요 8:32)."

그리스도는 평화의 왕이시다.

"이는 한 아기가 우리에게 났고 한 아들을 우리에게 주신 바 되었는데 그의 어깨에는 정사를 메었고 그의 이름은 기묘자라, 모사라, 전능하신 하나님이라, 영존하시는 아버지라, 평강의 왕이라 할 것임이라(사 9:6)."

"예수께서 이르시되 내가 곧 길이요 진리요 생명이니, 나로 말미암지 않고는 아버지께로 올 자가 없느니라(요 14:6)."

이와 같이 진리 안에 참평화가 있다. 이 복음(福音)은 믿음의 조상 아브라함을 통하여 그 후손에게 주어졌다.

"내가 너로 큰 민족을 이루고 네게 복을 주어 네 이름을 창대하게 하리니 너는 복이 될지라(창 12:2)."

"…너는 눈을 들어 너 있는 곳에서 북쪽과 남쪽 그리고 동쪽과 서쪽을 바라보라, 너는 일어나 그 땅을 종과 횡으로 두루 다녀 보라 내가 그것을 네게 주리라(창 13:14, 17)."

(17) 鳴鳳在樹 白駒食場(명봉재수 백구식장): 우는 봉황새는 나무 위에 있고, 흰 망아지는 마당에서 풀을 뜯는다

- "울鳴, 봉새鳳, 있을在, 나무樹, 흰白, 망아지駒, 먹을食, 마당場"

앞 구절은 『시경(詩經)』 대아 권아편(大雅 卷阿篇), 뒤 구절은 『시경(詩經)』 소아 백구편(小雅 白駒篇)을 인용하였다.[102]

봉황은 성군이 출현할 때 나타난다는 상상의 동물로 상서로운 조류다. 오동나무에 깃들고 대나무 열매를 먹으며 영천(靈泉)의 물을 마시고 산다. 봉은 수컷, 황은 암컷이지만 대체로 암수 구분 없이 봉황새로 알려져 있다.

어떤 사람이 성군인가? 역사 이래 많은 성인군자가 있었다. 중국에는 전설의 인물 요와 순임금이 있었고, 우리나라에는 세종대왕이 있다.

성경에는 이스라엘의 위대한 지도자 모세에 대하여, 그 온유함이 지면의 모든 사람보다 더했고(민 12:3), 다윗을 성군이라 하지만 그 역시 허물이 있는 사람이었다(삼하 12:7~9). 그는 죄를 감추려 했지만 결국 자복하고 회개했다(시 51편).

---

[102] 『시경』에 이르기를 "봉황새가 우니, 오동나무가 생장한다." 하였다. 무릇 鳳凰은 오동나무가 아니면 깃들지 않고 대나무 열매가 아니면 먹지 않으니, 어진 선비(吉士)가 거주할 곳을 얻음을 비유한 것이다. 나무는 당본에 대나무로 되어 있다(詩曰 "鳳凰鳴矣 梧桐生矣" 蓋鳳非梧桐不棲 非竹實不食 喩吉士之得所止也 樹唐本作竹, 시왈 "봉황명의 오동생의 개봉비오동불서 비죽실불식 유길사지득소지야 수당본작죽"). 『시경』에 이르기를 "깨끗한 흰 망아지가 우리 마당의 곡식 싹을 먹는다." 하여 현인이 찾아옴을 찬미한 것이니, 그가 타고 온 흰 망아지가 잠시 마당에서 쉬면서 마당 가운데의 풀을 먹는 것이다(詩曰 "皎皎白駒 食我場苗" 蓋美賢人之來 其所乘之白駒 得以暫息於 場而食場中之草也, 시왈 "교교백구 식아장묘" 개미현인지래 기소승지백구 득이잠식어 장이식장중지초야).

"무릇 나는 내 죄과를 아오니 내 죄가 항상 내 앞에 있나이다(시 51:3)."

"내가 탄식함으로 피곤하여 밤마다 눈물로 내 침상을 띄우며 내 요를 적시나이다(시 6:6)."

"하나님이 원하시는 제사는 상한 심령이다. 상하고 통회하는 마음을 주께서 멸시하지 아니하신다(시 51:17)."

"허물의 사함을 받고 자신의 죄가 가려진 자는 복이 있도다(시 32:1)."

(18) 化被草木 賴及萬方(화피초목 뢰급만방): 교화가 풀, 나무까지 힘입음이 만방에 끼친다

- "변화化, 미칠被, 풀草, 나무木, 힘입을賴, 미칠及, 일만萬, 모方"

이 문장은 『시경(詩經)』대아편(大雅篇)을 인용하였다. 『시경』에 주나라 왕가를 찬미하여 말하기를, "주왕이 인후해서 은택이 초목에까지 이르렀다."[103]

중국 송나라 유학자 주희(朱熹, A.D. 1130~1200)는 『대학(大學)』장구(章句) 第二에 "자신과 가정을 잘 다스린 자라야 나라를 잘 다스리고 천하를 평화롭게 한다(修身齊家治國平天下, 수제가치국평천하)"라고 말했다.[104]

---

103) 詩之美周家曰 "周王仁厚 澤及草木者 是也"(시지미주가왈 "주왕인후 택급초목자 시야").

104) 物格而后 知至 知至而后 意誠 意誠而后 心正 心正而后 身修 身修而后 家齊 家齊而后 國治 國治而后 天下平(물격이후지지 지지이후 의성 의성이후 심정 심정이후 신수 신수이후 가제 가제이후 국치 국치이후 천하평, 사물이 궁구하여 이른 이후에 앎이 극진해지고, 앎이 극진해진 이

3강령 8조목의 3강령(三綱領)은 명명덕(明明德), 신민(新民), 지어지선(止於至善)이며, 8조목(八條目)은 격물(格物), 치지(致知), 성의(誠意), 정심(正心), 수신(修身), 제가(齊家), 치국(治國), 평천하(平天下)다.

다스림에 재능이 있는 자는 어떤 사람인가?

"그러므로 감독은 책망할 것이 없으며, …자기 집을 잘 다스려…이와 같이 집사들도 정중하고…깨끗한 양심에…여자들도 이와 같이 정숙하고…모든 일에 충성된 자라야 할지니라(딤전 3:2~11)."

"많은 사람이 각기 자기의 인자함을 자랑하나니 충성된 자를 누가 만날 수 있으랴(잠 20:6)."

후에 뜻이 실다워지고, 뜻이 실다워진 이후에 마음이 바르게 되고, 마음이 바르게 된 이후에 몸이 닦이고, 몸이 닦인 이후에 가정이 가지런해지고, 가정이 가지런해진 이후에 나라가 다스려지고, 나라가 다스려진 이후에 천하가 평정된다).

제4장

인간으로서 마땅히 해야 할 일

> **충효와 인의예지신**
> **(19)~(33) 15문장 120자**
>
> 사람이 살아가는 데 지켜야 할 도리에 대한 내용으로 소학 과정에 해당한다. 충, 효, 경, 신을 강조하여 성현들의 공적을 바탕으로 그 뜻을 이어받아 인륜을 실천하며 사람답게 살기를 가르치고 있다.

(19) 蓋此身髮 四大五常(개차신발 사대오상): 무릇 이 몸과 터럭은 네 가지(天地君親) 큰 것과 다섯 가지(仁義禮智信) 떳떳함으로 이룬다

- "무릇蓋, 이此, 몸身, 터럭髮, 넉四, 큰大, 다섯五, 늘常"

    사대는 천지군친(하늘, 땅, 국가君, 어버이)요, 오상은 인의예지신(어짊, 의로움, 예의, 지혜, 믿음)이다.

    이 문장은 『효경(孝經)』의 첫 장 개종명의(開宗明義)의 "신체발부 수지부모(身體髮膚 受之父母)"[105]와 『한서(漢書)』 동중서전(董仲舒傳)의 "4대5

---

[105] 『효경』에 말하기를 사람의 신체와 터럭과 살갗은 부모에게서 받은 것이니, 이것을 손상시키지 않는 것이 효의 시작이다(孝經曰 身體髮膚受之父母 不敢毀傷 孝之始也, 효경왈 신체발부 수지

상(四大五常)"을 말한다.

4대를 알고 5상을 닦는 것이 왕도다.[106]

개차(무릇)는 범자(발어사)와 같으니 사람이 세상에 태어나서 이 신체 발부를 갖추지 않은 사람이 없어 그 사람됨이 다른 것이다.[107]

사람이 사대가 아니면 살 수가 없고 오상이 아니면 성립할 수 없으니 이는 사람이 사람 되는 이유다.[108]

맹자(孟子)의 四端(사단)은 측은지심(惻隱之心)의 仁, 수오지심(隨惡之心)의 義, 사양지심(辭讓之心)의 禮, 시비지심(是非之心)의 智다(『孟子』공손추(公孫丑)).

한양 도성의 인의예지신(仁義禮智信)

한양 도성의 인의예지신(5상)은 사대문(四大門) 가운데 글자, 즉 동쪽의 홍인지문(興仁之門), 서쪽의 돈의문(敦義門), 남쪽의 숭례문(崇禮門), 북쪽의 숙정문(肅靖門)과 그 중앙의 보신각(普信閣)이다.

그런데 북의 숙정문은 지(智) 대신 정(靖)이 들어 있다. 왜 이렇게 智를 넣지 않고 靖을 넣었는가? 우리 선조들은 智에 대해 겸손한 태도를 가져야 했다. 그래서 함부로 드러내지 않고 은유하여 靖을 썼다. 편안할靖은

부모 불감훼상 효지시야).
106) 知四大修五常 而此王道(지사대수오상 이차왕도).『한서』동중서전.
107) 蓋此 猶言凡玆也 人生於世 莫不具此身體髮膚 而其所以爲人者 則別有在也(개차 유언범자야 인생어세 막불구차신체발부 이기소이위인자 즉별유재야).
108) 四大 天地君親 五常 仁義禮智信 人非四大 無以生 非五常 無以成 是乃人之所以爲人也(사대 천지군신 오상 인의예지신 인비 사대 무이생 비오상 무이성 시내인 지소이위인야).

'꾀하다, 예리한, 날카로움'의 뜻으로, 뾰족한 붓끝이 마치 칼끝 같아 智를 상징한다.

"슬기로운 자는 지식을 감추어도 미련한 자는 미련함을 전파하느니라(잠 12:23)."

"지혜로운 자는 영광을 기업으로 받지만 미련한 자의 출세는 수치가 된다(잠 3:35)."

"펜은 칼보다 강하다."[109]

"행복해지려면 자신을 잊는 법을 배워야 한다."[110]

"잘난 얼굴이 추천장이라면, 선한 마음은 신용장이다."[111]

- 에드워드 조지 불워 리튼(Edward George Bulwer Lytton, 1803~1873, 영국의 작가,『폼페이 최후의 날』)

사람의 마음을 어떻게 움직이는가?

"사람의 마음에 있는 모략은 깊은 물 같으니라. 그럴지라도 명철한 사람은 그것을 길어 내느니라(잠 20:5)."

"지혜는 어디서 얻으며 명철은 어느 곳에 있으며, 머무는 곳은 어디인가?(욥 28장)"[112]

---

109) The Pen is mightier than the Sword.
110) To be happy, you have to learn to forget yourself.
111) If a smart face is a letter of recommendation, a good heart is a letter of credit.
112) 지혜(智慧, Wisdom)는 깨닫는 정신능력으로 빠른 이해력과 정확한 판단력을 갖는 것이다. 명철(明哲, Understanding)은 총명하고 사리가 밝아 사물의 본질과 원리를 이해하는 능력이다.

(20) 恭惟鞠養 豈敢毁傷(공유국양 기감훼상): 공손히 길러 주심을 생각하면, 어찌 감히 헐고 다치게 하리오

- "공경할恭, 생각惟, 기를鞠, 기를養, 어찌豈, 감히敢, 헐毁, 상할傷"

이 문장은 『효경(孝經)』의 "신체발부 수지부모(身體髮膚 受之父母)"를 강조한 글이다.

"진실로 부모께서 길러 준 은혜를 생각한다면 감히 손상하지 못한다."[113]

"사람의 몸이 있는 것은 부모의 기르신 은혜가 아닌 것이 없으니, 자식은 당연히 공경을 생각해야 한다."[114]

"네 부모를 공경하라. 그리하면 네 하나님 여호와가 네게 준 땅에서 네 생명이 길리라(출 20:12; 신 5:16; 십계명 제5)."

"자녀들아, 주 안에서 부모에게 순종하라 이것이 옳으니라. 네 아버지와 어머니를 공경하라 이것은 약속이 있는 첫 계명이니, 이로써 네가 잘 되고 땅에서 장수하리라. 또 아비들아 너희 자녀를 노엽게 하지 말고 오직 주의 교훈과 훈계로 양육하라(엡 6:1~4)."

---

113) 孝經曰 苟思父母鞠養之恩 卽其必不敢毁傷矣(효경왈 구사부모국양지은 즉기필불감 훼상의).

114) 人之有此身 莫非父母鞠養之恩 爲子者當 敬以思之也(인지유차신 막비부모국양지은 위자자당 경이사지야).

(21) 女慕貞烈 男效才良(여모정렬 남효재량): 여자는 절개가 곧음을 사모하고 남자는 재주와 어짊을 본받는다

- "여자女,[115] 사모할慕, 곧을貞, 굳셀烈, 사내男, 본받을效, 재주才, 어질良"

이 글은 사람이 커 가면서 배움에 임하여 건전한 가치관의 모범을 중시한 말이다. 만물 중에 오직 사람만이 가르치고 배우며 예의범절을 지킨다. 『사체천자문(四體天字文)』[116]에는 "女慕貞絜"로 되어 있다. 絜은 헤아릴 혈이지만 깨끗할 결(潔)로도 읽는다. 정렬(貞烈)은 여자의 행실과 지조가 곧은 것을 말하고 효(效)는 본받는 것을 말하며, 재량(才良)은 재주와 어짊을 뜻한다.

여자는 그 뜻이 정직하고 그 행동을 지조 있게 한 뒤에야 그 몸이 욕되지 않는다. 이와 같은 자가 있으면 반드시 그를 사모한다.[117]

"왕촉이 말하기를 충신은 두 임금을 섬기지 아니하고 열녀는 두 남편을 따르지 않는다(『사기(史記)』, 『명심보감(明心寶鑑)』 입교편(入敎篇))."[118]

남자는 재주와 지혜가 넉넉하고 충성과 어짊이 드러난 후에 성립할 수 있다. 그러므로 이런 자가 있다면 반드시 본받게 된다.[119]

---

115) 수년 전까지 '계집女'로 읽었으나 '계집'이 여성 비하로 인식되면서 지금은 '여자女'로 읽는다.
116) 『사체천자문(四體天字文)』은 명나라 문인이요, 서화가 문징명(文徵明, 1470~1559)이 네 가지 서체(書體)로 쓴 『천자문』이다.
117) 女子其志貞 其行烈然後 可以不辱其身 故有如此者 卽必慕之也(여자기지정 기행열연후 가이불욕기신 고유여차자 즉필모지야).
118) 王蠋曰 忠臣不事二君 烈女不更二夫(왕촉왈 충신불사이군 열녀불경이부).
119) 男子 才智優 忠良著然後 可以成立 故 有如此者 卽必 效之也(남자 재지우 충량저연후 가이성립 고 유여차자 즉필효지야 지차이구 즉가이사친의).

"또 이와 같이 여자들도 단정하게 옷을 입으며…진주나 값진 것으로 하지 말고, 오직 선행으로 하기를 원하노라…(딤전 2:9~10)."

"누가 현숙한 여인을 찾아 얻겠느냐? 그의 값은 진주보다 더 하니라(잠 31:10)."

"다투는 여인과 함께 큰 집에서 사는 것보다 움막에서 사는 것이 나으니라(잠 21:9)."

세상 사람이 모두 바르게 살면 얼마나 좋겠는가. 하지만 유혹은 끝이 없고, 악은 시시때때로 우리를 넘어뜨리려 한다. 속담에, "열 여자 마다할 남자 없고, 여자가 씀씀이 좋으면 서방이 열이다."라는 말이 있다.

이 말은 모두 경계할 말이다.

그러므로 욕심을 버리고 악의 간계에 유혹되지 말아야 한다.

"욕심이 잉태한즉 죄를 낳고 죄가 장성한즉 사망을 낳느니라(약 1:15)."

"근신하라. 깨어라. 너희 대적 마귀가 우는 사자 같이 두루 다니며 삼킬 자를 찾나니(벧전 5:8)."

(22) 知過必改 得能莫忘(지과필개 득능막망): 허물을 알면 반드시 고치고, 능력을 얻으면 잊지 말라

- "알知, 허물過, 반드시必, 고칠改, 얻을得, 능할能, 말莫, 잊을忘"

허물은 늘 살피고, 능력은 자랑(과시) 말라.

중유(仲由=子路, 공자의 제자)는 허물을 들으면 기뻐했다. 남이 잘못을

이르면 곧 기뻐하고 그것을 들어 알아 반드시 고쳤다.[120]

『논어』에 말하기를 "달도 그 능한 바를 잊지 않는다." 했으니, 능력을 잊지 않은즉 터득이 견고하여 잃지 않으니, 이 두 구절을 알면 학업에 더욱 전진할 수 있다.[121]

"훈계의 책망은 곧 생명의 길이며(잠 6:23), 슬기로운 자의 책망은 청종하는 귀에 금 고리와 정금 장식이니라(잠 25:12)."

성경은 지혜와 명철의 능력을 말한다.

"내게는 계략과 참 지식이 있으며 나는 명철이라. 내게 능력이 있으므로, 나로 인하여 왕들이 치리하며 방백들이 공의를 세우고, 재상과 존귀한 자 곧 모든 의로운 재판관들이 다스리느니라…부귀가 내게 있고 장구한 재물과 공의도 그러하니라(잠 8:14~18)."

(23) 罔談彼短 靡恃己長(망담피단 미시기장): 남의 단점을 말하지 말고, 자기의 장점을 믿지 말라

- "말罔, 이야기談, 저彼, 짧을(부족할)短, 말靡, 믿을恃, 몸·자기己, 긴·장점長"

罔은[122] '~하지 말라'는 뜻이고 短은 '짧다, 부족, 허물'의 뜻이며, 靡는 '~

---

120) 仲由 喜聞過 人有告之以過卽喜 其聞知而必改之(중니 희문과 인유고지이과즉희 기문지이필개지).
121) 論語曰 月無忘其所能 是也 能而無忘卽 得愈堅而不失 知此二句 卽可以進學矣(논어왈 월므망기소능 시야 능이무망즉 득유견이부실 지차이구 즉가이진학의).
122) 罔은 '그물', '없다'의 뜻으로, 호천망극(昊天罔極)은 하늘은 넓고 끝이 없다, 즉 부모의 은혜가 매우 크고 끝없을 의미한다.

하지 말라'는 뜻으로 곧 남을 높이고 자기는 낮추라는 말이다.

후한(後漢) 시대 학자 최자옥(崔子玉, 78~143)은 이 문장을 좌우명으로 삼고 "다른 사람의 단점을 드러내지 말고 자기의 장점을 말하지 말며, 남에게 베풀었거든 삼가 생각지 말고 받은 것이 있거든 삼가 잊지 말며, 세상의 명예를 부러워 말고 오직 어진 것을 근본으로 하라"고 하였다.[123]

군자는 자신의 수련이 급하여 남의 장단점을 점검할 겨를이 없다.[124]

맹자가 말하기를 "남의 선하지 않음을 말하여 후환을 어찌할 것인가. 마땅히 깊이 생각해야 한다(『맹자(孟子)』 이루하편(離婁下篇))".[125]

스스로 잘났다고 여기면 그 잘남을 잃게 된다(『서경(書經)』 說命篇(열명편)).[126]

교만이 오면 욕도 오거니와 겸손한 자에게는 지혜가 있다(잠 11:2).

교만은 패망의 선봉이요 거만한 마음은 넘어짐의 앞잡이다(잠 16:18).[127]

"무릇 자기를 높이는 자는 낮아지고 자기를 낮추는 자는 높아지리라(눅 14:11)."

---

123) 無道人之短 無說己之長, 施人愼勿念 受施愼勿忘 世譽不足慕 唯仁爲紀綱(무도인지단 무설기지장 시인신물념 수시신물망 세예부족모 유인위기강).
124) 君子急於自修 故 不暇點檢人之長短也(군자급어자수 고 불가점검인지장단야).
125) 孟子曰 言人之不善 其如後患何 所當體念(맹자왈 언인지불선 기여후환하 소당체념).
126) 스스로 선하다 여기면 선을 잃게 된다(厥善, 喪厥善, 궐선, 상궐선).
127) 교만은 멸망의 선봉이요 겸손은 존귀의 길잡이니라(잠 18:12).

(24) 信使可覆 器欲難量(신사가복 기욕난량): 신용은 바르게 하고, 기량 (器量)은 헤아리기 어렵게 하라

- "믿을信, 하여금使, 옳을可, 되풀이할覆, 그릇器, 하고자할欲, 어려울難, 헤아릴量"

覆은 '실천하다, 이행하다'의 뜻이며, 器는 그릇의 크기다.

이 문장은 『논어(論語)』 학이편(學而篇)에 공자의 제자 유자(有子, B.C. 18~B.C. 58)의 말에 연유한다. "믿음이 의에 가까우면 그 말을 실행할 수 있다."[128]

기량은 크고 작은 것이 있는데 두소(斗筲)는 말할 것도 없고 강과 하수도 역시 한계가 있어 반드시 천지와 같이 해야 헤아리기 어렵고 이 두 구절을 알면 사물에 응할 수 있다.[129]

두소(斗筲)의 두(斗)는 한 말, 소(筲)는 한 말 두 되들이 대그릇(竹器)으로 양과 질이 보잘것없거나, 변변치 못한 재주(斗筲之才, 두소지재)를 뜻한다. 즉 작은 기량은 누구나 가질 수 있으니, 군자는 더 나아가 천지와 같은 큰 뜻을 품고 덕을 쌓아야 한다.

큰 능력과 덕은 어떻게 쌓는가?

"그의 영광의 힘을 따라 모든 능력으로 능하게 하시며, 기쁨으로 모든 견딤과 오래 참음에 이르게 하시고(골 1:11)."

"그러므로 너희는…긍휼과 자비와 겸손과 온유와 오래 참음을 옷 입고,

---

128) 有子曰 信近於義 言可復也(신근어의 언가복야).
129) 器有大小 斗筲 固無 江河亦有涯 必與天地同然後 難於測量 知此二句 卽可以應物矣(기유대소 두소 고무 강하역유애 필여천지동연후 난어측량 지차이구 즉가이응물의).

누가 누구에게 불만이 있거든 서로 용납하여 피차 용서하되 주께서 너희를 용서하신 것 같이 너희도 그리하고 이 모든 것 위에 사랑을 더하라 이는 온전하게 매는 띠니라(골 3:12~14)."

(25) 墨悲絲染 詩讚羔羊(묵비사염 시찬고양): 묵자는 흰 실이 검게 물드는 것을 슬퍼하며, 시경 고양편을 찬양하였다

- "먹墨, 슬플悲, 실絲, 물들일染, 글詩, 기릴讚, 새끼양羔, 양羊"

중국 전국시대 초 묵자(墨子, B.C. 79~B.C. 81)는 『묵자』소염편(所染篇)에서 염색을 비유로 신하와 벗의 사귐을 경계하고 있다.

묵은 묵적이다. 실이 물드는 것을 보고 슬퍼했으니, 사람의 본성이 본래 선한데 습관에 이끌려 선하지 않으니, 본래 실같이 흰 것이 이제 검게 되면 다시 희게 회복할 수 없음이라.[130]

고양은 『시경』의 소남편 이름인데 남국의 대부들이 문왕의 교화로 절약과 검소의 정직을 아름다워했다. 이 두 구절은 사람의 성품이 바꿔 옮겨지니, 악도 가하고 선도 가하다는 것이다.[131]

묵자가 말하기를 푸른 물감에 푸른색이 물들고 노란 물감에 노란색이 물드니, 넣는 것에 그 색깔 역시 변한다.[132]

---

130) 墨 墨翟也 翟 見染絲而悲 謂人性本善 誘於習染而爲不善 如絲本白而今黑 不可復白也(묵 묵적야 적 견염사이비 위인성본선 유어습염이위불선 여사본백이금흑 불가복백야).
131) 羔羊 詩召南編名 美南國大夫被文王化而節儉正直 此二句 言人性易移 可惡可善也(고양 시소남편명 미남국대부피문왕화이절검정직 차이구 언인성이이 가악가선야).
132) 墨子曰 染於蒼則蒼 染於黃則黃 所入者變 其色亦變(염어창즉창 염어황즉황 소입자변 기색역변).

'근주자적 근묵자흑(近朱者赤 近墨者黑)'의 성어가 여기서 나왔다.

백로가(白鷺歌)

가마귀 싸호는 골에 백로야 가지 마라

셩낸 가마귀 흰 빗츨 새올셰라

쳥강에 잇것 시슨 몸을 더러일가 ᄒ노라.

- 작자 미상, 『청구영언』등

『청구영언(靑丘永言)』에 작자 미상으로 되어 있는데, 『가곡원류(歌曲源流)』에는 정몽주 어머니 이씨(李氏)가 지은 것으로 적혀 있다. 고려 말 포은 정몽주(鄭夢周, 1337~1392)가 낙마로 병상에 누워 있는 이성계(李成桂, 1335~1408)를 문병한 뒤 이방원의 연회에 초청받아 나설 때, 어머니가 경계할 것을 당부하여 지은 것으로 알려졌으나, 정몽주의 어머니는 이방원(李芳遠, 1367~1422)이 태어나기 전에 돌아가셨다고 한다.

『약파만록(藥坡漫錄)』[133]에는 연산군 때 가객(歌客) 김정구(金鼎九)의 한역시(漢譯詩)로 실려 있다.

경기도 용인시 모현읍 능원리 정몽주의 묘소로 가는 길에 이 시비(詩碑)가 있고, 정몽주의 고향 영천 숭렬공원에 「백로가」와 「단심가」를 새긴 시비가 있다.

---

133) 『약파만록(藥坡漫錄)』은 이희령(李希齡, 호 약파, 1697~1776)이 우리나라의 정사(正史)와 야사(野史)를 뽑아 편집한 것으로, 1764년(영조 40년)에 손자 한종(漢宗)이 완성하였다.

충절과 사랑의 노래

까마귀와 백로

가마귀 검다ㅎ고 백로야 웃지 마라

거치 검은들 속조차 검울 소냐

것 희고 속 검은 즘승이 너 관가 하노라.

- 이직(1362~1431), 『청구영언』 등

이 시조는 시대를 넘어 위선을 비웃는 풍자시다. 나라가 망하자 충절을 지키려는 고려 유신들은 두문동(杜門洞)[134]으로 가고, 개국공신이 된 작가는 자신을 변호하고, 구차하게 목숨을 지키면서 남을 비방하는 자들을 비유적으로 힐책하며 자신의 결백을 주장하고 있다.

까마귀는 60일간 새끼에게 먹이를 물어다 키우는데, 그 새끼가 자라면 늙은 어미에게 60일간 먹이를 물어다 줌으로 은혜에 보답한다. 그래서 반포지효(反哺之孝)라 했다. 우리가 알고 있는 까마귀는 흉조가 아닌, 도덕성과 기품이 있는 길조다.

이직(李稷)은 조선 개국공신으로 이조판서, 우의정, 영의정 등을 역임하였다. 그의 증조부는 '이화에 월백하고'의 님(임금)을 그리는 아름답고 애틋한 시를 지은 고려 후기 대제학(文臣 大提學) 이조년(李兆年,

---

134) 두문동(杜門洞)은 현재 북한 개풍군 광덕산 서부 지역이다. 두문불출(杜門不出, 문을 막고 나가지 않는다)의 고사성어는 중국 춘추시대 역사서에 기록이 있다. 그러므로 고려 유신들에 의해 시작된 것이 아니라, 오히려 두문동이 두문불출에서 유래된 것으로 볼 수 있다("두문불출과 두문동 72현의 전설" 야사).

1269~1343)이다.

> 이화에 월백ᄒ고 은한이 삼경인 제
> 일지춘심을 자규야 아라마는
> 다정도 병인 냥ᄒ여 좀 못드러 ᄒ노라.
>
> - 이조년, 『해동가요』[135]

이 시조는 임금에 대한 신하의 충절에 대한 노래이지만, 정든 사람을 그리워하는 아름다운 사랑의 노래이기도 하다. 이와 같이 옛 선비들은 남녀의 사랑 노래는 뒤로 숨겨 두고 임금(나라)에 대한 충정(忠貞, 衷情)을 그리고 있다. 그래서 어떤 선비는 자기를 드러내지 않고 임 그리는 마음을 사설시조로 표현하기도 했다(해학, 풍자적).

> 개를 여라믄이나(열 넘게) 기르되
> 요 개 굿치 얄믜오랴
> 뮈온님 오며는 꼬리를 홰홰 치며
> 쒸락 ᄂ리쒸락 반겨서 내둣고
> 고온 님 오시며는 뒷발을 버동버동 므르락 나으락
> 캉캉 즈져서 도라가게 혼다
> 쉰밥이 그릇그릇 난들 너 머길 줄이 이시랴.
>
> - 작자 미상, 『청구영언』

---

135) 이 시조는 『해동소학부(海東小樂府)』에 7언 절구로 기록되어 있다.
梨花月白三更天(이화월백삼경천) 啼血聲聲怨杜鵑(제혈성성원두견) 儘覺多情原是病(진각다정원시병) 不關人事不成眠(불관인사불성면).

바독이 검동이 쳥삽사리 즁에

조 노랑 암캐같이 얄밉고 잔미우랴

미운님 오게 되면 꼬리를 회회 치며 반겨 내닫고

고운님 오게 되면 두 발을 벋디디고 콧살을 찡그리며

무르락 나으락 캉캉 짖는 요 노랑 암캐

이튿날 문 밖에 개 사옵세 웨는 장사 가거드란 찬찬 동여 내주랴.

- 작자 미상, 『가곡원류』

'일편단심(一片丹心)'은 남녀의 사랑 이야기와 임금에 대한 신하의 충성과 절개다. 고려 말기 이성계(李成桂, 1335~1408)의 다섯째 아들 이방원(李芳遠, 1367~1422)이 역성혁명을 반대하는 포은 정몽주(鄭夢周, 1338~1392)를 회유하기 위해 지은 「하여가(何如歌)」와 그에 대한 응답 시 「단심가(丹心歌)」가 있다.

하여가(何如歌)

이런들 엇더ᄒ며 져런들 엇더ᄒ료

만수산 드렁츩이 얼거진들 엇더ᄒ리

우리도 이긋치 얼거져 백년ᄭ지 누리리라.[136]

- 이방원, 『청구영언』 등

---

136) 如此亦何如 如彼亦何如(여차역하여 여피역하여) 城隍堂後坦 頹搔亦何如(성황당후탄 퇴비역하여) 我輩若此爲 不死亦何如(아배약차위 불사역하여).『해동악부(海東樂府)』.

단심가(丹心歌)

이 몸이 주거주거 일백번 고쳐 주거

백골이 진토되여 넉시라도 잇고 없고

님 향한 일편단심이야 가실 줄이 이시랴.[137]

- 정몽주, 『가곡원류』 등

정몽주와 이성계는 서로 친밀한 관계였다. 세 살 위인 이성계가 정몽주를 친구라 불렀고, 친원파(親元派) 세력이 주도하던 여말에 그들은 성리학 이념의 친명파(親明派)였다.[138]

그럼에도 그들이 서로 등을 돌리게 된 이유가 정몽주는 정치개혁의 실현으로 고려 왕조의 발전을 기대하였고, 이성계는 혁명을 통하여 새로운 왕조를 세우고자 했다.

두 사람 모두 유학의 왕도정치가 실현되는 새로운 나라를 꿈꾸었으나 정몽주는 정치 발전에, 이성계는 정치 혁명에 비중을 둔 것으로, 충절을 중시한 정몽주는 혁명세력을 도저히 용납할 수 없었다.

성경에도 신하의 충성에 대한 이야기가 있다.

"그 때에 다윗은 산성에 있고 블레셋 요새는 베들레헴에 있는지라, 다윗이 소원하여 베들레헴 성문 곁 우물물을 누가 내게 마시게 할까 하매, 세

---

137) 此身死了死了 一百番更死了(차신사료사료 일백번경사료) 白骨爲塵土 魂魄有也無(백골위진토 혼백유야무) 向主一片丹心 寧有改理與之(향주일편단심 영유개리여지). 『포은집(圃隱集)』

138) 친명파(親明派)는 신진 귀족세력의 이성계(李成桂), 정몽주(鄭夢周), 정도전(鄭道傳), 조준(趙浚) 등의 유학파였고, 친원파(親元派)는 대체로 보수 귀족계열의 이인임(李仁任), 조민수(曺敏修), 염흥방(廉興邦), 최영(崔瑩) 등 비유학파였다.

용사가 블레셋의 진영을 돌파하여 베들레헴 성문 곁 우물물을 길어…왔으나 다윗이 마시기를 기뻐하지 아니하고 그 물을 여호와께 부어 드리며 이르되 여호와여, 내가 나를 위하여 결단코 이런 일을 하지 아니하리다. 이는 목숨을 걸고 갔던 사람들의 피가 아니이까 하고 마시기를 즐겨하지 아니하니라(삼하 23:14~17)."

(26) 景行維賢 克念作聖(경행유현 극념작성): 밝게 행동하면 현인이 되고, 생각을 이겨 내면 성인이 된다
- "볕景, 행할行, 이을維, 어질賢, 이길克, 생각念, 지을作, 성인聖"

사람은 그 생각과 행동을 어떻게 하는가에 따라 삶이 달라진다. 높은 산을 우러러보며 밝은 길을 행하고, 큰길을 알고 바른 말을 하면 어진 이가 될 수 있다(『시경(詩經)』소아편(小雅篇)).[139]

성인도 생각하지 않으면 미치게 되고, 미친 자도 생각을 잘하면 성인이 되니 성인과 미친 자의 구분이 한번 생각을 잘함에 달려 있다(『서경(書經)』周書篇(주서편).[140]

사람들은 "행복과 불행은 생각하기 나름이고 마음먹기에 달려 있다."라고 말한다.

---

139) 詩曰 高山仰止 景行行止 言知大道之可由 則可以爲賢也(시왈 고산앙지 경행행지 언지대도지가유 즉가이위현야).

140) 書曰 維聖罔念 作狂維狂 克念作聖 言聖狂之分 只係一念也(서왈 유성강염 작광유광 극념작성 언성광지분지계일념야).

프랑스 귀족 출신 작가 라 로슈프코(1613~1680, moralist)는 "행복과 불행은 크기가 정해져 있지 않다. 다만 받아들이는 사람의 마음에 따라 달라질 뿐이다. 현명한 사람은 큰 불행도 작게 생각하고, 어리석은 사람은 작은 불행도 크게 생각하여 스스로 고민에 빠진다."하였고 "사람은 모두 자기의 기억력을 탓한다. 그러나 누구도 자기의 판단력을 탓하지 않는다."라고 말했다.

"천재와 둔재는 백지 한 장 차이다. 천재도 잘못된 생각으로 실패할 수 있고, 둔재도 생각을 잘하여 성공할 수 있다."

이것은 어떤 생각, 어떤 관점을 갖느냐에 따라 그 상황이나 형편이 달라질 수 있음을 말한다. 큰 불행을 당하면 누구나 절망하고 좌절하게 된다. 그러나 그 상황을 어떻게 대처하느냐에 따라 미래가 다르게 전개된다. 물론 힘들고 불편한 점이 많을 것이다. 그렇다고 주저앉으면 더 큰 불행의 늪으로 빠지게 된다. 그러므로 긍정의 마음을 가져야 한다.

단순한 것이 아름답고(Simple is beautiful), 적을수록 풍요로우며(Less is more), 죽을 것 같은 절망 속에서도 희망은 솟아난다. 살려고 하는 자는 죽을 각오로 싸워야 한다. 이것은 역설이요 모순된 진리이다.

"자기 목숨을 얻는 자는 잃을 것이요 나를 위하여 자기 목숨을 잃는 자는 얻으리라(마 10:39)."

"죽고자 하는 자는 살 것이요 살고자 하는 자 죽으리라."[141]

- 이순신(李舜臣, 1545~1598)

---

141) 必死卽生 必生卽死(필사즉생 필생즉사).

"모든 지킬 만한 것 중에 더욱 네 마음을 지키라 생명의 근원이 이에서 남이니라.…네 모든 길을 든든히 하라. 좌로나 우로나 치우치지 말고 네 발을 악에서 떠나게 하라(잠 4:23~27)."

(27) 德建名立 形端表正(덕건명립 형단표정): 덕을 세우면 이름이 서게 되고, 몸매가 단정하면 겉이 바르게 된다

- "큰德, 세울建, 이름名, 설立, 모양形, 바를端, 겉表, 바를正"

덕은 실상이다. 진실이 있는 곳에 명예가 따르고, 심신이 바르면 나타나는 것도 바르다.

덕은 알맹이(열매)이고 명(이름)은 알맹이의 껍질(외빈)이니 실상이 있는 곳에 명은 저절로 따른다.[142]

도원결의(桃園結義)의 삼 형제[143] 맏형 유비(劉備, 昭烈, 16~223)는 덕이 많았다. 그가 죽을 무렵 그의 아들 유선(劉禪, 懷帝, 207~271)에게 선과 악에 대해 남긴 말이 있다.

"선이 작다 하여 아니하지 말고, 작은 악이라도 해서는 안 되느니라(『명심보감(明心寶鑑)』계선편(繼善篇))."[144]

---

142) 德 實也 名 實之實也 實之所在 名自隨之也(덕 실야 명 실지빈야 실지소재 명자수지).

143) 삼 형제의 도원결의는 황건적의 난(184)이 일어난 해 봄이었다. 서진(西晉, 265~316)의 사관 진수(陳壽, 233~297)가 쓴 『삼국지(三國志)』판본에는 장비의 집이 아닌 유비의 집으로 기록되어 있고, 여러 곳이 달라 사학자들은 『삼국지연의(三國志演義)』를 나관중(羅貫中, 1330~1400)이 과장되게 꾸민 이야기로 본다.

144) 漢昭烈 將終 勅後主曰 勿以善小而不爲 勿以惡小而爲之(한소열 장종 칙후주왈 물이선소이불위 물이악소이위지).

형체가 바르면 겉모양도 바르고, 표면이 바르면 그림자도 바르다. 『서경』에 이르기를 "너의 몸이 능히 바르면 감히 바르지 않음이 없다." 했고, 공자가 말하기를 "그(장수)가 솔선해서 바르게 하면 감히 누가 바르지 않겠는가?" 바로 이것을 말한다.[145]

마음의 정결을 사모하는 자의 입술에는 덕이 있으므로 왕도 그의 친구가 되니(잠 22:11), 우리가 화평의 일과 서로 덕을 세우는 일에 힘쓰고(롬 14:19), 각 사람이 이웃을 기쁘게 하되 선을 이루고 덕을 세울지라(롬 15:2).

"그러므로 너희가 더욱 힘써 믿음에 덕을, 덕에 지식을, 지식에 절제를, 절제에 인내를, 인내에 경건을, 경건에 형제 우애를, 형제 우애에 사랑을 더하라(벧후 1:5~7)."

(28) 空谷傳聲 虛堂習聽(공곡전성 허당습청): 빈 골짜기에 소리가 전해지듯, 빈집에서도 소리가 들린다
- "빌空, 골谷, 전할傳, 소리聲, 빌虛, 집堂, 익힐習, 들을聽"

계곡의 메아리처럼 빈집은 울림이 크다. 벽에도 귀가 있고, 낮말은 새가 듣고 밤 말은 쥐가 들으니, 군자는 누가 보고 듣는 것과 관계없이 언제나 올바른 말과 행동을 한다.

---

145) 形端卽影端 表正卽影正 書曰 爾身克正 罔敢不正 孔子曰 子(帥)率以正 孰敢不正 正謂此也(형단즉영단 표정즉영정 서왈 이신극정 망감부정 공자왈 자(수)솔이정 숙감부정 정위치야).

발 없는 말이 천리를 간다.[146]

군자가 집 안에서도 그 말을 선하게 하면 천리 밖에서도 응하게 되니 하물며 가까운 곳이겠는가(『주역(周易)』계사전상(繫辭傳上)).[147]

말과 행동에 대한 교훈

"우리가 다 실수가 많으니…실수가 없으면 곧 온전한 사람이라…또 배를 보라. 그렇게 크고 광풍에 밀려가는 것을 지극히 작은 키로…운행하니, 이와 같이 혀도 작은 지체로되 큰 것을 자랑하도다. 보라, 얼마나 작은 불이 얼마나 많은 나무를 태우는가. 혀는 곧 불이요…온몸을 더럽히고 삶의 수레바퀴를 불사르니 그 사르는 것이 지옥 불에서 나니라…생물은 다 사람이 길들일 수 있어도…혀는 능히 길들일 사람이 없나니 쉬지 아니하는 악이요 죽이는 독이라 (약 3:2~8)."

"말을 조심하라 그것이 너의 인격이 될 것이다.
생각을 조심하라. 그것은 말이 된다. 말을 조심하라. 그것이 행동이 된다. 행동을 조심하라. 그것은 습관이 된다. 습관을 조심하라. 그것이 인격이 된다. 인격을 조심하라. 그것이 인생이 된다."

— 간디(Mahatma Gandhi, 1869~1948)

"생각은 행동을, 행동은 습관을, 습관은 성품을, 성품은 운명을 낳

---

146) 無足之言飛于千里(무족지언비우천리).
147) 君子居其室 出其言善 則千里之外應之 況其邇者乎(역왈 군자거기실 출기언선 즉천리지외응지 황기이자호).

는다."

- 스티븐 코비(Stephen Covey, 1932~2012),

미국의 교수, 기업인, 작가, 연설가

"생각이 바뀌면 행동이 바뀌고, 행동이 바뀌면 습관이 바뀌고, 습관이 바뀌면 인격이 바뀌고, 인격이 바뀌면 운명이 바뀐다."

- 윌리엄 제임스(William james, 1842~1910),

미국의 철학, 심리학자, 인식론, 실용주의

(29) 禍因惡積 福緣善慶(화인악적 복연선경): 재앙은 악이 쌓인 원인이고, 복은 선의 연분으로 오는 경사로다

- "재앙禍, 인할因, 악할惡, 쌓을積, 복福, 인연緣, 착할善, 경사慶"

이 문장은 『주역(周易)』 문언전(文言傳)의 "선을 쌓은 집에는 반드시 경사가 있고, 불선을 쌓는 집에는 반드시 재앙이 있다."[148]는 글을 줄여 옮긴 것이다.

맹자가 말하기를 "화와 복은 나로부터 구하지 않는 것이 없다. 화와 복이 선악을 따르는 것은 마치 그림자와 메아리가 형체와 소리를 따르는 것과 같다(『맹자(孟子)』공손추상(公孫丑上))".[149]

하늘은 스스로 돕는 자를 돕는다. 죄는 지은 데로 가고 덕은 닦은 데로

---

148) 積善之家必有餘慶 積不善之家 必有餘殃(적선지가필유여경 적불선지가 필유여앙).

149) 孟子曰 禍福無不自己求之 禍福之隨善惡 猶影響之隨形聲也(맹자왈 화복무불자기구지 화복지수선악 유영향지수형성야).

간다. 악은 악을 낳고 선은 선을 낳는다. 콩 심은 데 콩 나고 팥 심은 데 팥 나니, 심은 대로 거둔다.

"사람이 무엇으로 심든지 그대로 거두리라. …그러므로 우리는 기회 있는 대로 모든 이에게 착한 일을 하되 더욱 믿음의 가정들에게 할지니라 (갈 6:7~10)."

(30) 尺璧非寶 寸陰是競(척벽비보 촌음시경): 한 척의 구슬이 보배가 아니라, 한 치의 시각이 다툴 만한 가치가 있다

- "자尺, 구슬璧, 아닐非, 보배寶, 마디寸, 그늘陰, 옳을是, 다툴競"

시간의 중요성을 말하고 있다. "寸陰"은 아주 짧은 시간을 말한다. 시간은 돈이라(Time is money) 하지만, 사실 돈보다 더 귀한 것은 시간이다. 시간은 흘러가면 다시 오지 않는다.

도간(陶侃, 259~334)이 항상 남에게 말하기를 "우(禹)는 성인이면서 寸陰을 아꼈으니, 보통 사람은 한 치의 짧은 시간도 마땅히 아껴야 한다(『晉書(진서)』도간전(陶侃傳)).[150]

夏(하)나라를 세운 우임금도 햇빛이 조금 가는 것도 아낄 정도였으니, 그들은 참으로 부지런한 삶을 살았다는 말이다.[151]

---

150) 陶侃常語人曰 "大禹聖者 乃惜寸陰 至於衆人 當惜分陰"(도간상어인왈 "대우성자 내석촌음 지어중인 당석분음"). 도간은 중국 동진(東晉) 시대의 문무를 겸비한 명장(名將)으로 도연명(陶淵明, 365~427)의 증조부다.

151) 우임금도 촌음을 아꼈으니, 햇빛 그림자가 한 치쯤 옮겨 가는 것을 사람들은 소홀히 하되 성인은 그것을 아끼니, 임무는 소중하고 갈 길이 멀어 가니 오직 햇빛을 부족하게 여겼기 때문이다 (禹惜寸陰 日晷移寸 人所忽也 而聖人惜之 蓋任重道遠 惟日不足故也, 우석촌음 일영이촌 인소

한 치의 시간도 가벼이 여기지 말라(一寸光陰不可輕).

주자학, 주자십회훈(朱子十悔訓)으로 유명한 주희(朱熹, A.D. 1130~1200)는 권학시(勸學詩) 「우성(偶成)」에서[152] 세월의 빠름을 노래했다.

소년은 늙기 쉽고 학문은 이루기 어려우니, 짧은 시간도 가벼이 여기지 말라. 연못가에 봄풀은 꿈을 깨지도 않았는데, 계단 앞 오동잎에는 이미 가을 소리가 들린다.[153]

"세월을 아끼라. 때가 악하니라.…오직 성령으로 충만함을 받으라(엡 5:16~18)."

(31) 資父事君 曰嚴與敬(자부사군 왈엄여경): 어버이 섬김을 바탕으로 임금(나라)을 섬기니, 곧 엄숙함과 공경함이다

- "바탕資, 아비父, 일·섬길事, 임금君, 말할曰, 엄할嚴, 줄與, 공경할敬"

『효경(孝經)』의 충효(忠孝)에 대한 글이다. "부모 섬기기를 바탕으로 임금(나라)을 섬긴다." 하였으니 부모 섬기는 도를 미루어 임금을 섬긴다는 말이다.[154]

물야 이성인석지 개임중도원 유일부족고야).
152) 우성(偶成)은 '우연히 이루어짐, 우연히 지은 시'의 뜻으로, 우리나라에서도 이 제목의 한시가 몇 편 남아 있다.
153) 少年易老學難成 一寸光陰不可輕 未覺池塘春草夢 階前梧葉已秋聲(소년이로학난성 일촌광음 불가경 미각지당춘초몽 계전오엽이추성).
154) 孝經曰 資於事父 以事君 言推事父之道 以事君也(효경왈 자어사부 이사군 언추사부지도 이사군야).

효는 늙을 老(로)와 아들 子(자)를 합쳐 만들어, 孝는 늙은 어버이를 섬기는 뜻이다. 즉 부모를 섬기는 것이 효이고, 경의를 다하여 존중하고 부모의 뜻을 따르는 것이다.

옛날에 임금은 곧 국가(國家)이며, 그 충성을 효와 같이 하였다. 국가구성 3요소는 영토, 국민, 주권으로 이 중에 가장 중요한 것이 국민이므로, 우리 헌법 1조 2항에서는 "모든 권력은 국민으로부터 나온다."라고 명시하고 있다.

충효사상은 성리학 이념의 으뜸 되는 덕목이다.

"임금은 신하에게 예를 가지고 신하는 임금을 섬기는 데 충으로 하라(君使臣以禮 臣事君以忠, 군사신이예 신사군이충, 『논어(論語)』 爲政篇(위정편))."

충은 마음心과 가운데中을 합쳐 이루니, 마음의 중심, 즉 진심이나 성의를 말한다. 『논어』에 忠信(충신)과 忠恕(충서)는 여러 인간관계에 적용된다. 충신(忠信)은 자신에게 충실하여 타인의 신뢰를 얻는 것을 말하고, 충서(忠恕)는 너그러운 마음으로 이해하고 용서하는 것이다(寬仁厚德, 관인후덕).

너그러운 사람에게 은혜를 구하는 자가 많고, 선물 주기를 좋아하는 자는 사람마다 친구가 된다(잠 19:6). 노하기를 더디 하는 것이 사람의 슬기요 허물을 용서하는 것이 자기의 영광이다(잠 19:11). 사람은 자기의 인자함으로 남에게 사모함을 받고 가난한 자는 거짓말하는 자보다 낫다(잠 19:22).

"진실로 너희에게 이르노니 무엇이든지 너희가 땅에서 매면 하늘에서도 매일 것이요 무엇이든지 땅에서 풀면 하늘에서도 풀리리라(마 18:18)."

(32) **孝當竭力 忠則盡命**(효당갈력 충즉진명) 효도는 마땅히 힘을 다해야 하고, 충성은 목숨을 다해야 한다

- "효도孝, 마땅할當, 다할竭, 힘力, 충성忠, 곧則, 다할盡, 목숨命"

"則"은 윗말에 이어지는 글에 '즉'으로 읽고, 규칙, 법칙으로 쓸 때 '칙'으로 읽는다.

여기서는 효(부모)와 충성(국가)을 말한다.

자하가 말하기를 "부모를 섬기는 데는 그 힘을 다하고, 임금을 섬기는 데는 그 몸을 다해야 한다(『論語(논어)』學而篇(학이편))."[155]

닭과 감의 5덕

닭의 오덕(文武勇仁信, 문무용인신)[156]

1. 문(文): 머리에는 벼슬이 있어 문이요
2. 무(武): 발에는 날카로운 발톱이 있으니 무이며
3. 용(勇): 적을 만나면 싸움을 두려워하지 않아 용이요

---

155) 子夏曰 "事父母 能竭其力 事君 能其致身."(자하왈 사부모 능갈기력 사군 능기치신).
156) 예로부터 닭을 오덕(五德)을 갖춘 덕금(德禽)으로 여겼다. 닭은 많은 알을 품어 풍요와 다산을 상징하고, 덕을 갖춘 가금으로 알려져 『한시외전(韓時外傳)』에 닭에게는 다섯 가지 덕이 있기 때문에 '닭의 오덕을 본받아 훌륭한 사람이 되어라.'는 뜻을 담고 있다.

4. 인(仁): 먹이를 보면 혼자 먹지 않고 알리니 인이고

5. 신(信): 새벽 시간 때가 되면 어김없이 때를 알리니 신이다.

닭의 5덕을 사자성어로 나타내기도 한다.

첫째, 두유재관(頭有載冠): 머리의 관(벼슬을 상징).

둘째, 족유맹거(足有猛距): 발이 있어 용맹하여 막음.

셋째, 견웅상투(見雄相鬪): 적을 맞아 물러서지 않음.

넷째, 견식호군(見食呼郡): 먹이를 보면 무리를 부름.

다섯째, 명불실시(鳴不失時): 소리를 내어 때를 알림.

감의 오덕(文武忠節孝, 문무충절효)

1. 문(文): 감잎에 글씨를 썼다.
2. 무(武): 화살의 재료가 되었다.
3. 충(忠): 겉과 속이 같다.
4. 절(節): 겨울에도 매달려 있는 절개가 있다.
5. 효(孝): 홍시와 연시, 곶감은 노인이 먹기에 좋다.

조홍시가와 풍수지탄

선조 34년(1601) 9월, 노계 박인로(朴仁老, 1561~1642)가 이덕형(李德馨, 1561~1613)의 집에 찾아갔을 때 홍시 대접을 받고, 돌아가신 부모님을 생각하며 읊은 시조다. 그는 퇴직하여 은둔생활을 하면서 평소 존경하던 한음 이덕형을 자주 찾아갔다. 그날따라 대접하려 내놓은 조홍감을 보

자, 불현듯 회귤고사가 생각나서 돌아가신 어머니를 떠올렸다.

조홍시가(早紅柿歌)[157] 제1수

반중 조홍 감이 고아도 보이나다
유자 아니라도 품음즉도 하다마난
품어 가 반기리 업슬새 글로 설워하나니.
(소반에 담긴(盤中) 일찍 익은(早紅) 감(홍시)이 곱게도(먹음직스럽게) 보이구나. 유자(柚子)가 아니라도 품어 가고 싶은 마음이지만, 품어 가도 반가워할 부모님 안 계시니 그것이 서럽구나)

제1수 중장은 육적(陸績)의 회귤고사(懷橘故事)를 인용하였다. 오나라 육적(陸績)이 6세 때에 원술(袁術)의 집에 갔는데, 원술이 접대로 유자(귤) 3개를 내어 놓았다. 육적은 그것을 먹는 척하며 품 안에 숨겨 집으로 가려고 하직인사를 하는데, 품 안에 있던 유자(柚子)가 방바닥으로 떨어졌다. 이에 원술이 그 까닭을 물으니, 집에 가져가서 어머니께 드리려 하였다 하여 모두 그 효심에 감동했다는 일화로, 부모님에 대한 지극한 효성을 가리킬 때 쓰는 말이다.

제2수(부모님에 대한 효를 다짐함)

왕상의 잉어 잡고 맹종의 죽순 것거
검던 머리 희도록 노래자의 옷을 입고

---

157) 이「조홍시가」는 부모님이 돌아가셔서 효도를 다하지 못하는 안타까운 마음이 잘 드러나 있어 만시지탄(晚時之歎)의 한 예가 된다.

일생에 양지성효를 증자같이 하리이다.
(왕상의 잉어를 낚고 맹종의 죽순을 꺾어, 검었던 머리가 희어지도록
노래자의 옷을 입고, 내 평생 정성껏 효도함을 증자와 같이 하리라)

중국의 역대 효자 왕상(王祥), 맹종(孟宗), 노래자(老萊子), 증자(曾子, 曾參)의 이야기를 인용하여 효성을 다짐한 내용이다. 이들은 모두 『이십사효(二十四孝)』[158]의 한 사람이다.

왕상은 중국 진나라 때의 효자다. 그는 부모가 편찮으시면 잠자리에서도 옷을 벗지 않았다. 어머니를 여의고 계모를 맞이했으나 그의 효에는 변함이 없었다. 어느 겨울 아픈 계모가 잉어가 먹고 싶다 하여 왕상이 강으로 나가 얼음을 깨고 들어가려고 할 때, 얼음 속에서 한 쌍의 잉어가 튀어나왔다. 그의 지극한 효성에 하늘도 감복하였다고 마을 사람들이 놀라워했다.

맹종은 중국 삼국시대 오나라의 효자다. 맹종의 어머니는 죽순을 매우 좋아했다. 어느 겨울 어머니가 죽순이 먹고 싶다고 하는데 구할 수가 없었다. 맹종이 대밭에 들어가 탄식을 하고 있는데 갑자기 죽순이 솟아나 그것을 가지고 어머니를 봉양했다. 어머니가 죽은 후에도 겨울에 대숲에

---

158) 『이십사효(二十四孝)』는 원나라(元, 1260~1368) 때 곽거경(郭居敬)이 문헌에 기록된 스물네 명의 효행자를 선정하여 편찬한 책이다. 우순(虞舜), 한문제(漢文帝), 증삼(曾參), 민손(閔損), 중유(仲由), 동영(董永), 염자(剡子), 강혁(江革), 육적(陸績), 당부인(唐夫人), 오맹(吳猛), 왕상(王祥), 곽거(郭巨), 양향(楊香), 주수창(朱壽昌), 유검루(庾黔婁), 노래자(老萊子), 채순(蔡順), 황향(黃香), 강시(姜詩), 왕포(王褒), 정난(丁蘭), 맹종(孟宗), 황정견(黃庭堅) 24인이다. 중유와 강혁 대신 장효(張孝)와 전진(田眞)이 들기도 하며, 24명의 순서가 바뀌기도 한다. 일설에는 노래자가 노자(老子)라 했다.

가면 죽순이 솟아났다.

노래자는 춘추 말기 초나라 효자다. 70세 늙어서도 어린이가 입는 때때옷을 입고 부모를 기쁘게 해 드리기 위해 재롱을 부리며 새를 잡아 달라고 응석을 부렸다고 한다.[159]

증자는 공자의 수제자로 춘추시대 노나라의 효자다. 공자의 여러 제자 중에서 효에 대해서는 으뜸가는 사람이었다.

제3수(부모님의 장수를 기원함)

만균을 늘려 내어 길게 길게 노를 꼬아

구만 리 강천에 가는 해를 잡아내어

북당의 학발쌍친을 더디 늘게 하리이다.

(쇳덩이를 늘여서 길게 길게 끈을 꼬아, 구만 리 강천에 지는 해를 잡아매어, 안방에 계시는 흰 머리의 부모님을 더디 늙게 하리라)

제4수(훌륭한 벗들과 사귀는 즐거움과 자부심)

군황 모다신듸 외가마기 드러오니

백옥 쌓인 곳에 돌 하나 같다마논

두어라 봉황도 비조와 유사하니 뫼셔논들 엇더하리.

(봉황이 모여 있는 곳에 까마귀 한 마리가 들어오니, 백옥이 쌓인

---

159) 노래자는 양친을 효로 봉양했는데, 나이 칠십에 어린아이 재롱을 부렸고 몸에는 오색의 색동옷을 입었다(老萊子孝奉二親 行年七十 作嬰兒戱 身著五色斑斕之衣, 노래자효봉이친 행년칠십 작영아희 신저오색반란지의). 일찍이 물을 떠서 마루에 오르다 거짓 미끄러져 땅에 엎드려 어린아이같이 울기도 하고, 부모 곁에서 병아리를 가지고 놀기도 하여 부모의 마음을 기쁘게 하였다(嘗取水上堂 詐跌仆臥地 爲小兒啼 弄雛於親側 欲親之喜, 상취수상당 사질부와지 위소아제 농추어친측 욕친지희).

곳에 돌 하나가 있는 것 같다마는, 아, 봉황도 새 중의 하나이니 모
셔 놓은들 어떠리)

이미 돌아가신 부모님을 그리는 애절한 심정이 우리의 가슴을 울린다.
한마디로 풍수지탄(風樹之嘆)이요, 풍목지비(風木之悲)다.

> 나무는 조용히 있으려 하나 바람은 그치지 않고
> 자식은 부모를 봉양하고자 하나 기다리지 않네.
> 흘러가면 다시 오지 않는 이 (무심한) 세월에
> 다시는 뵙지 못하는 (그리운) 부모님이시네.[160]
>
> -『한시외전(韓詩外傳)』

우리나라는 어느 지방을 가더라도 효에 대한 전설과 효행을 기리는 효자문, 효자각이 발견된다. 어머니가 실명하여 업고 다니며 기쁘게 한 효자도 있고, 단지로 피를 흘려 죽음 직전에 목숨을 살린 효자도 있다. 또 삼년 시묘에 호랑이가 지켜 주었다는 전설의 미담도 있다.

"네 부모를 공경하라. 그리하면 네 하나님 여호와가 네게 준 땅에서 네 생명이 길리라(출 20:12)."

"너는 네 하나님 여호와께서 명령한 대로 네 부모를 공경하라. 그리하면 네 하나님 여호와가 네게 준 땅에서 네 생명이 길고 복을 누리리라(신 5:16)."

---

160) 樹欲靜而風不止(수욕정이풍부지) 子欲養而親不待(자욕양이친부대) 往而不來者年也(왕이불래자년야) 不可再見者親也(불가재견자친야).

"자녀들아, 주 안에서 너희 부모에게 순종하라 이것이 옳으니라. 네 아버지와 어머니를 공경하라 이것은 약속이 있는 첫 계명이니, 이로써 네가 잘되고 땅에서 장수하리라 (엡 6:1~3)."

(33) 臨深履薄 夙興溫凊(임심리박 숙흥온청): 깊은 곳에 있듯이 얇은 것을 밟듯이 (조심하고), 일찍 일어나 살펴 (추우면) 따뜻하게, 더우면 서늘하게 해 드려야 한다

- "임할臨, 깊을深, 밟을履, 얇을薄, 일찍夙, 일어날興, 따뜻할溫, 서늘할凊"

曾子(증자)가 임종할 때 "시경에 이르기를 깊은 못에 있듯이 살얼음 밟듯 하라" 했으니 지금에야 내가 면하게 되어, 이는 윗글에 이른바 불감훼상의 도를 말한다.[161]

무릇 자식의 예절은 겨울에 따뜻하고 여름에는 시원하게 해 드리기를 해 질 무렵 정하고 새벽에는 살피며(昏定晨省), 동료(추이, 醜夷)와 있을 때도 다투지 아니한다(『예기(禮記)』 곡례편(曲禮篇)).[162]

고사성어 '혼정신성(昏定晨省)'은 『예기』에서 유래되었다. 중국 진나라 왕연은 평소 부모님을 지극히 모셨다. 여름에는 잠자리에서 부채질하고 겨울에는 따뜻하게 해 드렸으며, 자신은 변변찮아도 부모님의 옷은 좋은 것으로 해 드렸다. 또 매일 아침 동틀 때와 해 질 때 부모님을 찾아 안녕하

---

161) 曾子臨終曰 "詩云 如臨深淵 如履薄氷 而今而後 吾知免夫 此上文所謂 不敢毁傷之道也"(증자임종왈 시운 여임심연 여리박빙 이금이후 오지면부 차상문소위 불감훼상지도야).
162) 凡爲人子之禮 冬溫而夏凊 昏定而晨省 在醜夷不爭(범위인자지예 동온이하청 혼정이신성 재추이부쟁).

신지 안부를 여쭈었다.

자식은 부모님께 받은 몸을 온전하고 깨끗하게 보존해야 한다. 몸이 상하여 심려를 끼치는 것은 불효다. 『소학(小學)』"불감훼상 효지시야(不敢 毁傷 孝之始也)"는『효경(孝經)』의 글을 인용한 것이다.

공자가 증자에게 말하기를 "몸과 머리털과 피부는 부모에게 받았으니, 감히 훼손하지 않는 것이 효의 시작이다. 입신하여 도를 행하고 후세에 이름을 날려 부모를 드러내는 것이 효의 마지막이다(『효경(孝經)』제1 개종명의장(開宗明誼章))".[163]

"의인의 아비는 크게 즐거울 것이요 지혜로운 자식을 낳은 자는 그로 말미암아 즐거울 것이라. 네 부모를 즐겁게 하며 너를 낳은 어미를 기쁘게 하라(잠 23:24~25)."

"자녀들아, 주 안에서 너희 부모에게 순종하라. 이것이 옳으니라. 네 아버지와 어머니를 공경하라. 이것은 약속이 있는 첫 계명이니, 이로써 네가 잘되고 땅에서 장수하리라(엡 6:1~3)."

---

163) 孔子謂曾子曰 身體髮膚 受之父母 不敢毁傷 孝之始也(立身行道 揚名於後世 以顯父母 孝之終也)(공자위증자왈 신체발부 수지부모 불감훼상 효지시야 입신행도 양명어후세 이현부모 효지종야).

제5장

군자로서 당연히 지켜야 할 도리

> **사덕과 오지(五止)**
> **(34)~(51) 18문장 144자**
>
> 군자와 선비가 지녀야 할 덕목을 말하고 있다. 앞서 소학 과정을 통해 충, 효, 경, 신을 익힌 뒤, 더 높은 학문에서 수기치인(修己治人)의 덕목을 닦는 내용이다. 문왕의 五止(오지)와 공자의 四德(사덕), 맹자의 四端(사단)을 열심히 공부한 후 벼슬길에 나가도록 당부한다.

(34) 似蘭斯馨 如松之盛(사란사형 여송지성): (군자는) 난초 향기와 같이, 소나무의 무성함 같아야 한다

- "같을似, 난초蘭, 이斯, 향기馨, 같을如, 솔松, 갈之, 성할盛"

난이 풀이 된 것은 깊은 계곡에서 외롭게 향기를 내니, 이는 군자의 지조가 한가롭고 원대함을 비유한 것이다.[164]

솔이 나무가 된 것은 서리와 눈을 업신여겨 홀로 무성하니 이것으로 군

---

[164] 蘭之爲艸 處幽谷而孤馨 以喩君子之志操閒遠也 (란지위초 처유곡이고형 이유군자지지조한원야).

자의 기개와 절개가 크고 굳음을 비유한 것이다.[165]

君子(군자)의 덕과 절개는 난초와 같이 멀리 향기를 풍기고, 백설(白雪)에 시들지 않는 송백과 같다. 부와 권력에 아첨하다가 몰락하면 냉대하고, 달면 삼키고 쓰면 뱉는 세상(炎凉世態, 염량세태) 속에 군자의 덕과 절개는 눈 가운데(雪中)에도 독야청청(獨也靑靑)하여 언제나 밝게 빛난다.

"날씨가 추워진 뒤에야 솔이나 잣나무의 새김을 알 수 있다(『논어(論語)』 자한편(子罕篇))."[166]

이는 굳센 선비의 절개를 가리킨다. 추사(秋史) 김정희(金正喜, 1786~1856)의 유명한 「세한도(歲寒圖)」에서 그 뜻을 읽을 수 있다.

군자는 어떤 사람인가. "배부른 것을 구하지 않으며, 편안한 집을 바라지 않고, 일에 민첩하고 말에 신중하며, 정도를 선택하여 바른길을 걷고 참으로 학문을 좋아하는 사람이다(『논어(論語)』 학이편(學而篇))."[167]

"군자의 도가 혹 나가기도 하고 혹 처하기도 하고 혹 침묵하고 혹 말하기도 하나 두 사람의 마음이 같으니 그 날카로움이 쇠를 끊으며, 같은 마음의 말은 그 향기가 난초와 같다(『주역(周易)』 계사전(繫辭傳))."[168]

고사성어 **金蘭之交**(금란지교)가 여기서 연유되었다. 진실한 우정은 인간의 가장 소중한 관계로 이루어진다.

---

165) 松之爲木 傲霜雪而獨茂 以喩君子之氣節磊落也(송지위목 오상설이독무 이유군자지기절뢰락야).
166) 歲寒然後 知松栢之後彫也(세한연후 지송백지후조야).
167) 子曰 "君子食無求飽 居無求安 敏於事而愼於言 就有道而正焉 可謂好學也已"(자왈 "군자식무구포 거무구안 민어사이신어언 취유도이정언 가위호학야이").
168) 君子之道 或出或處 或默或語 二人同心 其利斷金 同心之言, 其臭如蘭(군자지도 혹출혹처 혹묵혹어 이인동심 기리단금 동심지언 기취여란).

문경지교와 로마의 두 청년

서로 죽음을 대신할 수 있을 만큼 깊은 우정은 **문경지교(刎頸之交)**다.

춘추전국시대 조(趙)나라 혜문왕(惠文王, B.C. 56~B.C. 11)의 신하 인상여(藺相如)가 진(秦)나라 소양왕(昭襄王)에게 빼앗길 뻔했던 명옥 화씨벽(明玉 和氏璧)을 가지고 돌아온 공적으로 종일품의 벼슬에 올랐다.

인상여의 지위가 염파(廉頗) 장군보다 더 높아지자 염파는 화가 나서 말했다.

"나는 싸움터에서 목숨을 걸고 성을 빼앗고, 적을 무찔러 공을 세웠다. 그런데 인상여가 나보다 윗자리에 앉다니 말이 안 된다."

이 말을 들은 인상여는 염파를 피해 다녔다. 이에 실망한 부하가 작별인사를 하러 오자, 인상여는 그를 만류하며 이렇게 말했다.

"자네들은 염파 장군과 소왕 중 어느 쪽이 더 무섭다고 생각하는가?"

"그야 물론 소왕이지요."

"소왕도 두려워하지 않는 내가 염파 장군을 두려워하겠는가? 진나라가 쳐들어오지 않는 것은 염파 장군과 내가 버티고 있기 때문인데, 만약 두 호랑이가 싸우면 결국 모두 죽게 돼. 그래서 나라의 위기를 생각하고 염파 장군을 피하는 거야. 이처럼 내가 염파 장군을 피하는 것은 국가의 위급을 먼저 생각하고 개인의 원한을 뒤로하기 때문이다."

이 말을 전해 들은 염파는 인상여를 찾아가 자기의 좁은 소견을 진심으로 사과했다. 두 사람은 나라를 위해 목숨을 걸었고, 그날부터 서로 목숨을 거는 우정이 시작되었다(『사기(史記)』염파인상여전(廉頗藺相如傳)).

서양에도 **문경지우(刎頸之友)** 같은 유명한 이야기가 있다. 옛날 **로마시대** 데이먼과 피시어스는 **절친한 친구**였다. 반체제파로 사형선고를 받은 피시어스는 시라쿠스왕 디오니시오스(Dionysios, B.C. 430~B.C. 60)에게 고향에 있는 노모에게 마지막 인사를 하고 오겠다고 했다. 왕은 그가 속임수를 써서 도망갈 것으로 알고 허락하질 않았다. 이 소식을 들은 친구 데이먼은 왕에게 간청했다.

"대왕께서 피시어스가 도망갈 것이라고 의심하신다면 저를 대신 옥에 가두고 그의 소원을 들어주소서."

왕은 간절한 데이먼의 요청을 들어주었다. 그런데 약속한 날짜가 다가왔는데도 피시어스는 돌아오지 않았다. 결국 데이먼이 사형장에 끌려나왔다. 형틀에 묶인 그가 말했다.

"피시어스에게 피치 못할 사정이 있을 것이다. 내가 죽는다 해도 조금도 원망하지 않겠다."

사형 집행을 알리는 세 번째 북이 울리던 그때, 먼 곳에서 소리를 지르며 뛰어오는 사람이 있었다. 그는 바로 피시어스였다. 고향에 도착하여 노모에게 작별 인사를 하고 바로 출발했는데, 폭우가 쏟아져 강을 건널 수가 없어서 늦었고 천신만고 끝에 사형 집행 직전에 겨우 당도했던 것이다.

시라쿠스왕은 두 사람의 우정과 신의에 깊은 감동을 받아 피시어스의 죄를 용서해 주었다.

성경에도 이와 같은 우정이 있으니 바로 **다윗과 요나단**이다. 요나단은 50세에 가까운 나이에 아버지의 뒤를 이을 왕자였고, 다윗은 20세가 채 안 되는 보잘것없는 촌뜨기 목동이었다. 하지만 그런 것은 아무 문제가 되지 않았다.

"다윗이 사울에게 말하기를 마치매 요나단의 마음이 다윗의 마음과 하나가 되어 요나단이 그를 자기 생명 같이 사랑하니라. …요나단은 다윗을 자기 생명 같이 사랑하여 더불어 언약을 맺었으며, 요나단이 자기가 입었던 겉옷을 벗어 다윗에게 주었고…(삼상 18:1~4)."

사울 왕이 다윗을 죽이려고 할 때 왕자 요나단은 다윗을 보호하였다. 그래서 둘은 들로 나가 '상호보호' 언약을 맺었다(삼상 20:11~16).

"다윗에 대한 요나단의 사랑이 그를 다시 맹세하게 하였으니 이는 자기 생명을 사랑함 같이 그를 사랑함이었더라(삼상 20:17)."

사울 왕이 다윗을 죽이기로 작정했을 때, 요나단이 '화살 신호'로 다윗에게 알려, 다윗은 죽음의 위기에서 벗어날 수 있었다(삼상 20:30~42).

"사람이 친구를 위하여 자기 목숨을 버리면 이보다 더 큰 사랑이 없나니, 너희는 내가 명하는 대로 행하면 곧 나의 친구라(요 15:13~14)."

영국의 철학자 베이컨(B. C. Francis, 1561~1626)은 친구가 없는 세상을 거친 들에 비유하였다. 세상을 살아가는 데 친구는 소금과 같은 존재다. 부모에게 말 못 하는 고민도 친구에게는 거리낌 없이 말할 수 있다. 친구가 없는 인생은 오아시스 없는 사막과 같다. 하지만 친구도 친구 나름이다. 좋은 친구는 생활에 활력이 되고 인생이 즐겁지만, 친구를 잘못 만나면 골치 아픈 일만 생긴다.

"많은 친구를 얻는 자는 해를 당하게 되거니와 어떤 친구는 형제보다 친밀하니라(잠 18:24)."

예로부터 진실한 친구는 세 손가락을 꼽기 힘들다고 했다. 문경지교 같은 친구가 쉽지 않다. 친구를 이용하거나 덕을 보려는 사람은 참된 친구를 얻지 못한다. 이해관계를 떠나서 순수하고 진실된 마음으로 사귈 때 서로 참된 친구가 된다. 좋은 친구는 믿음과 사랑으로 결속된다(요 15:13).

(35) 川流不息 淵澄取暎(천류불식 연징취영): 냇물은 흘러 쉬지 않고, 연못이 맑으니 비춰 볼 수 있다

- "내川, 흐를流, 아니不, 쉴息, 못淵, 맑을澄, 취할取, 비칠暎"

물의 흐름이 밤낮 그치지 않듯 군자의 노력도 그치지 않음을, 연못의 맑음에 비침이 있듯 군자의 밝음을 비유하였다.

"작은 덕은 냇물처럼 흐르고 큰 덕은 두텁게 변화한다(小德川流 大德敦化,『중용(中庸)』第三十章)."

하늘의 운행이 굳세므로 군자는 이를 본받아 스스로 굳세게 해서 쉬지 않는다(天行健 君子以自彊不息,『주역(周易)』건괘상전(乾卦象傳)).

'자강불식(自彊不息)'[169] 성어가 여기서 유래되었다.

"나는 준비한다. 그러면 언젠가 나에게도 기회가 올 것이다(링컨, 1809~1865)."[170]

"네 손이 일을 얻는 대로 힘을 다하여 할지어다. 네가 장차 들어갈 스올

---

169) 自彊不息: 스스로 굳세어 힘쓰고 몸과 마음을 가다듬어 게으르지 않는다.
170) I will always be ready. Then someday, I'll get an opportunity.

에는 일도 없고 계획도 없고 지식도 없고 지혜도 없음이니라(전 9:10)."

"그가 만일 나의 계명과 법도를 힘써 준행하기를 오늘과 같이 하면 내가 그의 나라를 영원히 견고하게 하리라(대상 28:7)."

"자신의 미래를 예측하는 가장 좋은 방법은 스스로 미래를 만드는 것이다(링컨)."[171]

"이 말이 미쁘도다. 원하건대 너는 이 여러 것에 대하여 굳세게 말하라. 이는 하나님을 믿는 자들로 하여금 조심하여 선한 일을 힘쓰게 하려 함이라. 이것은 아름다우며 사람들에게 유익하니라(딛 3:8)."

(36) 容止若思 言辭安定(용지약사 언사안정): 용모에 행지를 생각하고, 말은 편히 바르게 하라

- "얼굴容, 그칠止, 같을若, 생각할思, 말씀言, 말씀辭, 편안할安, 정할定"

용모와 행위는 의젓함으로, 말은 생각하며 엄숙히, 언사는 자세히 살펴 안정되게 한다(『예기(禮記)』곡례편(曲禮篇)).[172]

중심이 성실하면 밖으로 드러난다(『대학(大學)』성의편(誠意篇)).[173]

군자는 보지 않아도 경계하고 신중하며, 듣지 않아도 두려워한다(『중용(中庸)』1장).[174]

---

171) The best way to predict your future is to create it.
172) 凡容止 欲其儼然若思 所謂儼若思 是也 言辭 欲其詳審安定(범용지 욕기엄연약사 소위엄약사 시야 언사 욕기상심안정).
173) 誠於中形於外(성어중형어외).
174) 君子戒愼乎其所不睹 恐懼乎其所不聞(군자계신호기소부도 공구호기소불문).

"세 번 생각하고 한 번 말하라(三思一言)."

"그러므로 너희가 더욱 힘써 너희 믿음에 덕을, 덕에 지식을, 지식에 절제를, 절제에 인내를, 인내에 경건을, 경건에 형제 우애를, 형제 우애에 사랑을 더하라(벧후 1:5~7)."

"너희는 세상의 소금이니 소금이 만일 그 맛을 잃으면 무엇으로 짜게 하리요. …너희는 세상의 빛이라. …이러므로 집 안 모든 사람에게 비치느니라. 이같이 너희 빛이 사람 앞에 비치게 하여 그들로 너희 착한 행실을 보고 하늘에 계신 아버지께 영광을 돌리게 하라(마 5:13~16)."

(37) 篤初誠美 愼終宜令(독초성미 신종의령): 시작이 돈독하면 참으로 아름답고, 끝까지 신중하면 마땅히 좋게 된다
- "두터울篤, 처음初, 성실誠, 아름다울美, 삼갈愼, 끝終, 마땅宜, 좋을令"

처음은 누구나 잘하지만 끝까지 잘하는 사람은 적다(『시경(詩經)』탕지집(蕩之什)).[175]

초지일관(初志一貫), 시종여일(始終如一)은 참 어렵다. 하는 일이 보람되고 즐거워야 하는데, 어쩔 수 없이 해야 하는 일은 어떻게 해야 하는가?

"피할 수 없으면 즐겨라."

- 로버트 엘리엇(Robert S. Eliet), 미국 심장전문의

---

175) 靡不有初 鮮克有終 (미불유초 선극유종).

로버트 엘리엇은 『스트레스에서 건강으로: 마음의 짐을 덜고 건강한 삶을 사는 법』에서 스트레스에 대처하기 위한 3가지 법칙을 제안한다.

첫째, 작은 일에 땀 흘리지 않는다.

둘째, 모든 것은 작은 일에 불과하다고 생각한다.

셋째, 싸울 수도 없고 도망할 수도 없으면 자신을 맡겨 흘러라(If you can not fight and if you can not flee, Flow). 이 문장을 "피할 수 없으면 즐겨라"고 번역하였다.[176]

모든 일에 유종의 미가 필요하다.

"큰일을 이루려면 지속적인 노력과 끈기가 있어야 한다(『서경(書經)』주서(周書))."[177]

"알기만 하는 사람은 좋아하는 사람만 못하고, 좋아하는 사람은 즐기는 사람보다 못하다(『논어(論語)』옹야편(雍也篇))."[178]

"천재는 노력하는 자를 이길 수 없고 노력하는 자는 즐기는 자를 이길 수 없다(롤프 메르클레(Rolf Merkle), 1952~2019, 독일 심리학자)."

"개미에게 배우라. 개미는 두령도 없고 감독자도 없고 통치자도 없으되, 먹을 것을 여름 동안에 예비하며 추수 때에 양식을 모은다(잠 6:7~8)."

"손을 게으르게 놀리는 자는 가난하게 되고 손이 부지런한 자는 부하게 된다(잠 10:4)."

---

176) 피할 수 없으면 즐겨라(If you can't avoid it, enjoy it. 또 Enjoy it If you can't avoid it). 이를 거꾸로(reverse) 하면 즐길 수 없으면 피하라(Avoid it If you can't enjoy)다.

177) 공적을 높이려면 뜻을 생각하고 사업을 넓히려면 부지런해야 한다(功崇惟志 業廣惟勤, 공숭유지 업광유근).

178) 知之者 不如好之者, 好之者 不如樂之者(지지자 불여호지자 호지자 불여락지자).

"의인의 입은 생명의 샘이라도 악인의 입은 독을 머금었으니, 미움은 다툼을 일으켜도 사랑은 모든 허물을 덮는다(잠 10:11~12)."

"의인의 수고는 생명에 이르고 악인의 소득은 죄에 이른다(잠 10:16)."

(38) 榮業所基 籍甚無竟(영업소기 적심무경): 영업에 기본이 든든하면 그 영예가 끝없다

- "영화榮, 일業, 바所, 터基, 서적籍, 심할甚, 없을無, 다할竟"

榮業(영업)은 나라의 일이요, 籍甚(적심)은 길이 남을 명예(名譽)다. 그 공적에 이름이 빛나니, 옛 사람들은 벼슬을 영예로운 일로 알았다.

"사람이 능히 업을 잘 닦은 기본에 그 명성과 영예가 끝이 없다."[179]

"많은 재물보다 명예를 택할 것이요 은이나 금보다 은총을 더욱 택할 것이라(잠 22:1)."

"자기의 일에 능숙한 사람은 왕 앞에 설 것이요…(잠 22:1)."

"그 때에 내가…저는 자를 구원하며 쫓겨난 자를 모으며…수욕 받는 자에게 칭찬과 명성을 얻게 하리라(습 3:19)."

---

179) 人能修業而有所基本 卽聲譽籍甚 殆無終極也(인능수업이유소기본 즉성예적심 태무종극야).

(39) 學優登仕 攝職從政(학우등사 섭직종정): 배우고 뛰어나 벼슬에 올라, 자리를 잡고 정사에 종사한다

- "배울學, 뛰어날優, 오를登, 벼슬仕, 잡을攝, 직분職, 따를從, 정사政"

자하가 말하기를 "벼슬의 여력에 배우고, 배움의 여력에 벼슬을 한다(『논어(論語)』자장편(子張篇))".[180]

벼슬은 배움을 실제 증험하는 것이니, 우수한 인재가 초야에 묻히는 것은 아까운 일이다. 역사 이래 뛰어난 인재들이 관직을 버린 일들이 많다. 그중에는 망국의 한을 품고 떠난 사람도 있고, 부정, 비리, 당쟁으로 낙향한 선비도 있다.

중국 상(商)나라 말기 백이숙제(佰夷叔齊) 형제를 비롯하여 춘추시대 개자추(介子推)와 전국시대 초(楚)나라 굴원과 위(魏), 진(晉) 정권교체기의 죽림칠현(竹林七賢), 그리고 「귀거래사(歸去來辭)」로 유명한 도연명이 그렇고 우리나라에서도 그런 인재가 많았다.

역사는 시대에 따라 사관을 다르게 보기도 한다. 충효와 정절은 아름다우나 무조건은 아니다. "그때는 옳았으나 지금은 아니다."

백이숙제 두 형제

사마천은 『사기열전(史記列傳)』 첫 편을 백이숙제 이야기로 시작한다. 은(殷)나라 말기 고죽국(孤竹國)[181]의 왕자였던 백이숙제는 아버지가 죽

---

180) 子夏曰 仕而優則學 學而優則仕 (자하왈 사이우즉학 학이우즉사).
181) 고죽국(孤竹國)은 발해만 북안에 있었던 나라다. 성터(孤竹城)와 청동기가 발견되었고, 가까운 지역에서 '기후(㠱侯→箕子로 해석)'의 명문이 함께 발견되어 고죽국을 기자조선, 또는 형제의

자 왕위를 양보하고 고국을 떠났다. 서쪽 주 문왕이 덕이 있고 노인을 잘 공양한다는 소문을 듣고 주나라로 갔다. 그런데 문왕은 죽고 그의 아들 무왕이 상(商, 은)을 토벌하러 나서고 있었다.[182]

백이와 숙제는 무왕의 말고삐를 잡고 길을 막으며 소리쳤다.

"상중에 전쟁을 하는 것이 어찌 효라고 할 수 있으며, 상의 왕을 죽이는 것이 어찌 인(仁)이라 할 수 있습니까?"

호위병들이 그들의 목을 베려 했으나, 강태공의 간청에 목숨을 구했다. 그 후 형제는 주나라 곡식을 수치스럽게 여겨 수양산에 들어가 고사리를 먹다 굶어 죽었다.

공자가 이르기를, "백이숙제는 구악을 생각하지 않았고 원망도 드물었다. 인을 구하여 인을 얻었으니, 또 무엇을 원망하겠는가? 나는 백이의 뜻을 슬퍼한다(『논어(論語)』공야장편(公冶長篇))".[183]

백이숙제는 새로운 왕도를 인정할 수 없었던 보수주의자였다. 인(仁)을 중요시하여 처음 섬겼던 군주를 영원히 왕으로 모셔야 한다는 태도에서 벗어나지 못했다.

여기서 사마천은 그들을 이야기하며, 새로 수립된 나라는 혈통이 아니라 덕으로 왕이 되어야 함을 말하고 있다. 덕이 결여되면 진실한 왕이 될 수 없음을 천하에 알리고 있는 것이다.

나라로 보는 학자도 있다.
182) B.C. 46년 상(商, 은(殷))이 멸하고 주(周)가 건국되었다.
183) 孔子曰 伯夷叔齊不念舊惡(지난 잘못) 怨是用希 求仁得仁 又何怨乎 余悲伯夷之意(공자왈 백이숙제불념구악 원시용희 구인득인 우하원호 여비백이지의).

개자추와 한식의 유래

춘추시대 개자추(介子推, 약 B.C. 69~B.C. 36)는 진(晉)나라 공자(公子) 중이(重耳)를 위해 19년 동안 헌신했다. 중이는 마침내 왕(文公王)이 되었지만, 개자추에게는 아무런 직위도 내리지 않았다. 개자추는 관직을 버리고 면산(綿山)에 들어갔다. 뒤늦게 이를 깨달은 문공이 개자추를 찾았으나 그는 거부하였다.

"풀을 엮어 짚신을 삼아 생계를 마련할지언정 공을 탐하여 자리를 꾀하지는 않겠다."[184]

공을 논하고 상을 행하는 논공행상(論功行賞)이 못마땅했음이 분명하다. 문공은 개자추를 나오게 하기 위해 산에 불을 질렀다. 하지만 그는 끝내 불에 타 죽고 말았다. 그 후 충신을 기리며 불을 사용하지 않고, 그날 하루 찬 음식을 먹는 한식(寒食)의 유래가 되었다.

개자추의 이야기는 사마천의 『사기』와 『춘추좌전』, 굴원의 시에 간략히 기록되었고,[185] 그 후 여러 야사에 기록되었다.

과연 개자추의 선택은 옳은가? 충효도 아니고 절개도 아닌 고집이 아닌가? 문공이 사과를 하였으니 받아들이는 것이 도리가 아닌가?

물론 그 당시의 처지는 알 수 없으나, 그렇다고 죽음을 택하는 것은 인간의 도리가 아니다. 공을 탐하지 않고 부귀영화가 싫으면 평민으로 족하

---

184) 編草芒鞋爲生 不去貪圖謨位(편초망혜위생 불거탐도모위). 공을 탐하여 남의 것도 자기 것으로 하는 '탐천지공(貪天之功)'의 성어가 여기서 나왔다.

185) 사마천의 『사기』에 "면산을 이야기하며 개자추에게 포상했다". 『춘추좌전(左傳)』에 "은거하다가 사망했다". 전국시대 굴원은 "개자추가 충성을 하고도 불에 타 죽었다(介子忠而立枯兮, 개자충이입고혜)".

니, 그의 죽음은 개인의 소신이기보다 자격지심으로 보인다.

또 다른 한식의 유래는 고대의 개화(改火) 의식이다.

원시시대는 모든 사물이 생명을 가지고 있는데, 생명은 오래되면 소멸하기 때문에 주기적 갱생이 필요하다고 여겼다. 불의 경우도 마찬가지로, 오래된 불은 생명력이 없을 뿐만 아니라 나쁜 영향을 끼친다 하여, 오래 사용한 불을 끄고 새 불을 만드는 의식을 주기적으로 거행했는데, 이것이 한식의 유래가 되었다고 한다. 그래서 한식은 동지 후 105(7×15)일째 되는 날, 28수(宿, 별자리)[186]의 심성(心星)이 출현하는 날로 정했다.

이와 같이 한식은 고대 개화의식에서 시작하여 개자추의 이야기가 더하여 전해 왔다고 볼 수 있다. 또 한식 무렵 봄바람이 심하여, 주(周)시대 '불조심' 경계령을 내린 역사도 있다.

굴원의 어부사와 단오

중국 전국시대 초나라 정치가요, 시인인 굴원(屈原, 약 B.C. 43~B.C. 78)은 능력이 뛰어났지만 간신들의 모함으로 추방되어 호남성 일대를 다니며 시를 읊었다. 그때 멱라강을 지나던 어부와 나눈 이야기가 「어부사(漁父辭)」에 있다.

굴원이 쫓겨나 강과 연못을 떠돌고 있는데 얼굴빛은 마르고 수척했다. 어부가 보고 그에게 물어 말하기를,

---

186) 28수(별자리)는 동(角亢氐房心尾, 각항저방신미기기), 북(斗牛女虛危室壁, 두우여허위실벽), 서(奎婁胃昴畢觜參, 규루위묘필자삼), 남(井鬼柳星張翼軫, 정귀유성장익진)이다.

"당신은 삼려대부가 아니오? 무슨 까닭으로 여기에 이르렀소?"

굴원이 말하기를,

"온 세상이 다 흐린데 나만 홀로 맑고, 무리가 다 취해 있는데 나만 홀로 깨어 있어 이 까닭에 추방당했소."

어부가 말하기를,

"성인은 사물에 응체되지 않고 세상과 더불어 세태에 능히 따를 수 있어야 하니, 세상 사람이 모두 흐리면 어찌 그 진흙을 휘저어 그 물결을 일으키지 않으며, 무리가 다 취했으면 어찌 그 술지게미로 배불리고 그 박주(醨)를 마시지 않고 무슨 까닭으로 깊이 생각하고 고상하게 행동하여 스스로 쫓겨남을 당하오?"

굴원이 말하기를,

"내가 듣기로 머리 감은 자는 반드시 갓을 털어 쓰고, 목욕한 자는 반드시 옷을 털어 입는데 어찌(安) 깨끗한(察察) 몸으로 외물의 더러움을(汶汶) 받아들일 수 있겠소. 차라리 상류에 뛰어들어(赴) 물고기 배 속에 장사 지낼지언정 어찌 희디흰 순백으로 세속의 먼지를 뒤집어쓸 수 있겠소."

어부가 빙그레(莞爾) 웃으며 노를 두드려 노래하기를 "창랑의 물이 맑으면 내 갓끈을 씻고 창랑의 물이 흐리면 내 발을 씻는다." 하고 마침내(遂) 가 버려 다시 더불어 얘기할 수 없었다(『사기(史記)』굴원열전(屈原列傳)).[187]

---

187) 屈原既放 遊於江潭 行吟澤畔 顏色憔悴 形容枯槁(굴원기방 유어강담 행음택반 안색초췌 형용고고).
　　漁父見而問之曰 "子非三閭大夫與 何故至於斯"(어부견이문지왈 "자비삼려대부여 하고지어사").
　　屈原曰 "擧世皆濁我獨淸 衆人皆醉我獨醒 是以見放"(굴원왈 "거세개탁아독청 중인개취아독성 시이견방").
　　漁父曰 "聖人不凝滯於物而能與世推移 世人皆濁 何不掘其泥而揚其波 衆人皆醉 何不餔其糟而

고려 고종 때 재상을 지낸 이규보(李奎報, 1168~1241)는 「屈原不宜死論(굴원불의사론, 굴원의 죽음이 올바르지 않는 이유)」이라는 글을 써서 굴원의 죽음이 자신을 죽여서 인(仁)을 이룬 비간(比干)[188]과 절의를 이룬 백이숙제(伯夷叔齊)에 비해 의롭지 못하다고 비판했다.

한편, 굴원의 죽음을 충절로 높이 평가한 사람도 있다. 사육신의 절개를 기려 『육신전(六臣傳)』을 저술한 생육신[189]의 한 사람 남효온(南孝溫, 1454~1492)이다.

도를 통달한 자운은 법언을 지었지만
(達道子雲著法言, 달도자운저법언)
굴원을 미워하여 반이소도 지었네

歟其醨 何故深思高擧 自令放爲"(어부왈 "성인불응체어물이능여세추이 세인개탁 하불굴기니 이양기파 중인개취 하불포기조이철기리 하고심사고거 자령방위").
屈原曰 "吾聞之 新沐者必彈冠 新浴者必振衣 安能以身之察察 受物之汶汶者乎 寧赴湘流 葬於江魚之腹中 安能以皓皓之白而 蒙世俗之塵埃乎(굴원왈 "오문지 신목자필탄관 신욕자필진의 안능이신지찰찰 수물지문문자호 영부상류 장어강어지복중 안능이호호지백이몽 세속지진애호).
漁父莞爾而笑 鼓枻而去 乃歌曰 "滄浪之水淸兮 可以濯吾纓 滄浪之水濁兮 可以濯吾足" 遂去不復與言(어부완이이소 고예이거 내가왈 "창랑지수청혜 가이탁오영 창랑지수탁혜 가이탁오족" 수거불부여언).

188) 비간(比干, 약 B.C. 125~B.C. 63)은 상(商)나라 말기 3명(기자와 비간과 그의 조카 미간)의 현자다. 주왕(紂王)이 달기(妲己)와 주지육림(酒池肉林)에 빠지자 나라를 바로 세우려다 죽임을 당했다.
189) 생육신은 단종의 복위를 꾀하다가 죽은 사육신에 대비하여, 살아 있으나 평생 벼슬에 나아가지 않고 초야에 묻혀 지낸 사람으로 김시습(金時習), 원호(元昊), 이맹전(李孟專), 조려(趙旅), 성담수(成聃壽), 남효온(南孝溫)이다. 『육신전(六臣傳)』을 지은 남효온은 성삼문과 충신들이 죽을 때 겨우 3살이었다. 그는 어릴 때부터 들었던 사육신의 목격담을 전기(소설)에 수록하여 길이 전하려 하였다.

(生憎屈子反離騷, 생증굴자반이소).[190]

비록 누각에 몸 던져 살려 함도 욕되지만

(雖然投閣求生辱, 수연투각구생욕)

천고에 어떠한가. 익사한 그 높은 절개

(千載何如溺死高, 천재하여익사고).

- 남효온, 「자영(自詠)」 15수 중 제8수, 『추강집(秋江集)』 제3권

굴원처럼 개인이 고결함을 지키고 세태의 부조화에 고통을 감내하며 힘들게 살아갈 수도 있지만, 어부의 말대로 세상과 화합하며 살아갈 수도 있다는 대립되는 두 가지 유형을 제시하고 있다.

"사람은 어떻게 살아야 하는가?" 이 질문에 대한 대답은 쉽지 않다. 세상과의 화합은 자칫 기회주의로 여길 수 있는 반면, 세상과 타협하지 않는 강직은 독단일 수 있다. 이는 오늘 우리에게 자존감을 유지하며 더불어 살아가는 지혜가 필요하다는 의미를 전하고 있다.

"대저 지혜는 진주보다 나으므로 원하는 모든 것을 이에 비교할 수 없음이라(잠 8:11)."

기원전 278년 음력 5월 5일에 굴원은 멱라강(汨羅江)에 뛰어들어 죽었다. 중국은 단오(端午)에 그를 추모하여 갈댓잎에 송편을 싸서 멱라수에 던지는데, 이는 물고기들에게 굴원의 시신을 먹지 말고 송편을 먹으라고 한다는 것이다. 또 화려하게 장식한 용선(龍船) 경주가 있는데, 물에 빠진 굴원을 구하기 위해 다투어 배를 젓는다.

---

190) 한(漢)나라 자운(양웅(揚雄), B.C. 3~A.D. 18)이 굴원의 이소(離(어려움), 騷(근심), 이소경)에 반대하여 지은 글. 그는 공자의 『논어』를 모방하여 법언을 저술하였다.

우리의 단오(端午)는 삼국시대부터 이어 온 수릿날이다. 이 명칭은 전통으로 수리취떡을 해 먹었기 때문에 붙여진 이름이고, 또 양(陽)의 수가 겹치는 5월 5일(음) 길일에 해가 머리 정수리에 오는 날이라 천중절(天中節)이라고도 한다.

단오의 각종 의식과 오락은 독창적이며, 우리의 5대 명절(설, 한식, 단오, 추석, 동지) 중 하나다. 쑥과 익모초에 창포에 머리 감고 씨름과 활쏘기, 그네, 널뛰기 같은 다양한 놀이를 즐기는데,『춘향전』의 이몽룡이 광한루에서 그네를 타는 춘향이를 처음 만난 날도 단오였다.

죽림칠현과 죽고칠현

죽림칠현(竹林七賢)은 중국 위(魏)나라가 진(晋)나라로 바뀌자(266년 경) 정치권력에는 등을 돌리고 죽림에 모여 거문고와 시를 즐기며 청담(淸談, 철학적 담론)을 논한 7인의 현자(賢者)를 말한다.[191]

고려시대에 죽림칠현의 뜻을 따르는 죽고칠현(竹高七賢, 竹林高會, 海東七賢)이 있었다.[192]

무신정권에 대한 불만을 토로하며, 서로 만나 시를 짓고 먹고 마시며 호탕하게 즐겨서 세인의 비난을 사기도 하였는데, 이규보는, "대나무 아래 모임에 참여하는 영광을 차지하고 술을 함께 마셔서 기쁘지만, 칠현 가운데

---

191) 7인은 완적(阮籍)·산도(山濤)·혜강(嵇康)·향수(向秀)·유령(劉伶)·원함(阮咸)·왕융(王戎)이다. 이들은 속세를 떠나 죽림에서 신선처럼 살았다.
192) 죽고칠현(竹高七賢, 竹林高會, 海東七賢)은 『고려사』 열전, 이인로의 『파한집(破閑集)』 최자의 『보한집(補閑集)』 이규보의 『칠현설(七賢說)』에 기록되었다. 이규보는 백운거사를 자처하고 시를 지으며 장자 사상에 심취했다. 25세 때 지은 『동명왕편(東明王篇)』은 민족 영웅 서사시로 그 평가가 대단하다.

누가 씨앗에 구멍을 뚫을 사람인지 알 수 없다."라고 하였다.

이 이야기는 중국의 죽림칠현 중 인색한 왕융에게서 나왔다. 그의 집에 아주 맛있는 오얏나무가 있었는데, 이 나무의 씨앗을 다른 사람이 가져다 심을까 걱정하여 모든 씨앗에 송곳으로 구멍을 뚫어 버렸다. 속세를 벗어난 삶을 살던 왕융도 탐욕의 인간 모습을 보였다. 그래서 왕융 고사를 빗대어 그들을 신랄하게 비난한 것이다.

이규보는 죽림고회의 한계를 꿰뚫어 보았다. 속으로 벼슬길을 바라면서 겉으로 초월한 듯 살아가는 이중성에 대한 야유이기도 했다.

"(그들은) 술을 마시고 시를 지을 때마다 곁에 아무도 없는 듯 제멋대로 행동했다. (오)세재가 죽은 후 (이)담지가 이르기를,
"그대가 빈자리를 보충하겠는가?"
규보가 말하기를,
"칠현이 무슨 조정의 벼슬자리라고 빈자리를 보충한단 말이오? 혜강과 완적이 (죽은) 후에 자리를 계승한 사람이 있었다는 말을 들어 본 적이 없소이다." 하여, 모두 크게 웃었다."[193]

-『고려사(高麗史)』열전(列傳)

도연명과 귀거래사

도연명(陶淵明, 365~427)은 동진(東晉)시대 심양(潯陽) 출신으로 젊은

---

193) 每飮酒賦詩 旁若無人 世才死 湛之謂 "子可補耶?" 奎報曰 "七賢 豈朝廷官爵而 補其闕耶? 未聞嵇)阮之後 有承之者." 皆大笑(매음주부시 방약무인 세재사 담지위 "자가보야?" 규보왈 "칠현 기조정관작이 보기궐야? 미문혜완지후 유승지자." 개대소).

시절 몇 차례 군부의 말직에 있다가 41세에 팽택(彭澤) 현령(縣令)을 사직하고 고향 전원으로 돌아가 담담하면서도 뜻이 깊은 시를 지어 전원시(田園詩)의 창시자가 되었다.

「귀거래사(歸去來辭)」는 관직을 떠나 전원으로 돌아온 배경과 당시의 심경과 앞으로의 각오 등을 노래한 글로, 혼란한 시대 속에서도 인격의 고상함이 잘 드러나 있다.

송(宋)나라 구양수(歐陽修, 1007~1072)는 「귀거래사」에 대하여, "서진(西晉)과 동진(東晉)에는 문장이 없는데, 다행히 이 한 편이 있을 뿐이다(兩晉無文章 幸獨有此篇耳, 양진무문장 행독유차편이)." 극찬하였다.

신라의 마지막 왕자

우리나라에는 천 년 신라의 망국한을 품고 금강산(개골산)으로 들어간 마의태자를 비롯한 고려 말기 두문동(杜門洞)의 유신들과 사육신과 생육신 등이 있다.

마의태자(麻衣太子)는 신라 마지막 왕 경순왕과 왕후 죽방부인 사이의 왕자다.

역사서에 왕자라 할 뿐 이름은 전하지 않으며, 장자나 몇째라는 기록도 없다. 다만 초의를 입었다는 기록에서 춘원 이광수(李光洙, 1892~1950)가 소설「마의태자」(1930)를 발표했고, 극작가 유치진(柳致眞, 1905~1974)이 희곡「개골산(皆骨山)」(1937)을, 1941년에 〈마의태자와 낙랑공주〉를 공연하면서 마의태자로 부르기 시작했다.

935년 경순왕(敬順王, 약 900~979, 재위 927~935)이 고려 왕건과 후백제 견훤의 세력에 눌려, 나라를 스스로 보존할 수 없다고 판단하고 신라를 고려에 귀속(歸屬)시키려 군신회의를 소집하였다. 이에 왕자와 그의 동생 덕지와 재상 이순유가 불가함을 간언하였다.

"(경순왕) 9년(935) 겨울 10월에 왕은 사방의 토지가 모두 남의 소유가 되어 국력이 약해지고 세력이 고립되어 스스로 편안할 수 없게 되었다고 여겨, 이에 여러 신하들과 흙(나라, 땅)을 들어 태조에게 항복할 것을 논의하였다.
여러 신하들이 의논하기를, 혹자는 그렇게 하는 것이 좋다고 하고 혹자는 안 된다고 하였다. 왕자가 말하기를,
"나라의 존망은 반드시 하늘의 명에 있습니다. 다만 충성스러운 신하, 의로운 선비와 합심하여 민심을 수습하여 스스로 지키다가 힘이 다한 후에 그만두어야지, 어찌 일천 년의 사직을 하루아침에 가벼이 남에게 넘길 수 있습니까?"
왕이 말하기를,
"고립되고 위태로움이 이와 같아 세력이 온전할 수 없다. 이미 강할 수 없고 또 약할 수도 없으니, 죄 없는 백성들이 간장과 뇌수가 땅에 널리는(참혹한 죽임을 당하는) 것은 내가 차마 할 수 없구나."
이에 시랑 김봉휴에게 서찰로 태조에게 항복하기를 청하였다.
왕자가 울며 왕에게 하직하고, 개골산(금강산)에 들어가 바위에 기대어 집으로 삼고, 삼베옷을 입고 풀을 먹으며 일생을 마쳤

다."[194]

- 『삼국사기(三國史記)』 신라본기, 경순왕 10년(936)

신라가 망할 때 다른 귀족들은 너 나 없이 고려에 귀부하여 고려 태조 왕건이 하사하는 벼슬과 녹봉을 받고 전과 다름없이 호사를 누렸지만, 왕자들은 그렇지 못했다. 그래서 조선 정조 때 실학자 안정복(安鼎福, 1712~1791)은 그의 저서 『동사강목(東史綱目)』[195]에 "태자가 없었더라면 천 년의 군자 나라가 마침내 남의 비웃음이 되었을 것"이라 평가하였다.

고려 말 삼은(三隱)

'여말삼은(麗末三隱)'이라고도 한다. 즉 호에 隱(은) 자가 들어 있는 세 학자를 말하는데, 목은(牧隱) 이색((李穡, 1328~1396), 포은(圃隱) 정몽주(鄭夢周, 1338~1392), 야은(冶隱) 길재(吉再, 1353~1419)다. 또 야은(冶隱) 대신 도은(陶隱) 이숭인을 넣기도 한다.

---

194) (경순왕) 九年 冬十月 王以四方土地 盡爲他有 國弱勢孤 不能自安 乃與羣下謀 擧土降太祖 羣臣之議 或以爲可 或以爲不可. 王子曰, "國之存亡 必有天命 只合與忠臣義士 收合民心自固 力盡而後已 豈宜以一千年社稷 一旦輕以與人." 王曰, "孤危若此 勢不能全 旣不能強 又不能弱 至使無辜之民 肝腦塗地 吾所不能忍也." 乃使侍郎金封休 賷書請降於太祖 王子哭泣辭王 徑歸皆骨山 倚巖爲屋 麻衣草食 以終其身 (구년 동시월 왕이사방토지 진위타유 국약세고 불능자안 내여군하모 거토항태조 군신지의. 혹이위가 혹이위불가. 왕자왈, "고위약차 세불능전 기불능강 우불능약 지사무고지민 간뇌도지 오소불능인야." 내사시랑김봉휴 재서청항어태조 왕자곡읍사왕 경귀개골산 의암위옥 마의초식 이종기신).

195) 『동사강목(東史綱目)』은 고조선부터 고려 말까지 다룬 역사서다. 조선시대의 정치와 문화를 정리한 책은 이긍익(李肯翊, 1736~1806)의 『연려실기술(燃藜室記述)』이다(연려실은 이긍익의 호).

백설이 잦아진 골에 구름이 머흐레라
반가운 매화는 어느 곳에 피었는고
석양에 홀로 서 있어 갈 곳 몰라 하노라.
(백설: 충신, 잦아진: 사라진, 구름: 신흥세력, 매화: 우국지사, 석양: 쇠락한 국운)

- 목은(牧隱)

첨성대는 반월성에 우뚝 서 있고
(瞻星臺兀月城中, 첨성대올월성중)
옥피리 소리는 만고의 바람을 머금었구나
(玉笛聲含萬古風, 옥적성함만고풍)
문물은 이미 신라와 함께 다하였건만
(文物隨時羅代異, 문물수시라대이)
슬프다, 산과 물은 고금이 같구나.
(嗚呼山水古今同, 명호산수고금동).

-『포은집』

오백 년 도읍지를 필마로 돌아드니
산천은 의구하되 인걸은 간듸없네
어즈버 태평연월이 꿈이런가 하노라
(고려의 도읍지 개성을 돌아보며 망국의 한과 인간의 허무함을 노래한 회고시다)

- 야은(冶隱), 『병와가곡집』[196] 등

서풍에 먼 나그네 홀로 다락에 오르니
(西風遠客獨登樓, 서풍원객독등루)
단풍잎 갈대꽃 눈에 시름 가득하네
(楓葉蘆花滿眼愁, 풍엽로화만안수)
어느 곳 뉘 집에서 옥피리 비껴들어
(何處人家橫玉笛, 하처인가횡옥적)
한 가락 불어온 강의 가을을 끊는가
(一聲吹斷一江秋, 일성취단일강추)
(가을날 작가는 먼 길을 가던 길에 누각에 올라 회포를 노래하였다)

- 『도은집』

두문동 유신들

눈이 오려나 비가 오려나 억수장마 지려나
만수산(萬壽山) 검은 구름이 막 모여든다.

〈정선아라리〉의 한 구절이다. "만수산 검은 구름"은 고려를 무너뜨리려는 "이성계의 무리"를 뜻한다. 이 노래는 바로 망국의 한이 서린 노래다.

---

196) 『병와가곡집(瓶窩歌曲集)』의 '병와'는 이형상(李衡祥, 1653~1733)의 호다. 이 책은 이형상의 10대손이 소장하고 있는 표지 없는 책을 심재완(沈載完, 1918~2011) 교수가 그의 『교주역대시조전서(校本歷代時調全書)』(1972)에서 가칭 『병와가곡집』이라 한 것이 그대로 통용되어 부르게 되었다.

두문동(杜門洞) 72현의 이야기는 정사가 아닌 야사로 전해진다. 정사는 1740년(영조 16)에 "태종 때 그 지역 50여 곳이 시험을 치르지 않았다" 하였고, 11년 뒤 1751년(영조 27)에 두문동 72충신이라 했다(공자문묘배향 72현). 그 후 72인의 이름도 제각각으로, 영조 때 기록된 신규, 임선미, 조의생, 성사제와 몇몇을 제외하면 모두 신빙성이 결여된다.

야사(野史)는 서두문동에 72문인, 동두문동에 48무인이 모여 살다가, 유신들이 "황희(黃喜)마저 나가지 않으면 백성은 어떻게 되느냐?" 권유하여 황희만 나오고 모두 불에 타 죽었다 하고, 순조 때 성사제(成思齊)의 후손이 기록한 『두문동실기(杜門洞實記)』가 전해진다.

'두문불출(杜門不出)'의 성어는 춘추전국시대 역사서 『진어(晉語)』에 "참소하는 말이 더욱 일어나자, 호돌(대부)은 문을 닫고 출입하지 않았다 (讒言益起 狐突杜門不出, 참언익기 호돌두문불출)."에서 후세 사람들이 송악 광덕산(廣德山) 골짜기를 두문동으로 지었다는 것이다.

"비록 고려가 망해 임금은 바뀌었지만 백성은 바뀌지 않았는데 나라를 위해 일하지 않는 것은 옳지 않다(유관, 柳寬, 1346~1433)."

1346년 고려 말 충목왕 때 태어나 공민왕 때 문과에 급제한 유관은 벼슬을 버리고 은둔한 선비들과 생각이 달랐다. 조선 건국 후 공신으로 오로지 백성을 위해 맡은 일에 최선을 다하여 태종 9년(1409) 예문관 대제학, 이듬해 『태조실록』 편찬, 세종 6년(1424) 우의정에 올라 『고려사』를 편찬, 청백리에 이름을 올렸다.

망국의 노래는 성경에도 있다. 바로 바빌론 유수(Babylonian captivity)[197]의 한이 서린 노래다.

"우리가 바벨론의 여러 강변에 앉아 시온을 기억하며 울었도다. 그중의 버드나무에 수금을 걸었나니, 이는 우리를 사로잡은 자가 거기서 노래를 청하며 우리를 황폐하게 한 자가 기쁨을 청하고 자기들을 위하여 시온의 노래 중 하나를 노래하라 함이라. 우리가 이방 땅에서 어찌 여호와의 노래를 부를까(시 137:1~4)."

"밤에는 슬피 우니 눈물이 뺨에 흐름이여, …그에게 위로하는 자가 없고…유다는 환난과 많은 고난 가운데 사로잡혀 갔도다. 그가 열국 가운데에 거주하면서 쉴 곳을 얻지 못함이여, …모든 성문들이 적막하며…탄식하며…근심하며 시온이 곤고를 받았도다(애 1:2~4)."

멸망 위기의 백성을 구한 여인

에스더(Esther)의 히브리 이름은 하닷사(에 2:7)이다. 그녀는 일찍 부모를 여의고 사촌 모르드개와 페르시아의 수도 수산에 살았다. 모르드개는 전에 바벨론 왕 느부갓네살이 예루살렘을 점령하여 유다 왕 여고냐와 백성들과 삼촌 아비하일과 함께 잡혀 왔다. 그러다 그만 삼촌이 어린 딸을 두고 세상을 떠나 사촌 모르드개가 자기 딸같이 길렀다(에 2:5~7).

그때 황후 와스디가 오만하여 아하수에로 왕의 청을 거절하니 폐위되고, 용모가 고운 에스더가 뒤를 이어 왕후가 되고(에 2:16~18), 모르드개

---

197) 바빌론 유수(Babylonian Captivity)는 기원전 597년 유다 왕국이 신바빌로니아 느부갓네살에게 멸망하고 시드기야왕과 유대인들이 바빌론에 억류되어 약 70년간 포로 생활을 했던 사건을 말한다.

가 왕궁의 낮은 관리로 있을 때, 왕의 암살 음모를 알게 되어 그들이 처형되고 궁중 일기에 기록되었다(에 2:19~23).

그 후에 왕이 아각 사람 하만의 지위를 높이니, 모르드개가 거만한 하만에게 절하기를 거절하였고(에 3:1~2), 그의 분노를 사게 되어, 결국 유다인 전체가 멸망 위기에 처하게 되었다(에 3:7~15).

이 소식을 들은 왕후 에스더는 3일 간 금식하고 "죽으면 죽으리다." 하고 동족을 구하기 위해 왕 앞에 나아가(에 4:16), 유다 백성은 보호를 받게 되고 하만은 처형당한다(에 7~8장).

이스라엘은 이 대역전의 역사를 기념하여 매년 에스더서를 읽으며 부림절을 지킨다. 부림은 하만이 유다인들을 전멸하기 위해 제비(부르)를 뽑은 데서 유래되었다(에 9:20~32).

그 후 모르드개는 아하수에로 왕의 다음이 되어 유다인 중에 크게 존경을 받고 백성을 안위하였다(에 10:3).

구약 에스더서에는 하나님, 여호와, 주님, 단어가 하나도 나오지 않고 율법이나 선지자, 성전 등의 말도 전혀 없다. 금식에 대한 이야기가 있지만, 구체적인 내용이나 감사와 찬양 등을 철저히 배제하여 글의 시작부터 끝까지 오묘한 전능자의 섭리가 굽이치는 강물처럼 흐르고 있으니, 정말 놀라운 구원의 완성이요 반전의 드라마라 할 수 있다.

"제비는 사람이 뽑으나 모든 일의 작정은 여호와께 있느니라(잠 16:33)."

(40) 存以甘棠 去而益詠(존이감당 거이익영): 이 감당(팥배)나무를 남겨라. 떠난 뒤 더욱 기리며 읊으리

- "있을存, 써以, 달甘, 팥배棠, 갈去, 어조사而, 더할益, 읊을詠"

이 문장은 『詩經(시경)』 甘棠篇(감당편)의 내용을 줄인 것이다. 주나라 소공석이 남쪽 나라에 있던 날, 감당나무 아래에 머무니(止舍) 남쪽 나라 사람들이 그 교화를 따르지 않음이 없었다. 마침내 소공이 떠나고 백성들이 더욱 사모하여 감당시를 지어 말하기를 "무성한 감당나무를 자르거나 베지 말라. 소백께서 노숙하던 곳이다" 하니 가히 그 은택이 사람들에게 깊이 들어감이라.[198]

소공석(召公奭, 약 B.C. 046~B.C. 76)은 주나라 초기 재상으로 국가의 기반을 다졌다. 뛰어난 인품, 높은 덕과 학문으로 이름을 남겼다.

이같이 세계사에 역사를 빛낸 인물들이 많다. 우리나라는 〈한국을 빛낸 100명의 위인들〉 노래가 있다.

성경에도 많은 인물이 있는데, 그중에 소년 시절 거대한 골리앗을 무너뜨린 다윗 이야기가 유명하다. 다윗은 훌륭한 양치기였다. 자신이 맡은 일에 대해 책임질 줄 아는 충실한 소년이었다. 다윗이 사울에게, "주의 종이 아버지의 양을 지킬 때 사자나 곰이 새끼를 물어 가면, 내가 따라가 그

---

198) 周召公奭 在南國之日 止舍於甘棠之下 南國之人 無不從其敎化焉 及其去也 則民益思慕 作甘棠詩 曰 "蔽芾甘棠 勿翦勿伐 召伯所茇" 可見其澤之入人深也(주소공석 재남국지일 지사어감당 지하 남국지인 무불종기교화언 급기거야 즉민익사모 작감당시 왈 "폐불감당 물전물벌 소백소발" 가견기택지입인심야). 蔽芾(폐불): 풀이 우거져 덮임(무성함). 茇(발): 풀뿌리, 한둔, 노숙. 所茇: 노숙 장소.

입에서 건져내었고 나를 해하고자 하면 그 수염을 잡고 쳐 죽였나이다. 주의 종이 사자와 곰도 쳤은즉 살아 계시는 하나님의 군대를 모욕한 이 할례 받지 않은 블레셋 사람이리까. 그가 그 짐승의 하나와 같이 되리이다(삼상 17:34~36)." 하였다.

이에 손에 막대기를 가지고 시내에서 매끄러운 돌 다섯을 골라 목자의 제구 곧 주머니에 넣고 손에 물매(투석구)를 가지고 나아갔다(삼상 17:38~40). 다윗이 물매를 얼마나 잘 다루었겠는가. 표적이 크면 명중률도 높겠으나 이 모두가 하나님의 도움이라(삼상 17:45~49).

(41) 樂殊貴賤 禮別尊卑(악수귀천 예별존비): 음악은 신분에 따라 차이가 있고, 예는 윗사람과 아랫사람을 구별한다

- "풍류樂,[199] 다를殊, 귀할貴, 천할賤, 예도禮, 다를別, 높을尊, 낮을卑"

이 문장은 사회생활에서 상하관계에 대한 말이다.

음악에 등급이 있으니 천자는 8일, 제후는 6일, 대부는 4일, 선비와 서인은 2일. 이는 귀천이 다른 것이다.[200]

선왕이 다섯 가지 예를 제정해서 조정에서는 군신 간의 예의가 있고, 가정에서 부모와 자녀의 윤리가 있으니, 부부, 장유, 붕우에 이르도록 모두 높고 낮음의 구별이다.[201]

---

199) 樂은 세 가지 뜻과 음이 있다. 풍류 악(音樂), 즐길 락(快樂), 좋아할 요(樂山樂水).

200) 樂有等威 如天子八佾 諸候六佾 大夫四佾 士庶人二佾之屬 此貴賤之殊也(악유등위 여천자팔일 제후육일 대부사일 사서인이일지속 차 귀천지수야).

201) 先王制五禮 朝廷有君臣之儀 家庭有父子之倫 以至夫婦長幼朋友之屬 皆有尊卑之別也(선왕제

옛날에는 신분과 질서가 엄격하였다. 봉건시대에 황제, 제후, 사대부, 양민, 천민, 노비와 군신, 부자, 부부, 장유의 구별이다.

지금 이 시대는 만민이 평등하고, 민족주의가 아닌 인류 전체가 하나의 시민으로 세계시민주의다. 대한민국의 독립정신은 세계만민주의, 사해동포주의였다.

이 세상에 우월한 사람, 우월한 민족이 어디 있는가? 물론 예와 질서, 품격과 큰일, 작은 일이 있지만, 직책과 신분은 각자 맡은 역할일 뿐 차별은 없다.

어느 신문사 논설위원의 말이다.

"직업에는 귀천이 없다는 말이 있다. 모든 직업은 가치가 있고, 직업만으로 사람의 귀하고 천함을 논할 수 없다는 얘기다. 현실은 그렇지 않다. 우리 사회를 들여다보면 직업에 대한 귀천이 있다. 엄밀히 말하면 직업에 대한 귀천이라기보다, 직업에 대해 귀천의식을 가진 사람들이 있다."

그렇다. 습관인지, 관습인지 무의식에 그런 생각이 든다. 이럴 때 어떻게 해야 하는가? 삶을 좀 더 크고 넓게 보는 사랑하는 마음이 필요하다. 사랑은 온 율법과 선지자의 강령이다(마 22:35~40).

오례 조정유군신지의 가정유부자지륜 이지부부장유붕우지속 개유존비지별야).

(42) 上和下睦 夫唱婦隨(상화하목 부창부수): 위가 온화하면 아래가 화목하고, 남편의 주창에 아내가 따른다

- "위上, 화목和, 아래下, 화목睦, 남편夫, 부를唱, 아내婦, 따를隨"

윗사람이 사랑하고 가르치는 것이 和고 아랫사람이 공손히 예를 다하는 것이 睦이다. 아버지는 사랑하고 아들은 효도하며, 형은 사랑하고 아우는 공경하는 것이 이 종류다.[202]

남편은 강함과 의로움으로 부르고 부인은 부드럽고 순함으로 따른다.[203]

부창부수는 남존여비의 사상인가? 차별은 구원의 질서가 아닌 타락한 질서다. 옛 시대에는 이 윤리가 철저하여, 당연히 그렇게 생각했다. 성경에도 이와 같은 이야기가 있다.

"여자는 교회에서 잠잠하라. 그들에게는 말하는 것을 허락함이 없나니 율법에 이른 것 같이 오직 복종할 것이요(고전 14:34)."

무엇보다도 사랑과 평등을 강조한 바울이 왜 이런 말을 했는지, 그래서 많은 학자들은 이 구절이 후대에 삽입되었다고 주장한다. 당시 유대교에서는 여자들의 공적인 활동을 인정하지 않았고 고대 그리스의 이상적 여성은 집에서 남편을 돕고, 다른 외부 남자와 대화를 삼가는 것이었다. 이는 우리 조선시대와 같다. 이에 교회는 어떤 윤리지침이 필요했다. 그래서 이 두 구절이 첨가하였다는 것이다.

바울의 말(11:2~16)은 창조질서이지 구별이나 차별이 아니다.

---

202) 在上者愛而有敎曰和 在下者恭而盡禮曰睦 父慈子孝兄愛弟敬之類之也(재상자애이유교왈화 재하자공이진 예왈목 부자자효형애제경지류 시야).
203) 夫以剛義而唱之 婦以柔順而隨之(부의강의이창지 부의유순이수지).

"그러나 주 안에는 남자 없이 여자만 있지 않고 여자 없이 남자만 있지 아니하니라. 이는 여자가 남자에게 난 것 같이 남자도 여자로 말미암음이라 그리고 모든 것은 하나님에게서 났느니라(고전 11:11~12)."

"너희는 유대인이나 헬라인이나 종이나 자유인이나 남자나 여자나 다 그리스도 예수 안에서 하나이니라(갈 3:28)."

(43) 外受傅訓 入奉母儀(외수부훈 입봉모의): 밖에서는 스승의 가르침을 받고, 들어와서는 어머니의 봉양을 본받는다

- "밖外, 받을受, 스승傅, 가르칠訓, 들入, 받들奉, 어미母, 본받을儀"

이 문장은 『예기(禮記)』 내칙(內則)의 글을 인용한 것이다.

남자 열 살이면 밖에서 배움을 받는다. 그래서 외수부훈(外受傅訓)이라 한다.[204] 여자 열 살이면 나가지 않고 유모의 가르침을 따라 듣는다. 그래서 입봉모의(入奉母儀)라 한다.[205]

옛날에 남자는 밖에서, 여자는 집 안에서 교육을 받았다. 이는 가부장제(家父長制)의 이데올로기(ideology)에 연유한 것이다. 가부장제는 산업혁명과 1, 2차 세계대전을 거치며 남성 중심의 생활이 약화되고 여성들의 경제활동이 늘어나면서 붕괴되기 시작했다.

과거 농경사회에서 여자는 남자보다 힘이 약하여 남자는 밖의 일, 여자

---

[204] 남자 열 살이면 밖으로 나가 외부에 기거하며 글과 책을 배운다(男子十年 出就外傅 居宿於外 學書記, 남자십년 출취외부 거숙어외 학서기).

[205] 여자 열 살이면 밖에 나가지 않고, 유모의 가르침에 온순하게 듣고 따른다(女子十年不出 姆敎 婉娩聽從, 여자십년불출 모교완만청종).

는 가사와 아이 기르는 일을 했고, 여자의 사회활동 제약은 성리학이 발달한 고려 말~조선시대의 전근대적 사고방식이었다.

화랑과 원화 이야기

화랑과 원화는 '꽃처럼 아름다운 청년'을 뜻한다. 그 기원은 원화(源花)에서 시작되었다.

진흥왕(534~576) 때 외모가 아름다운 여자들을 뽑아 인재로 키우는 제도가 있었다. 그중 남모와 준정이 대표가 되었는데, 남모가 추천한 원화가 더 많이 뽑혔다. 원화의 세력이 남모를 중심으로 형성되자 준정이 질투하여, 어느 날 남모를 자기 집으로 불러 왕이 내린 술이라고 먹여 취하게 하여 남모를 서라벌 북천에 생매장했다. 며칠 후 사건의 전모가 드러나 준정은 사형에 처하고, 원화제도는 폐지되었다.[206] 그 후 여자 대신 미모의 남자들을 모집하여 화랑(花郞)이라 불렀다(『삼국사기(三國史記)』 열전(列傳); 『삼국유사(三國遺事)』).

화랑은 6세기 중반 이후 전국 각지에서 활동했다. 학문과 무술을 연마했는데, 특히 무예를 집중으로 가르쳤다. 화랑은 신라시대 귀족들의 자제들을 교육하기 위해 만든 엘리트 단체였다.

"화랑도는 무리를 뽑아서 그들에게 효제(孝悌)와 충신을 가르쳐 나라를 다스리는 데 대요(大要)를 삼는다(『삼국유사』)."

신라의 화랑도(花郞徒)는 삼국통일의 기둥이 되었다. 김유신(金庾信,

---

206) 『삼국사기』는 사형에 처했고, 『삼국유사』는 남모의 무리에게 죽임을 당했다고 했다. 통일신라 때 학자 김대문(金大問, 약 681~765)의 『화랑세기(花郞世記)』 필사본(1989년 발견)은 진위 논란이 많다.

595~673)이 화랑 출신이고, 황산벌 전투의 관창 이야기가 유명하다.

  화랑 관창(官昌, 644~660)은 신라의 좌장군 품일(品日)의 아들로 신라 태종무열왕 때의 소년 용사다. 나당 연합군이 백제를 공격할 때 황산벌 전투에 참전했다.
  그는 젊고 용맹한 전사로 신라군의 사기를 북돋우는 중요한 역할을 하고 여러 차례 교전에서 뛰어난 전투력을 발휘했다. 그러다 전투 중 포로로 잡혔는데, 계백은 관창의 젊음과 용기에 감동하여 그의 목숨을 살려 신라 진영으로 돌려보냈다. 그러나 관창은 다시 전장으로 돌아와 싸웠고, 결국 포로로 잡혀 처형당했다. 관창의 희생은 신라의 사기를 더욱 고취시키는 계기가 되었고, 사기충천(士氣衝天)한 신라는 백제를 대파하였다 (645~660). 그의 충성과 용기는 후세까지 전해졌다.

  성경에도 다윗같이 용감한 사람들이 많다. 아브람(뜻: 큰아버지)이 318명의 용사로 조카 롯을 구한 이야기도 있다(창 14:14~16).

(44) 諸姑伯叔 猶子比兒(제고백숙 유자비아): 여러 고모, 큰아버지와 삼촌들은 (조카를) 자식 대하듯 해야 한다
- "여러諸, 고모姑, 백부伯, 아재비叔, 같을猶, 아들子, 견줄比, 아이兒"

  이는 아버지의 자매형제를 말한다. 백숙은 형제의 칭호로 풍속에 伯은

아버지의 형이요 叔은 아버지의 아우니, 이 역시 세속의 잘못을 따른다.[207]

이는 형제의 아들을 말한다. 여러 고모와 백숙부의 입장에서 조카는 자기 자식 같아 아들에 비하게 된다.[208]

상복(喪服)에 형제의 아들을 자식같이 여기는 것은 대개 조카가 가깝기 때문이다(『禮記(예기)』 檀弓篇(단궁편)).[209]

믿음의 조상 아브라함(뜻: 열국의 아버지)은 맏이로 나홀과 하란 두 동생이 있었는데, 롯의 아버지 하란은 고향을 떠나기 전 갈대아 우르에서 먼저 죽었기 때문에, 조카 롯을 데리고 가나안(뜻: 낮은 땅, 젖과 꿀이 흐르는 땅)에 왔다.

그런데 아브람의 목자와 롯의 목자가 서로 다투었다. 이를 본 아브람이 롯에게 말했다.

"우리는 한 친족이라…서로 다투게 하지 말자. 네 앞에 온 땅이 있지 아니하냐.…네가 좌하면 나는 우하고 네가 우하면 나는 좌하리라(창 13:8~9)."

그래서 롯은 여호와의 동산 같은 비옥한 요단 지역 소돔과 고모라[210]를 선택하여 떠났다(창 13:11).

이 같은 다툼은 아브라함의 아내 사라에게도 있었다. 아들을 주신다

---

207) 此 言父之姉妹兄弟也 伯叔卽兄弟之稱 而俗以伯爲父之兄 叔爲父之弟 此亦承俗謬也(차 언부지자매형제야 백숙즉형제지칭 이속이백위부지형 숙위부지제 차역승속류야).

208) 此 言兄弟之子也 自諸姑伯叔視之 猶己子而比己兒也(차 언형제지자야 자제고백숙시지 유기자이비기아야).

209) 喪服兄弟之子 猶子也 蓋引而近之也(상복형제지자 유자야 개인이근지야).

210) 소돔과 고모라는 죄악의 도시로, 멸망이 예고되자 아브라함이 하나님께 의인 50, 45, 40, 30, 20, 10명만 있어도 멸하지 않을 것을 응답받았으나 의인 10인이 없어 이웃도시 아드마와 스보임도 함께 망하였다(창 18~19장; 신 29:23; 호 11:8).

하나님의 약속이 있었지만, 사라가 기다리지 못하고 시녀 하갈을 남편에게 주어, 아들을 삼으려고 낳은 그가 이스마엘이다.

"서두르면 이스마엘, 기다리면 이삭."

일은 이미 일어났으니 사이좋게 지내면 좋으련만, "아브라함이 그의 아들로 매우 근심이 되었더니(창 21:8~11)." 4천 년이 지난 지금까지 온 세계의 근심이 되고 있다.

(45) 孔懷兄弟 同氣連枝(공회형제 동기연지): 형제를 매우 생각하는 것은, 같은 기운을 받은 가지와 같기 때문이다
- "매우孔, 품을懷, 맏兄, 아우弟, 한가지同, 기운氣, 이어질連, 가지枝"

형제는 부모의 기운을 함께 받았으니, 이를 나무에 비하면 부모는 뿌리요, 형제는 가지다. 형제가 이를 알면 어찌 서로 사랑하지 않으랴.[211]

『시경』에는 "공회형제"가 "형제공회"로 기록되었다(『시경(詩經)』소아편(小雅篇)).[212]

"누구든지 자기 친족 특히 자기 가족을 돌보지 아니하면 믿음을 배반한 자요 불신자보다 더 악한 자니라(딤전 5:8)."

---

211) 兄弟 同受父母之氣 比諸樹 父母根也 兄弟枝之連也 爲兄弟者知此 則豈有不相愛者乎(형제 동수부모지기 비제수 부모근야 형제지지연야 위형제자지차 즉기유불상애자호).
212) 시에 이르기를 죽음과 상의 위기에 형제간에 걱정한다 했으니, 죽음과 상의 일을 말하면 유독 형제의 친함이 생각의 배로 간절함이다(詩曰 死喪之威 兄弟孔懷 言死喪之事 獨於兄弟之親 思念倍切也, 시왈 사상지위 형제공회 언사상지사 독어형제지친 사염배절야).

형제는 한 피를 나눈 나무의 가지다. 그러므로 누구보다 사랑하는 것이 마땅하다. 그런데, 그렇지 못한 경우가 있다. 왜 그런가?

그 이유는 시기와 질투 때문이다. 철이 없을 때라 자라면서 대부분 해소되지만, 어떤 경우 원수가 되기도 한다.

창세기에 형제간의 시기와 질투로 어려움을 겪는 두 사건이 있다.

첫째, 에서와 야곱의 이야기다.[213]

둘은 쌍둥이로 어머니 배 속에서부터 다르게(창 25:22~23), 태어나 자라는 과정도 달랐고 부모의 편애도 있었다(창 25:27~28). 이 모든 것이 하나님의 뜻인가. 일의 결국은 명분이었다. 에서는 장자의 명분을 가볍게 여겼다(창 25:29~34).

장자의 권리를 빼앗은 야곱은 형의 노여움을 피해 도망하게 된다(창 27~28장). 브엘세바를 떠나 하란으로 가던 야곱은 벧엘(옛 루스)에서 하나님을 만나 언약을 받고 서원하게 된다(창 28장).

밧단아람 외삼촌 집에서 많은 고생을 했지만, 하나님의 은혜로 네 아내와 12남(이스라엘 12지파) 1녀, 그리고 두 떼나 되는 재물을 얻어 가나안으로 돌아오게 된다(창 29~32장). 하지만 야곱은 20년 전 노여움에 가득찬 형의 모습을 생각하며 두려움에 떨고 있었다(창 32:11).

얍복강에 홀로 남은 야곱은 어떤 사람과 날이 새도록 씨름하여 새 이름 이스라엘을 얻게 된다. 이것은 승리의 선포다(창 32:24~28). 야곱이 그곳 이름을 브니엘(하나님의 얼굴)이라 하였다(창 32:30).

---

213) B.C. 6~B.C. 859년경 청동기 시대, 에서의 별명은 에돔이요 그 뜻은 '붉다'이고 야곱은 '발꿈치를 잡다', '속이는 자'다(창 25:30).

그런데 하나님은 에서를 미워하고 야곱은 사랑하셨다(말 1:2~3; 롬 9:13). 하나님은 왜 에서를 미워하고 야곱은 사랑하셨는가? 죄 때문인가? 그렇다면 에서의 죄는 무엇이며 또 야곱은 죄를 짓지 않았는가? 모든 사람은 죄인이다(롬 3:23). 그렇다면 무엇인가? 야곱은 에서와 달랐다. 하나님의 축복을 소중히 하였다. 그러나 에서는 가볍게 여겼다(창 25:34).

"내가 긍휼히 여길 자를 긍휼히 여기고 불쌍히 여길 자를 불쌍히 여기리라(출 33:19; 롬 9:15)."

"세례 요한의 때부터 지금까지 천국은 침노를 당하나니 침노하는 자는 빼앗느니라(마 11:12)."

둘째, 요셉과 형제들의 이야기다(B.C. 1915~B.C. 1805년경).

요셉에 대한 아버지의 편애가 있었다. 그런 데다 요셉은 형들의 잘못을 지적하였다(창 37:2~5). 여기에 형들의 질투와 시기심이 더하여졌다(창 37:12~36).

사랑은 죽음같이 강하고 질투는 스올같이 잔인하다(아 8:6).

요셉은 형들의 질투로 은 20에 노예로 팔려갔지만(창 37:4~5, 28), 온갖 고난과 역경을 이겨 내고 마침내 애굽의 총리가 되어 형들을 만났다(창 39~45장).

하지만 요셉은 형들을 원망하거나 복수하지 않았다. 죽음의 고통과 어렵고 힘들었던 고난의 세월을 생각하면 그럴 수 있겠지만, 모든 것을 하나님의 뜻으로 알고 형들을 너그럽게 대하였다(창 50:19~21).

(46) 交友投分 切磨箴規(교우투분 절마잠규): 벗을 사귐에 의기투합하고 부지런히 덕과 학문을 갈고 닦아 경계하여 바로잡아야 한다
- "사귈交, 벗友, 던질投, 나눌分, 끊을切, 갈磨, 경계箴, 법規"

벗은 의의 합이라. 부자, 군신, 장유, 부부의 윤리가 벗의 바탕으로 밝으니, 반드시 벗의 분의를 의탁한다.[214]

절마는 옥이나 돌을 갈고 닦아 빛을 낸다는 뜻으로, 부지런히 학문과 덕행을 닦는 것을 말한다.

절차탁마(切磋琢磨)는 강습하고 극히 다스리는 공부니, 경계하고 일깨워 꾸짖어 선을 서로 닦는다는 뜻이다. 이것이 없으면 붕우의 분의를 다한다고 말할 수 없다.[215]

증자가 이르되 "군자는 글로 벗을 모으고, 벗은 인으로 돕는다(曾子曰 君子 以文會友 以友輔仁,『논어(論語)』안연편(顏淵篇))".

신라의 두 청년과 임신서기석

신라시대 두 청년의 충심과 의리를 엿볼 수 있는 글이 있다. 1934년 경주 금장리에서 발견된 **임신서기석(壬申誓記石)**은 두 청소년이 서약한 명문으로 착한 일(충효 실천)과 공부를 열심히 하자고 임신년[216]에 하늘에

---

214) 朋友以義合而 父子君臣長幼夫婦之倫 賴朋友而明 故必託之以朋友之分焉(붕우이의합이 부자군신장유부부지륜 뢰붕우이명 고필탁지이붕우지분언).
215) 切磋琢磨 講習克治之功 箴戒規警 責善交修之意 無此 卽不可謂盡朋友之分也(절차탁마 강습극치지공 잠계규경 책선교수지의 무차 즉불가위진붕우지분야).
216) 임신년(552년, 또는 612년)은 어떤 학자들은 이보다 훨씬 늦은 8, 9세기(792년, 852년)로 추정한다.

맹세한 내용이다.

"임신년 6월 16일 두 사람이 나란히 맹세하여 기록한다. 하늘 앞에 맹세한다. 지금부터 3년 이후 충도를 잡아 지키고 실수가 없기를 맹세한다. 만약 이 일이 실패하면 하늘의 큰 죄 얻으리라 맹세하고, 만약 나라가 불안해지고 크게 어지러운 세상이 되어도, 가히 행할 것을 맹세한다. 또 따로 앞서 신미년(지난해) 7월 22일 크게 맹세하였다. 시, 상서, 예, 전, 윤 습득을 맹세하되 3년으로 하였다 (壬申年六月十六日 二人幷誓記. 天前誓 今自三年以後 忠道執持 過失无誓. 若此事失 天大罪得誓. 若國不安大乱世 可容行誓之. 又別先 辛未年七月卄二日大誓. 詩尙書禮傳倫得誓三年)."[217]

두 청소년의 우정은 물론이거니와 충도와 학문의 열의가 대단하다. 이런 청소년들과 화랑이 있었기에 신라는 나당전쟁에도 승리하여 완전한 삼국 통일을 이룰 수 있었다(676년).

"친구는 사랑이 끊어지지 아니하고 형제는 위급한 때를 위하여 났느니라(잠 17:17)."

"기름과 향이 사람의 마음을 즐겁게 하니 친구의 충성된 권고가 이와 같이 아름답다(잠 27:9)."

"낙심한 자가 비록 전능자 경외하기를 저버릴지라도 그의 벗에게는 동정을 받는다(욥 6:14)."

---

217) 임신년유월십육일 이인병서기. 천전서 금자삼년이후 충도집지 과실무서. 약차사실 천대죄득세. 약국불안대란세 가용행서지. 우별선 신미년칠월이십이일대서. 시상서예전윤 득서삼년.

(47) 仁慈隱惻 造次弗離(인자은측 조차불리): 인자하고 측은히 여기는 마음은 급할 때나 잠시라도 떠나서는 안 된다

- "어질仁, 사랑慈, 숨을隱, 슬플惻, 지을造, 버금次, 아니弗, 떠날離"

조차는 '급하다, 잠시, 짧은 시간'이다.

仁은 심성이다. 남을 측은히 여기고 인격을 존중하는 착한 마음이며 인간의 가장 중요한 덕목이며 근본 된 가치다.

"인은 마음의 덕이요 사랑의 원리이니 인의 쓰임은 측은이요 인의 끝이다."[218]

군자는 식사를 마치는 사이에도 인을 어김없이, 급할 때도 꿋꿋이, 엎어지고 자빠져도 행해야 한다(『論語(논어)』 里仁篇(이인편)).[219]

"사람아, 주께서 선한 것이 무엇임을 네게 보이셨나니 여호와께서 네게 구하시는 것은 오직 정의를 행하며 인자를 사랑하며 겸손하게 네 하나님과 함께 행하는 것이 아니냐(미 6:8)."

"다윗의 장막에 인자함으로 왕위가 굳게 설 것이요 그 위에 앉을 자는… 정의를 구하며 공의를 신속히 행하리라(사 16:5)."

"지혜로 하늘을 지으신 이에게 감사하라 그 인자하심이 영원함이로다 (시 136:5)."

---

218) 仁者 心之德 愛之理也 仁之用之 惻隱 仁之端也(인자 심지덕 애지리야 인지용지 측은 인지단야).
219) 君子無終食之間違仁 造次必於是 顚沛必於是(군자무종식지간위인 조차필어시 전패필어시).

(48) 節義廉退 顚沛匪虧(절의렴퇴 전패비휴): 절개와 의리와 청렴과 물러남은 엎어지고 자빠져도 이지러져서는 안 된다

- "절개節, 옳을義, 청렴廉, 물러갈退, 엎드러질顚, 자빠질沛, 아닐匪, 이지러질虧"

군자는 절개를 지키고 의리와 청렴결백으로 이익을 멀리하고 물러날 때가 되면 깨끗이 떠나야 한다(節義廉退, 절의염퇴). 숫돌 같은 절개에 의리를 지키며 청렴에 애쓰고 용감히 물러남은 사대부가 마음을 조심하고 몸을 삼가는 것이다.[220] 비록 환란과 재난과 위급할 때에도 절의염퇴의 지조로 하여금 조금이라도 이지러짐이 있으면 안 된다.[221]

"재난은 티끌에서 일어나는 것이 아니며 고생은 흙에서 나는 것이 아니니라. 사람은 고생을 위하여 났으니 불꽃이 위로 날아가는 것 같으니라(욥 5:6~7)."

"은이 나는 곳이 있고 금을 제련하는 곳이 있으며, 철은 흙에서 캐내고 동은 돌에서 녹여 얻느니라. 사람은 어둠을 뚫고 모든 것을 끝까지 탐지하여…음식은 땅으로부터 나오나 그 밑은 불처럼 변하였도다(욥 28:1~5)."

---

220) 砥節守義 礪廉勇退 士大夫之所以操心 飭躬者也(지절수의 려렴용퇴 사대부지소이조심 칙궁자야). 숫돌 중에 고운 것을 지(砥), 거친 것을 려(礪)라 한다.

221) 雖患難顚沛之際 不可使節義廉退之操 有一分虧缺也(수환난전패지제 불가사절의염퇴지조 유일분휴결야).

(49) 性靜情逸 心動神疲(성정정일 심동신피): 성품이 고요하면 뜻이 편하고 마음이 흔들리면 정신이 피곤해진다

- "성품性, 고요할靜, 뜻情, 편안할逸, 마음心, 움직일動, 정신神, 피곤할疲"

사람은 성품을 잘 지켜야 한다. 성품이 변하지 않았을 때 마음이 편하다. 사람의 고요한 상태는 성이고, 물건에 감응하여 마음이 움직이는 것이 정이다. 방종과 안일 또한 뜻이 움직이는 것이다.[222]

마음은 성정의 통일이다. 마음이 만약 사물을 따라 움직여서 나쁜 데로 빠지면 하늘로 날아가 버리듯 하여 그 성품을 온전히 할 수 없어 정신과 기운을 피로케 한다.[223]

인생의 고요함은 하늘의 성품이요 물질에 흔들리는 것은 욕심이다(『禮記(예기)』 제19편 악기(樂記)).[224]

사람은 물질에 흔들리기 쉽다(見物生心). 욕심에 흔들리면 수렁에 빠지기도 하고 하늘에 날기도 하여 그 정신을 온전히 지키지 못한다. 그래서 언제나 마음을 굳게 가져야 한다.

"모든 지킬 만한 것 중에 더욱 네 마음을 지키라 생명의 근원이 이에서 남이니라(잠 4:23)."

"내 형제들아, 너희 중에 미혹되어 진리를 떠난 자를 누가 돌아서게 하

---

222) 人性而靜者爲性也 感物而動者爲情也 縱逸 亦動之意也(인성이정자위성야 감물이동자위정야 종일 역동지의야).

223) 心統性情者也 心若逐動物而動 淵淪天飛 卽不能全其性 而使神氣疲倦也(심통성정자야 심약축물이동 연윤천비 즉불능전기성 이사신기피권야).

224) 人生而靜 天之性也 感於物而動 性之欲也(인생이정 천지성야 감어물이동 성지욕야).

면…죄인을 미혹된 길에서 돌아서게 하는 자가 그의 영혼을 사망에서 구원할 것이며 허다한 죄를 덮을 것임이라(약 5:19~20)."

(50) 守眞志滿 逐物意移(수진지만 축물의이): 참된 것을 지키면 뜻이 가득해지고, 물질을 쫓으면 뜻이 옮겨 다닌다

- "지킬守, 참眞, 뜻志, 찰滿, 쫓을逐, 만물物, 뜻意, 옮길移"

참(眞)은 곧 진리(眞理)를 말한다. 진은 도이니 도를 지키면 마음의 체계가 비어 있고 밝아 얽힘이 없고 결함이 없다. 그러므로 뜻이 충만하니, 만은 평안이 가득함의 뜻이다.[225]

능히 도를 지키지 못하고 밖으로 사물을 따르면, 마음은 정해진 방향이 없어 뜻이 옮겨 간다.[226]

삼가며 몸을 닦고 그 참을 신중히 지키며 물질을 다른 사람에게 돌려주면 곧 누를 끼칠 바 없다(『장자(莊子)』 잡편(雜篇) 어부장(漁父章)).[227]

사람은 마음을 지키지 못하고 허랑방탕(虛浪放蕩)하면 정신과 육체에 병이 들어 파멸에 이를 수 있다.

"그 후 며칠이 안 되어 둘째 아들이 재물을 다 모아 가지고 먼 나라에 가 거기서 허랑방탕하여 그 재산을 낭비하더니, 다 없앤 후 그 나라에 크게

---

225) 眞道也 守道卽心體虛明 無係著 無虧欠 故曰志滿 滿平滿之意(진도야 수도즉심체허명 무계저 무휴흠 고왈지만 만평만지의).
226) 不能守道 而逐物於外 卽心無定向 而意自移矣(불능수도 이축물어외 즉심무정향 이의자이의).
227) 謹修而身 愼守其眞 還以物與人 則無所累矣(근수이신 신수기진 환이물여인 즉무소루의).

흉년이 들어 그가 비로소 궁핍한지라(눅 15:13~14)."

(51) 堅持雅操 好爵自縻(견지아조 호작자미): 지조가 굳고 우아하면 좋은 벼슬은 스스로 얽혀 온다

- "굳을堅, 가질持, 우아할雅, 지조操, 좋을好, 벼슬爵, 스스로自, 얽을縻"

바른 절개를 굳게 지켜 마땅히 나에게 있는 도를 다할 뿐이다.[228]

나에게 있는 도를 이미 다하면 녹이 그 속에 있다. 『주역』에 이르기를 나에게 좋은 벼슬이 있어 내가 너와 함께 매인다 했으니 즉 그 천작을 닦으면 인작은 저절로 이룬다.[229]

천작을 잘 닦으면 인작은 저절로 이뤄진다(修其天爵而人爵自至也, 『孟子(맹자)』 공손추(公孫丑)).[230]

"욥이 그의 친구들을 위하여 기도할 때 여호와께서 욥의 곤경을 돌이키시고…욥의 말년에 욥에게 처음보다 더 복을 주시니…또 아들 일곱과 딸 셋을 두어…모든 땅에서 욥의 딸들처럼 아리따운 여자가 없었고…그들에게 오라비들처럼 기업을 주었다(욥 42:10~15)."

---

228) 固守正節 惟當盡在我之道而已(고수정절 유당진재아지도이이).

229) 在我之道旣盡 卽祿在其中 易曰 我有好爵 吾與爾미之 卽所謂修其天爵而人爵自之也(아재지도기진 즉록재기중 역왈 아유호작 오여이미지 즉소위수기천작이인작자지야).

230) 천작은 하늘이 내린 벼슬로 인의예지신(仁義禮智信)의 윤리 덕목을 말하고, 인작은 公(공), 卿(경), 大夫(대부)로 왕이 내린 벼슬을 말한다.

제6장

궁궐의 위엄과 선정덕치(善政德治)

연비여천(鳶飛戾天)[231]
(52)~(66) 15문장 120자

시골 선비가 열심히 공부하여 관직에 올라 처음 도읍에 들어서는 과정에서 시작하여, 궁궐의 화려한 정경에 놀라며 그곳에 있는 사람들을 자세히 묘사하였고, 나라에 공을 세운 공신들의 녹이 세습되며 그 공적을 비문에 남겨 후대에 길이 전하고 있다. 처음 입조한 관료가 국가에 충성하고 직무에 충실하겠다는 다짐이 글 속에 들어 있다(군자도성입조기).

(52) 都邑華夏 東西二京(도읍화하 동서이경): 도읍은 동경과 서경 두 곳이 있다

- "도읍都, 고을邑, 빛날華, 여름夏, 동녘東, 서녘西, 두二, 서울京"

중국과 우리나라, 성경의 도읍

중국의 동쪽은 낙양, 서쪽은 장안이다. 낙양은 처음 주(周)나라 성왕(成

---

231) 시에 이르기를 "솔개는 하늘을 날고 물고기는 연못에서 뛰어논다" 하였으니 이는 상하로 살피고 돌보는 것을 말한다(詩云 "鳶飛戾天 魚躍于淵 言其上下察也", 시운 "연비여천 어약우연 언기상하찰야". 『중용(中庸)』 장구(章句) 제12장.

王)이 도읍을 정하여 동도(東都)라 하고, 후한(後漢) 때 광무(光武)가 낙양(洛陽)이라 불렀다. 서경은 전한(前漢) 때 고조 유방(劉邦)이 도읍을 정하여 장안(長安)이라 하고 수, 당에 이어졌다.[232]

우리나라 최초의 국가 고조선(B.C. 2333~B.C. 108)은 단군왕검이 평양성에 세웠고,[233] 백악산(白岳山) 아사달에 천도하여 약 1,500년간이었다.

삼국의 고구려(B.C. 37~A.D. 668)는 졸본성(중국 요녕성)-국내성(지린성)-평양성, 백제(B.C. 18~A.D. 660)는 위례성(서울)-웅진성(공주)-사비성(부여), 신라(B.C. 57~A.D. 936)는 황금의 땅 금성(金城)의 서라벌에서 약 천 년을 다스렸다.

고려(918~1392)의 도읍은 개경(개성)이다. 몽골의 침입 때 강화도로 옮겼다(1231~1259).

조선(1392~1910)의 도읍은 한양으로, 왕위에 오른(1392) 이성계가 경복궁을 지어 1394년 11월 천도했으나 1398년 이방원이 1차 왕자의 난을 일으켜, 그해 2남 방과가 세자가 되고(장남 방우는 사망) 열흘 뒤 왕위에 올라(2대 정종) 1399년 3월 개경으로 환도하였다. 이듬해(1400년 1월) 2차 왕자의 난이 일어나 방원이 세자로 책봉되고(2월) 그해 11월에 왕위에

---

232) 도읍이 화하에 있는 것은 시대에 따라 달랐다. 동경은 낙양이니 동주, 동한, 위, 진, 석조, 후위가 도읍하였고 서경은 장안이니 서주, 진서, 후진, 서위, 후주, 수, 당나라가 도읍으로 삼았다(都邑之在華夏者 隨代而異也 東京洛陽 東周 東漢 魏 晉 石趙 後魏都焉 西京長安 西周 秦西 後秦 西魏 後周 隨 唐都焉, 도읍지재하화자 수대이이야 동경낙양 동주 한 위 진 석조 후위도언 서경 장안 서주 진서 후진 서위 후주 수 당도언).

233) 『삼국유사』에 단군왕검이 당고(요임금) 50년 경인년에 즉위하여 평양성(지금의 서경)에 도읍하고 국호를 조선이라 하였다(壇君王倹 以唐高即位五十年庚寅 都平壤城(今西京) 始稱朝鮮, 단군왕검 이당고즉위오십년경인 도평양성(금서경) 시칭조선).

오르니 3대 태종이다.

　태종이 한양 재천도를 추진하자 일부 신하들의 반대에 하륜은 무악을 주장하는 등 혼란하여, 1404년 10월 신하들과 현지답사하고, 1405년 10월 천도가 이루어져 한양이 조선의 518년 도읍이 되었다.

　성경 최초의 성(城)은 에녹이다.
　"가인이 여호와 앞을 떠나 에덴 동쪽 놋 땅에 거주하더니…성을 쌓고 그의 아들의 이름으로 에녹이라 하니라(창 4:16~17)."
　성경의 최초 국가는 첫 용사 니므롯(함의 후손)이 시날 평지에 세운 바벨론이다(창 10:8~12).
　그곳에서 바벨탑 사건이 일어났다. 인류는 언어의 혼잡으로 사방 각지에 흩어졌다(창 11:1~9). 바벨은 히브리어로 '혼잡'이다. 그러므로 바벨론은 하나님의 주권에 반역하는 동의어가 된다. 예로부터 바벨론은 모든 우상의 근원이었고 거룩하지 못한 혼잡한 곳이었다.
　현대의 바벨론은 타락한 도시를 말한다(계 18:2~3). 그곳에서 상인들이 거래하는 수많은 상품들이 있는데(계 18:12~13) 그 마지막이 사람의 영혼들이다.

　믿음의 조상 아브라함은 우상의 도시 바벨론의 갈대아 우르에서 비옥한 초생달 지역을 지나 하란을 거쳐 가나안으로 이주했다(창 12:5, 행 7:4).
　족장들(아브라함, 이삭, 야곱)은 유목민(nomad)이었다(창 46:33~34). 그래서 한곳에 거주하지 않고 목초지를 따라 이동하였다. 하지만 때로 오랫동안 한 장소에 머물며 경작하기도 했기 때문에, 진정한 유목민(true

nomads)이 아닌 반유목민(semi nomad)이었다.

"여호와는 나의 목자시니 내게 부족함이 없으리로다(시 23:1)."

이스라엘 자손이 애굽으로 이주(창 47:4, 출 1:1~7)하여 약 400년을 살다가(창 15:13~14) 출애굽하여 요단을 건넌 후 첫 번째 진을 친 곳은 길갈이다(수 4:19~20). 길갈(Gilgal)의 뜻은 '굴러가다'인데, '애굽의 수치를 떠나가게 하였다' 하여 붙인 이름이다(수 5:9).

여리고 성을 무너뜨리고 가나안을 지역을 정복한 여호수아의 마지막 통치 지역은 세겜이었다(수 24:25).

이스라엘은 사사시대의 암흑기가 끝나고(삿 21장), 사무엘이 통치하는 새 시대가 열렸다(삼상 7장). 사무엘은 이스라엘이 왕정시대를 여는 교두보 역할을 했다(삼 7:15~17).

사무엘이 나이 많아 늙으니 이스라엘은 그들을 다스릴 왕을 요구했다(삼상 8:4~7). 이리하여 이스라엘은 왕정시대가 시작된다. 첫 왕은 사울이다(삼상 11:15). 그러나 불순종한 사울은 버림받게 되고, 다윗이 기름부음을 받는다(삼상 15~16장). 다윗은 헤브론에서 유다의 왕이 되었고(삼하 2:4), 사울의 아들 이스보셋이 죽은 후(삼하 4장) 온 이스라엘 왕이 되어, 예루살렘의 여부스 족속을 물리치고 밀로부터 안으로 성을 쌓았다(삼하 5:3~9).

예루살렘의 뜻과 평화의 왕

예루살렘(ירושלם)의 뜻은 히브리어로 평화의 마을이고, 살렘은 예루살렘의 초기 명칭이다(창 14:18). 살롬(Shalom)은 평안, 평화, 평강의 뜻으로 살렘(Shalem)도 같은 의미인데, 뜻이 확장되어 '가격을 지불하다, 빚을 갚다, 대가(代價)를 치르다(pay for)'로 쓰인다.[234]

예루살렘의 명칭은 처음 여부스와 동일한 이름으로 기록되었다. 아마도 여부스 족속의 도읍이 예루살렘이기 때문에 그렇게 불렀을 것이다(수 18:28).

사사시대가 끝나고 왕정시대에 다윗이 여부스를 물리치고 시온산성을 빼앗아 다윗성이라 하였다(삼하 5:6~9).

여부스의 뜻은 '짓밟힌 땅'으로 짓밟힌 땅에 평화의 마을 예루살렘이 있으니 아이러니(irony)하다. 이 세상에 영원한 평화는 있는가?

"평안을 너희에게 끼치노니 곧 나의 평안을 너희에게 주노라(요 14:27)."

"그는 우리의 화평이신지라…중간에 막힌 담을 자기 육체로 허시고(엡 2:14)."

"이는 한 아기가 우리에게 났고…그의 어깨에는 정사를 메었고 그의 이름은 기묘자라, 모사라, 전능하신 하나님이라, 영존하시는 아버지라, 평강의 왕이라…(사 9:6)."

예루살렘 성문의 의미

고대로부터 쌓아 온 예루살렘성이 가장 크게 확장된 때는 다윗과 솔로몬, 그리고 히스기야 시대다(왕상 11:27, 대하 32:5).

전승에 의하면, 34개의 탑과 24개의 망루, 그리고 열두 문이 있었는

---

[234] 이스라엘 언어의 "아니 미 샬렘(אני מי שלם, Ani mi shalem)"은 "내가 계산할게, 내가 살게(I will pay, I pay the bill)"이다. 상대방은 대가의 지불에 감사한다.

데, 바벨론유수 후 열 개의 문을 중건하여, 성전 동편에서 시작하여 북, 서. 남으로, 어떤 가문이 어떤 문과 성벽을 수리했는지 기록되어 있다(느 3:1~32).

첫째, 양문이다(1절).

양문(羊門, Sheep Gate)은 하나님께 제사드릴 때 속죄물로 사용되는 양을 끌고 들어오는 곳이기 때문에 붙여진 이름이다. 문 곁에 베데스다 못이 있는데(요 5:2) 레위인들이 양을 씻어 들였으므로, 제사장들이 맡아 재건했다. 이는 포로의 고난이 끝나고 신앙이 회복되었음을 의미한다.

이 문은 빌라도 법정에서 골고다[235]로 향하는 십자가의 길이다. 바로 이 문을 통하여 하나님의 어린양이 세상 죄를 지고 갈보리 산에 오르셨다(Via Dolorosa).[236]

"…보라! 세상 죄를 지고 가는 하나님의 어린 양이로다(요 1:30)."

"…마치 도수장으로 끌려가는 어린 양과 털 깎는 자 앞에서 잠잠한 양 같이…(사 53:7)."

또, 초대교회 첫 순교자 스데반이 돌에 맞아 순교한 곳이라(행 7:54~60) 스데반문(St. Stephen's Gate)으로(렘 37:13; 슥 14:10), 베냐민 지파의 지역으로 가는 문이라 베냐민 문(Benjamin Gate), 성문 위 아치형 좌우로 각각 두 마리의 사자가 새겨져 있어 사자문(Lion's Gate)으로 불린다. 이 무늬는 16세기 재건 때 오스만 제국(Ottoman States, 1299~1922)의 술탄 셀

---

235) 골고다는 히브리어로 굴골렛(Gulgolet, 해골), 아람어로는 굴굴타(Golgoltha)이고, 갈보리(Calvary)는 라틴어 칼바리아(Calvaria, 해골)의 영어식 표현이다(마 27:33; 요 19:17).
236) Via Dolorosa(비아 돌로로사)는 라틴어로 고난의 길, 고통의 길, 슬픔의 길(Way of Suffering, Sorrowful Way)이다.

림 1세(Sultan Selim Ⅰ, 1470~1520)가 새겼다.

둘째, 어문이다(3절).

어문(魚門, Fish Gate)은 갈릴리 호수와 요단강에서 잡힌 물고기가 성안으로 들어오는 통로라 붙여진 이름이다. 그래서 근처에 생선시장이 형성되고 사람들의 왕래가 많았다. 바다와 강에 있는 많은 물고기들처럼, 이 문을 지나는 많은 사람들이 모두 하나님의 백성이 되기를 소망하여, 이 어문은 구원의 문, 선교의 문을 상징한다.

셋째, 옛문이다(6절).

옛문(舊門, Old Gate)은 어문과 에브라임문 중간에 있는 문으로(왕하 14:13) 스가랴는 이 문을 처음 문이라 불렀다(슥 14:10). 예로부터 이 문에는 나이가 많고 존경받는 어른들과 장로들이 모여 성경의 지식, 지혜를 나누었다. 그래서 이 문을 지날 때, 말씀으로 지혜로운 삶을 기도했다.

넷째, 골짜기문이다(13절).

골짜기문(谷門, Valley Gate)은 서쪽 힌놈(Hinnom)의 아들(수 15:8) 골짜기와 시온 산 중앙 골짜기와 이어지는데, 그곳을 지나는 문이라 붙여졌다. 힌놈 골짜기는 성안의 쓰레기소각장으로, 헬라어로 게헨나(Gehenna, 불 못, 지옥 불)로 불렸다.

왕국시대에는 바알과 몰렉에 희생제를 드려(왕하 23:10), 선지자 예레미야는 이곳을 살육의 골짜기(렘 19:6)라 했고, 우상의 조각 잔재들을 버린 장소이기도 하다(왕하 23:6, 10~14). 이곳은 동남에서 내려오는 기드론 시내를 만나 사해까지 이어진다.

이스라엘 백성들은 이 문을 지날 때 우상 숭배에 분노하셨던 하나님을 기억하며 겸손한 마음을 갖는다.

다섯째, 분문이다(14절).

분문(糞門, Dung Gate)은 이름 그대로 성안의 오물을 내보내 힌놈 골짜기에서 불태운다. 이 문을 레갑의 후손들이 보수했는데, 레갑 자손들은 포도주도 마시지 않는 거룩한 믿음의 후손들이다(렘 35장). 그 자손들이 이 문을 재건한 것은 이스라엘이 더러운 죄로부터 구별되어 새로워지기를 바랐기 때문이다.

여섯째, 샘문이다(15절).

샘문(Fountain Gate)은 실로암(셀라: 느 3:15, 실로아: 사 8:6) 못 옆의 문으로, 기드론 골짜기 기혼 샘의 맑은 용천수를 실로암 못으로 끌어들이기 위해 만든 히스기야(약 B.C. 739~B.C. 741)의 수로가 있다(왕하 20:20). 히스기야는 앗수르 산헤립의 포위 공격에 대비하여 이 수로를 뚫었다(대하 32:2~3, 30). 이 공사로 앗수르의 장기간 포위에도 백성들은 하나님의 구원을 체험할 수 있었다. 이스라엘은 이 샘문을 지날 때마다 하나님의 보호에 감사하였다.

일곱째, 수문이다(26절).

수문(水門, Water Gate)은 성의 물을 공급(매일 130만 리터의 기혼 샘)하는 원천지다. 이 생명의 물처럼 이스라엘 백성들은 생수의 강이 넘치는 하나님의 은혜에 감사한다.

여덟째, 마문이다(28절).
마문(馬門, Horse Gate)은 왕실의 말들이 출입하는 곳으로, 성벽 남동쪽 모서리 기드론 계곡에서 왕궁으로 이어져, 군사들이 전쟁에 나가는 문으로 사용되었다.

아홉째, 동문이다(29절, 겔 44:1).
양문 아래의 동문(東門, East Gate)은 예루살렘 성문 중 가장 아름답게 꾸며져 미문(美門)으로 불렸다(행 3:2, 10). 또 황금문(Golden Gate)으로, 두 개의 문이 나란히 있는데 회개와 자비의 문으로 불린다.
예수님이 제자들과 마지막 만찬 후, 감람[237]산(Mt. Olive)으로 이어지는 이 문을 나가 겟세마네 동산에서 기도하셨다(마 26:30).
이 문은 하나님이 들어오신 문으로 두 문 모두 굳게 닫혀 열리지 않고, 왕(메시아)이 다시 오실(재림) 때 열린다고 하였다(겔 44:1~3). 이 예언은 메시아의 입성을 염원하는 유대인들을 억압하는 정책으로 1541년 오스만 제국의 술탄 술레이만(Suleiman Ⅰ, 1494~1566)이 문을 완전히 봉쇄하여 이뤄졌다.

---

237) 감람(橄欖, olive)나무는 웅장하고 수려하며 풍성한 열매와 아름다움(호 14:6), 힘과 번영, 복과 평화를 상징한다(시 52:8, 128:3; 렘 11:16). 또한 감람유는 식용(레 2:7; 왕상 17:12, 14, 16), 의약품(겔 16:9; 눅 10:34; 약 5:14), 등유(출 39:37; 마 25:3), 미용(신 28:40; 암 6:6; 미 6:15) 등 다양한 용도로 사용하였다. 좋은 열매를 얻기 위해 야생 감람나무가 2m 자라면 그 줄기를 베고, 좋은 감람나무 가지를 접붙여 우수한 수종으로 개량한다. 이 과정을 비유로 바울은 로마서에서 이방인의 구원에 대해 말하였다(롬 11:13~24).

열 번째, 함밉갓문이다(31절).

이 함밉갓문(Inspection gate)은 소집, 점검의 뜻인 히브리어 미프가트를 직역한 이름이다. 즉 병사를 모집하여 무기와 군장을 정비하고 검열했던 곳이다. 이 문은 하나님의 심판과 영적 전투의 승리를 의미한다.

이상의 내용을 정리하면 다음과 같다.

① 양문(1절): 제사장들이 중수-경건과 예배생활.
② 어문(3절): 하스나아 자손이 중축-선교 활동.
③ 옛문(6절): 요야다와 므술람-말씀과 지혜의 삶.
④ 골짜기문(13절): 하눈과 사노아 거민-겸손한 삶.
⑤ 분문(14절): 레갑 자손-회개하는 성결한 삶.
⑥ 샘문(15절): 골호세의 아들 살룬-감사하는 삶.
⑦ 수문(26절): 느디님 사람들-성령 충만한 생활.
⑧ 마문(28절): 제사장들-선한 싸움, 영적 전투.
⑨ 동문(29절): 스가냐의 아들 스마야-재림신앙.
⑩ 함밉갓문(31절): 금장색 말기야-심판과 승리.

"예루살렘을 위하여 평안을 구하라 예루살렘을 사랑하는 자는 형통하리로다(시 122:6)."

많은 백성이 "오라, 우리가 여호와의 산에 오르며 야곱의 하나님 전에 이르자…이는 율법이 시온에서부터 나올 것이요 여호와의 말씀이 예루살렘에서부터 나올 것이니라(사 2:3)".

예루살렘의 다른 이름은 시온(Zion)으로 이스라엘 전체를 의미하기도 하고(시 132:13~18), 상징적인 이름은 아리엘(Ariel)로 그 뜻은 '하나님의 사자(Lion of God)'이다(사 29:1~2). 또 여호와의 성읍(City of the Lord)은 예루살렘이 거룩한 도성임을 강조하는 이름이다(사 60:14).

예루살렘은 신앙의 중심을 나타내는 거룩한 성(Holy City)이다. 하지만 세 번이나 건축된 성은 무너졌고 현재 그 흔적만 남아 있다. 그래서 하나님은 장차 새 하늘과 새 땅, 새 예루살렘을 창조하신다(사 65:17~25). 새 예루살렘(New Jerusalem)은 장차 하늘에서 내려오는 새로운 성읍이다(계 21:2).

(53) 背邙面洛 浮渭據涇(배망면락 부위거경): 낙양은 망산 등에서 낙수를 바라보고, 장안은 위수에 떠서 경수를 의지한다
- "등背, 산이름邙, 얼굴面, 강이름洛, 뜰浮, 강이름渭, 의지할據, 강이름涇"

망산은 낙양의 북쪽에 위치하여 북망산(北邙山)이라 했고, 낙수는 낙양 앞(남쪽)으로 흐르는 황하의 지류로 뤄허(洛河)이고, 장안의 오른쪽에는 경수(涇水), 왼쪽에 위수(渭水)[238]가 있다.

본래 그곳은 망읍으로 산 이름이 뤄양(洛陽)의 북쪽에 위치하여 북망산이라 불렀다. 공동묘지가 있어 북망산으로 갔다는 말은 곧 죽음을 뜻하였다.

---

238) 위수와 경수가 장안에서 합쳐져 황하에 합류하는데, 위수는 맑고 경수는 탁하여 물이 한동안 섞이지 않고 분명하게 구분되어 경위(涇渭, 탁한 물과 맑은 물)의 성어가 생겼다.

서울 중랑구 망우리에는 공동묘지가 있다. 서민에서 유명인사들까지 그곳에 묻혔다. 망우는 태조 이성계가 자신의 능지를 정하고 언덕에서 바라보니 과연 명당이라 "이제 근심을 잊게 됐다(忘憂)" 하여 붙여진 이름이다. 망우리는 왕과 평민에 이르기까지 모두의 근심을 잊고 평안을 기리는 의미 있는 장소다.

창세기에서 유명한 묘지는 막벨라(Machpelah) 굴이다. 막벨라는 이중동굴이란 뜻으로, 아브라함은 이 동굴을 아내 사라를 위해 헷 족속 에브론에게 은 400세겔을 주고 매입하였다(창 23:14~20). 그래서 사라, 아브라함(창 25:9~10), 이삭(창 35:29), 리브가, 레아(창 49:31), 야곱(창 50:13)이 묻힌 가족묘지다.

유대인들은 이 동굴에서부터 에덴동산으로 가는 길이 시작된다는 전승을 믿고 있다.

(54) 宮殿盤鬱 樓觀飛驚(궁전반울 누관비경): 궁궐의 전각이 울창히 들어차 있고, 누각은 나는 듯 그 관경이 놀랍다

- "집宮, 대궐殿, 받침盤, 울창할鬱, 다락樓, 볼觀, 날飛, 놀랄驚"

궁전반울(宮殿盤鬱)은 대궐 건물의 규모가 크고 수가 많고, 누관비경(樓觀飛驚)은 누각과 관대가 높이 솟아 새가 나는 모양을 말한다.

평소(단거) 거처하는 곳은 궁이요 임하여 다스리는 곳은 전이다(어전). 울창하다는 것은 누각이 모여 있다(찬족)는 뜻이다.[239]

---

239) 端居謂之宮 臨御謂之殿 盤鬱攢簇之意(단거위지궁 임어위지전 반울찬족지의).

기대어 보는 곳이 樓이고 넓고 멀리 보는 것은 觀이다. 비경은 새가 놀라 나는 모양을 말한다.[240]

조선의 궁궐, 다윗과 솔로몬의 성전

태조는 1392년 조선 건국 후 경복궁과 종묘와 사직을 지었다(1395). 1400년 태종이 창덕궁을 완공(1405), 역대 왕들 대부분이 창덕궁에서 생활하였다.

1418년 세종이 상왕을 위해 창덕궁 동쪽 수강궁을 지었다. 1483년 성종(14년)이 세 명의 대비를 위해 궁을 확장하고 창경궁이라 했다. 두 궁은 경계 없는 동궐(東闕)이 되었고 창덕궁은 정치, 창경궁은 생활공간으로 사용하였다.

1592년(선조 25) 임진왜란으로 세 궁 모두 소실되었다. 이듬해(1593) 선조는 월산대군 사저를 임시 궁궐로 사용하며 정릉동 행궁이라 했고 1608년 광해군은 정식 궁궐로 경운궁으로 불렀다.

소실된 궁궐 중에서 가장 먼저 중건된 것은 창덕궁이다. 광해군은 또 사직 부근에 인경궁(1617)을 지었는데, 인조가 인경궁을 헐어 창덕궁과 창경궁을 보수하고 이괄의 난에 또 훼손되어 서대문 근처(새문안로)에 경덕궁(1617)을 지었다. 홍화문, 숭정전, 자정전, 융복전, 회상전 등 규모가 매우 큰 전각을 지어 서궐(西闕)이 되었고, 영조 때 경희궁으로 이름을 바꾸어 사용하다가 일제강점기에 철거되었다(현재 건물 복원 중).

1865~68년 홍성대원군이 경복궁을 중건했고, 1897년 고종이 대한제국

---

240) 憑眺謂之樓 延覽謂之觀 飛驚翬革之貌(빙조위지루 연람위지관 비경휘혁지모).

을 선포하고 경운궁을 고쳐 덕수궁이라 하고(1907) 서양식 석조전을 건립하였다(1910).

일제는 국권을 수탈하고 궁궐을 훼손하였다. 1907년 창경궁에 동·식물원을 설치하여 일반에 공개하고(1909), 경술국치 후 창경원으로 불렸다(1911). 1926년 경복궁 흥례문을 철거하고 조선총독부 청사를 지었고, 1930년 덕수궁 전각을 일부 헐어 공원을 조성하였다.

광복 이후 궁궐 복원 사업이 시작되어 1983년 창경원을 다시 창경궁으로, 1995년 조선총독부를 철거하고 경복궁 흥례문을 복원하였다. 현재 궁궐의 옛 모습을 복원 중이다.

1997년 창덕궁은 유네스코 세계유산으로 등재되어 한국을 대표하는 궁궐이 되었다.

다윗이 예루살렘 도성에 왕궁을 지었다(삼하 5:11; 대상 14:1). 하지만 왕궁에 거처하는 것을 기뻐하지 않았다. 이유는 법궤가 장막에 있기 때문이었다(삼하 7:2). 성전 건축을 원했으나, 하나님이 막으셨다(삼하 7:4~17). 그래서 준비만 했다(대상 22:2~19).

다윗 이후 솔로몬이 성전은 7년, 궁궐을 13년간 화려하게 지었다(왕상 6:38~7:1). 성전은 아브라함이 이삭을 번제로 드리려 한 모리아산으로(창 22장), 아라우나(오르난)의 타작마당이다(삼하 24; 대상 21장). 다윗이 인구조사 범죄로 전염병 재앙을 받을 때, 천사가 예루살렘을 멸하려다 멈춘 곳으로, 은 50세겔로 사고 제단을 쌓아 번제와 화목제를 드린 곳이다(삼하 24:24~25).

예루살렘 성전은 세 번 건축되었다.

제1성전은 솔로몬왕이 세운 성전이다. 이것은 주전 587년 바벨론 느부갓네살 2세에 의해 파괴되었다.

제2성전은 유대인들이 바빌론에서 귀환하여, 재건축한 스룹바벨 성전이다. 이것은 주전 63년 로마 장군 폼페이우스에 의해 파괴되었다.

제3성전은 폐허가 된 스룹바벨 성전 터 위에 세운 헤롯 성전이다. 이것은 주후 70년 로마 티투스 장군에게 파괴되었다.

현재의 '통곡의 벽(the Wailing Wall)'은 제3성전 서쪽 벽의 남은 잔해다(높이 20m, 길이 60m, 큰 돌 400t, 평균 1~3t).

(55) 圖寫禽獸 畫綵仙靈(도사금수 화채선령): 날짐승과 길짐승을 그렸고, 신선과 신령한 것을 색칠했다

- "그림圖, 베낄寫, 새禽, 짐승獸, 그림畫, 채색綵, 신선仙, 신령靈"

도사(圖寫)는 그림을 그리는 것이고, 금수는 날짐승과 길짐승, 화채는 그림을 채색한 것이고, 선령은 신선과 신령한 인물을 말한다.

옛 사람들은 용, 봉황, 기린, 거북[241]을 신성하게 여겨 이런 동물이 나타나면 성인이 출현하고 좋은 일이 있다고 생각했다. 그래서 전각에 그려 상서로움이 깃들기를 염원하고, 십장생(十長生)[242]과 산수화로 화려하게 단청(丹青)하여 왕이 그림을 보고 덕을 본받아 나라의 태평을 기원했다.

---

241) 이 네 짐승을 4령(四靈)이라 하였다. 용, 봉황, 기린(실제의 기린과 다른 모양)은 상상의 동물이고 거북이만 실제 동물이다.

242) 十長生은 해, 산, 물, 돌, 구름, 솔, 불로초, 거북, 학, 사슴으로 불로장생의 강건함을 기원했다.

궁전누관에는 반드시 용호린봉의 모양을 그려서 보기에 아름답게 하였다. 또한 다섯 가지 채색으로 신선과 신령스런 기괴한 사물들을 그렸다.[243]

이스라엘은 성전과 왕궁을 금으로 입혀 아름다움을 묘사하였다(왕상 6:18~22, 7:2~12).

(56) 丙舍傍啓 甲帳對楹 (병사방계 갑장대영): 신하들의 관사는 옆으로 나열해 있고, 화려한 휘장은 기둥 사이에 드리워져 있다

- "천간丙, 집舍, 곁傍, 열啓, 천간甲, 휘장帳, 대할對, 기둥楹"

丙舍는 신하들의 관사(官舍)를 말한다. 옛날에는 차례를 정할 때 천간(天干)의 순서(甲乙丙丁戊己庚辛壬癸)로 하여 왕(甲), 왕손(乙) 다음으로 신하(丙)다. 갑장은 왕의 거처에 화려한 휘장이다.

관사는 전각 앞 좌우의 집으로 시중드는 신하들이 거처하는 곳이 서로 양쪽을 향해 펼쳐 있다.[244]

동방삭이 갑을장을 만들었으니 임금이 잠시 머무는 곳에 두 기둥 사이에 나누어 대하였다.[245]

---

243) 宮殿樓觀 必圖寫龍虎麟鳳之狀 以爲美觀也 亦以五綵 畵神仙靈怪之物也(궁전루관 필도사용호린봉지상 이위미관야 역이오채 화신서녕괴지물야).

244) 丙舍 殿前左右之舍 侍臣所居 相向兩傍而開也(병사 전전좌우지사 시신소거 상향량방이개야).

245) 東方朔 造甲乙帳 人君暫止之處 分對於兩楹之間也(동방삭 조갑을장 인군잠지지처 분대어량영지간야).

삼천갑자 동방삭 이야기

동방삭(東方朔, B.C. 154~B.C. 92)은 전한 무제시대 정치가다. 출중한 외모에 익살스러운 말과 거침없는 행동에 무성한 소문을 만들었다. 사람들은 그의 해학과 말재주를 좋아했는데, 동방삭 설화는 우리나라에서도 널리 유행하였다(탄천 설화).[246]

중국 신화에는 동방삭이 삼천갑자(三千甲子)를 살았는데, 곤륜산에 사는 서왕모(西王母)의 복숭아를 훔쳐 먹고 죽지 않았다고 한다.

(57) 肆筵設席 鼓瑟吹笙(사연설석 고슬취생): 연회 자리를 베풀어 북을 두드리고 비파와 생황(피리)을 분다

- "베풀肆, 연회筵, 베풀設, 자리席, 북·두드릴鼓, 비파瑟, 불吹, 생황笙"

『시경』대아 행위편의 연회를 할 때 자리를 배열한 것을 말한다.[247]

"나에게 반가운 손님이 있어 비파를 타고 생황을 분다."[248]

『시경』소아 녹명편의 연회를 할 때 생황과 비파를 번갈아 연주한다.[249]

비파와 수금, 피리와 나팔 등 음악 기구는 동서고금을 통하여 모두 하나

---

246) 우리나라 동방삭 전설은 지혜 겨루기다. 저승사자가 그를 잡으려고 냇가에서 숯을 씻었다. 동방삭이 이를 보고 "내가 삼천갑자를 살았으나 검은 숯을 씻어 희게 한다는 이야기를 듣지 못했다" 하여 잡게 되었다. 그곳이 한강지류 탄천(炭川)이다.
247) 詩大雅行葦編之詞 言燕會之際 俳列筵席也(시대아행위편지사 언연회지제 배열연석야).
248) 我有嘉賓 鼓瑟吹笙(아유가빈 고슬취생).
249) 詩小雅鹿鳴篇之詞 言燕會之時 迭奏笙琴也(시소아록명편지사 언연회지시 질주생금야).

같이 즐겨 사용했다.

다윗은 소년 시절부터 이미 비파와 수금을 잘 다루었다(삼상 16:23).

"내 영광아, 깰지어다. 비파야, 수금아, 깰지어다. 내가 새벽을 깨우리로다(시 57:8, 108:2)."

(58) 陞階納陛 弁轉疑星 (승계납폐 변전의성): 섬돌을 올라 전에 들어서니, 고깔(冠)의 구슬들이 별같이 반짝이고 있다

- "오를陞, 섬돌階, 들일納, 섬돌陛, 고깔弁, 구를轉, 의심, 헛갈릴疑, 별星"

아름답게 장식한 관을 쓴 고관대작들이 궁전에 들어가는 모습을 묘사하였다.

섬돌은 당 밖에 있어 여러 신하들이 오르는 곳이요, 폐(대궐 섬돌)는 당 안에 있으니 높은 자의 계단이다.[250]

변(관)은 삼량, 오량, 칠량으로 구별하고 모두 구슬로 꾸몄다. 여러 신하들이 오르고 내릴 때 변(고깔)의 구슬이 돌면서 별같이 반짝인다.[251]

신하들의 관도 이런데, 왕의 면류관은 어떠하겠는가. 금관은 정말 화려하다.

면류관은 왕의 즉위, 국가의 큰 행사와 만조백관(滿朝百官)을 조회할 때 썼다. 왕의 위엄과 근엄함을 만천하에 나타내는 것이다.

"나는 선한 싸움을 싸우고 나의 달려갈 길을 마치고 믿음을 지켰으니,

---

250) 階在堂外 諸臣所陞 陛在在堂內 尊者之陛 (계재당외 제신소승 폐재당내 존자지폐).

251) 弁有三五七梁之別 梁皆有珠 群臣升降之際 見弁珠環轉如星 (변유삼오칠량지별 량개유주 군신승강지제 견변주환전여성).

이제 후로는 나를 위하여 의의 면류관이 예비되어…(딤후 4:7~8)."

"…네가 가진 것을 굳게 잡아 아무도 네 면류관을 빼앗지 못하게 하라 (계 3:11)."

(59) 右通廣內 左達承明(우통광내 좌달승명): 오른쪽은 광내전으로 통하고, 왼쪽은 승명려에 이른다

- "오른右, 통할通, 넓을廣, 안內, 왼左, 통달할達, 이을承, 밝을明"

한(漢)나라 대궐 정전(正殿) 오른쪽에 광내전, 왼쪽에 승명려가 있었다. 광내전(廣內殿)은 서적을 열람하고 보관하는 전각이고, 승명려(承明廬)는 서적을 연구, 편찬, 교열하는 관청이었다.[252]

"왕 앞에서 물러가기를 급하게 하지 말며 악한 것을 일삼지 말라. 왕은 자기가 하고자 하는 것을 다 행함이라(전 8:3)."

---

252) 한나라 때 정전의 오른쪽에 연각과 광내실이 있었으니 모두 비서를 두는 곳이다. 승명려와 석거각이 금마문 왼쪽에 있으니 또한 책을 교열하는 집이다(漢正殿之右 有延閣廣內 皆藏秘書之室也 有承明廬 石渠閣 在金馬門左 亦校閱書史之室, 한전전지우 유연각광내 개장비서실야. 유승명려 석거각 재금마문좌 역교열서사지실).

(60) 旣集墳典 亦聚群英(기집분전 역취군영): 이미 삼분(三墳)과 오전(五典)의 책을 모았고, 또 무리 중에서 뛰어난 사람들도 모였다

- "이미旣, 모을集, 무덤墳, 책典, 또亦, 모을聚, 무리群, 꽃부리英"

"墳"은 삼황(三皇), "典"은 오제(五帝)의 글이다.[253] 삼황의 글은 삼분이니, 분은 높고 크다는 뜻이다. 오제의 글은 오전이고 전은 법으로 말하는 것이다.[254]

이미 분과 전을 모았고 또 반드시 영재와 현인을 부르거나 방문하여 광내실과 승명실에 모아서 강론하고 토론해서 다스리는 도를 밝혔다.[255] 뛰어난 사람들이 모여 서적을 강론하고, 치국의 도를 논하고 있음을 보여주고 있다.

"왕은 어리고 대신들이 아침부터 잔치하는 나라여, 네게 화가 있도다.…대신들은 취하지 아니하고…정한 때에 먹는 나라여, 네게 복이 있도다(전 10:16~17)."

---

253) 삼황오제의 사적이 기록된 책(三墳五典)은 현존하지 않는다.

254) 三皇書曰 三墳 言高大也 五帝書曰 五典 言可法也(삼황서왈 삼분 언고대야 오제서왈 오전 언가법야).

255) 旣集墳典 又必徵訪英賢 聚於廣內承明 講明討論 以昭治道也(기집분전 우필징바명현 취어광내 승명 강명토론 이소치도야).

(61) 杜稿鍾隸 漆書壁經(두고종예 칠서벽경): 두고의 초서와 종요의 예서가 있고, 벽 속에 옻칠로 쓴 글씨의 경전이 있었다

- "막을杜, 볏집稿, 쇠북鍾, 천할隸, 옻漆, 글書, 벽壁, 글經"

옛 문헌에는 고(稿)가 조(操)로 되어 있고, 稿는 초서(草書)의 뜻으로도 쓰인다.

한나라 장제(章帝, 56~88) 때 두백도(杜伯度)는 초서로 유명했다. 두고(杜稿)는 두조가 쓴 초서를 말한다. 백도(伯度)는 두조의 字이다. 그래서 본문이 "杜度鍾隸(두도종예)"로 된 판본도 있다. 종예(鍾隸)는 위나라 조조(曹操, 155~220)의 관료였고, 예서(隸書)로 유명했다. 모든 글자의 시작은 창힐(蒼頡)에서부터다.

창힐이 글자를 만들었는데 삼대(하·은·주)에 서로 줄이거나 늘려서 진나라 관리인 정막이 예서체를 만들었고 동한의 두조가 초서를 만들었고 위나라 종요가 소예서를 만드니 지금의 해서체다.[256]

漆書壁經(칠서벽경)은 한나라 제후국인 노나라 공왕(恭王)[257] 때 공자의 묘를 수리하다가 옛 장벽을 허물었는데, 그곳에서『상서(서경)』를 얻으니 고전의 옻칠 글씨로 죽간에 쓰인 것이었다. 공자가 살던 집 벽에서 얻

---

256) 蒼頡造書 三代互有損益 秦隸人程邈 作隸書 東漢杜操 作草書 魏鍾繇 作小隸 今楷書(창힐조서 삼대호유손익 진예인정막 작예서 동한두조 작초서 위종요 작소예 금해서). 隸人은 낮고 천한 관리를 말한다.
257) 노나라 공왕(恭王 共王劉餘, 약 B.C. 69~B.C. 29)은 한(漢)나라 경제(景帝, B.C. 188~B.C. 141)의 다섯째 아들이며 무제(武帝, B.C. 56~B.C. 7)의 형이다. 경제 2년(B.C. 155)에 회양나라 제후로 봉해졌다가 이듬해 오초칠국의 난이 일어나, 진압된 후에 반란의 주역인 초나라 영토를 분할한 노나라의 제후로 봉해졌다.

은지라 벽경이라 하였다.[258]

벽경(壁經)을 다른 말로 하면 공벽, 공벽경(孔壁經, 공자벽경서)인데, 이는 공자가 후세에 경서가 태워질 것을 예측하고 숨겨 두었다는 것이다. 진위는 알 수 없으나, 분서갱유(焚書坑儒)[259]를 피할 수 있었다는 사실이 놀랍다.

유다 요시야 왕 열여덟째 해에 성전을 수리하는 일이 있었다. 그때 대제사장 힐기야가 성전에서 율법 책을 발견하였다. 서기관 사반이 율법을 읽으니 왕이 듣고 회개하였다(왕하 22:3~11).

(62) 府羅將相 路俠槐卿(부라장상 노협괴경): 마을에는 재상과 장수가 늘어서 있고, 길에는 대신들이 끼어 있다

- "마을府, 벌일羅, 장수將, 서로相, 길路, 낄俠, 홰나무槐, 벼슬卿"

부라는 마을에 늘어서 있는 집이며, 장상은 장수와 재상이다. 괴는 정승의 나무로 三槐(삼괴)는 곧 三公(삼정승)을 가리킨다.[260]

황제가 거처하는 곳에 관청과 집이 나열되어 있으니 장군 혹은 재상이

---

258) 漢魯恭王 修孔子廟 壞古牆壁 得尙書 以古篆畵漆 書於竹簡者也 得於孔壁 故曰壁經(한노공왕 수공자묘 훼고장벽 득상서 이고전 화칠서어죽간야 득어공벽 고왈벽경).

259) 분서갱유(焚書坑儒, B.C. 13~B.C. 12)는 진시황(秦始皇, B.C. 59~B.C. 10)이 학자들의 정치적 비판을 막기 위해 의약, 기술, 농업에 관한 것을 제외한 모든 서적을 불태우고, 이듬해 유생들을 생매장한 사건이다.

260) 三槐(삼괴)는 옛날 조정 뜰에 홰나무 세 그루를 심어 삼공(三公)의 좌석을 표시한 데서 유래되었다. 그래서 궁궐 정문 앞에 세 그루의 느티나무를 심었는데, 이는 국왕을 보좌하는 삼정승이 큰 느티나무 아래에서 유능한 인재를 뽑아 백성을 위한 올바른 정치를 하고자 함이었다.

다. 길은 왕조의 길로 왼쪽에 괴를 심으니 삼정승의 자리이고, 오른쪽에 아홉 그루 가시나무를 심으니 아홉 대신의 자리이다. 괴는 삼공을 말한다.[261]

"왕의 말은 권능이 있나니 누가 그에게 왕께서 무엇을 하시나이까 할 수 있으랴(잠 8:4)."

(63) 戶封八縣 家給千兵(호봉팔현 가급천병): 여덟 고을을 식읍으로 하고, 그 가문에는 숱한 군사들을 주었다

- "집戶, 봉할封, 여덟八, 고을縣, 집家, 줄給, 일천千, 군사兵"

한(漢)나라의 봉건제와 공신들의 대우를 나타낸 문장이다.

한나라가 천하를 평정하고 공신에게 큰 녹을 주었는데 많은 자는 여덟 현의 민호를 식읍으로 주고 제후국으로 삼았다. 제후국에는 병력 천의 설치를 허락하여 그들을 보호하게 했다.[262]

"솔로몬이 온 이스라엘에 열두 지방 관장을 두니 그들이 왕과 왕실을 위하여 양식을 공급하였다(왕상 4:7)."

---

261) 皇居左右 府第羅列 或將或相也. 路王朝之路也. 夾路左植三槐 三公位焉 右植九棘 九卿位焉 槐謂三公也(황거좌우 부제라열 혹장혹상야 로왕조지로야 협로좌식삼괴 삼공위언 우식구자 구경위언 괴 위삼공야).

262) 漢平定天下 大封功臣 重者 食八縣民戶 爲侯國. 侯國許置兵千人 以衛其家(한평정천하 대봉공신 중자 식팔현민호 위후국. 후국허치병천인 이위기가).

(64) 高冠陪輦 驅轂振纓(고관배련 구곡진영): 높은 관을 쓰고 (왕의) 수레를 모시니, 수레를 몰아 바퀴가 움직일 때마다 갓끈(화려하게 장식한 것)이 휘날린다

- "높을高, 갓冠, 모실陪, 손수레輦, 몰驅, 바퀴轂, 떨칠振, 갓끈纓"

왕의 행차를 묘사한 것이다. 모든 대신들이 옥련(玉輦)을 뒤따르니 온갖 깃발이 하늘을 덮는다.

제후가 외출하면 높은 관을 쓰고 큰 띠를 맨 관리들은 연의 좌우에 배석한다.[263] 제후를 따르는 사람이 수레를 몰아가면 그 수레와 말의 끈과 술이 흔들린다.[264]

"볼지어다. 솔로몬의 가마라. 이스라엘 용사 중 육십 명이 둘러쌌는데…솔로몬 왕이 레바논 나무로 자기의 가마를 만들었는데, 그 기둥은 은이요 바닥은 금이요…(아 3:7~10)."

(65) 世祿侈富 車駕肥輕(세록치부 거가비경): 대대로 녹을 받아 부유해지니, 말은 살찌고 수레는 가볍다

- "인간世, 녹봉祿, 사치할侈, 부할富, 수레車, 가마駕, 살찔肥, 가벼울輕"

신하들의 봉록은 후손에게 이어지고 능력에 따라 관직을 주었다. 녹봉의 옷은 사치스럽고 말은 살쪄 넉넉하니 부귀영화를 누린다. 이는 나라가

---

263) 諸候出 卽有高官大帶之士 左右陪輦也 (제후출 즉유고관대재지사 좌우배연야).
264) 諸候從者驅곡(수레곡)而行 振動其車馬之纓旒也 (제후종자구곡이행 진동기차마지영류야).

태평하고 풍요로운 시대임을 보여 준다.

공신의 자손들이 대대로 녹봉과 지위를 누리니 크게 부하고 풍성하게 누린다. 그가 타는 수레는 가볍고 멍에의 말은 살쪘다.[265]

사울 왕과 왕자 요나단이 블레셋과 길보아산 전투에 패하여 죽은 뒤(삼상 31장), 다윗은 그의 죽음을 슬퍼하며 애가(활 노래)를 불렀다(삼하 1:17~27). 그 후 다윗이 왕위에 올라 요나단과 우정을 생각하여 그의 아들 므비보셋을 아들같이 여기며 평생 돌보아 준다(삼하 9:9~10).

(66) 策功茂實 勒碑刻銘(책공무실 늑비각명): 공을 세우도록 꾀하고 실적이 무성하면, 비석에 새겨 명문으로 다스린다

- "꾀策, 공로功, 무성할茂, 열매實, 굴레(다스릴)勒, 비석碑, 새길刻, 새길銘"

공신들의 업적과 덕을 기리는 구절이다. 공적의 기록을 책공이라 하고, 무실은 실적이 많은 것이니 공이 많으면 상 또한 많다. 그 공적을 비석에 새기고 조각해서 명문으로 남기니 공신을 대우하는 것 역시 후하다.[266]

다윗이 압살롬의 난을 피해 마하나임에 머물 때 길르앗 사람 바실래가 공궤하였다(삼하 19:31~32). 다윗은 은혜를 잊지 않고 대우하려 했으나 사양하고 아들을 부탁하여(삼하 19:33~38) 다윗이 김함을 돌봐준다(렘 41:17, 게롯김함: 김함의 여관).

---

265) 功臣子孫 世享祿位 侈大富盛也 其所乘之車輕 其所駕之馬肥也(공신자손 세향록위 치대부성야 기소승지거경 기소가지마비야).

266) 紀績曰策功 茂實 懋實也 功懋懋賞之意. 以其功烈 勒之爲碑 刻之爲銘 待功臣 其亦厚矣(기적왈 책공 무실 무실야 공무무상지의. 이기공렬 늑지위비 각지위명 대공신 기역후의).

제7장

업적을 남긴 위대한 신하들

명신열전(名臣列傳)
(67)~(76) 10문장 80자

중국 고대국가가 정립되기 시작한 하, 은, 주에 이어 춘추전국시대를 거치며 최초로 통일제국을 이룬 진과 한나라 시대에 군왕을 훌륭하게 보좌한 명신들의 내력을 설명하고 있다. 소용돌이치는 격동기에 온몸을 바쳐 나라를 세운 창업공신들과 백성들의 삶을 윤택하게 하고 국가를 위해 헌신한 지혜와 명철의 충신들이다.

(67) 磻溪伊尹 佐時阿衡(반계이윤 좌시아형): 반계 태공과 신야 이윤은 때를 도와 아형(阿衡, 재상)이 되었다

- "강이름磻, 시내溪, 저伊, 미쁠尹, 도울佐, 때時, 언덕阿, 저울衡"

주문왕과 강태공, 은탕왕과 이윤

주문왕은 반계에서 여상을 초빙하고, 은탕왕은 이윤을 신야에서 초빙

하였다.[267]

여상은 반계에서 낚시를 하다가 옥황을 얻었는데 글이 쓰여 있기를 "희씨가[268] 천명을 받는데 여씨가 그 시대를 돕는다". 아형은 상나라(殷) 재상의 칭호다.[269]

반계(渭水, 위수)는 강태공이 고기를 낚던 개울 이름이며, 주문왕(周文王)을 만난 곳이다. 여상(呂尙) 태공망(太公望)은 낚시를 하다가 문왕을 만나 스승이 되었고, 문왕의 아들 무왕(武王)을 도와 은(殷, 商)의 폭군 주왕(紂王)을 물리치고 주(周)나라를 세웠으니, 그 공으로 제후에 봉해져 제(齊)나라의 시조 왕이 되었다.

이윤은 辛野(신야)에서 탕왕(殷湯王)을 만나 하(夏)나라 걸왕(桀王)을 멸하고 은(殷)나라를 세웠다. 탕왕은 이윤을 높여 은(商)의 초대 재상으로 삼았다.

"존귀한 자는 존귀한 일을 계획하니 그는 항상 존귀한 일에 서리라(사 32:8)."

"지혜와 명철을 얻으라(잠언 4장). 그러나 지혜는 어디서 얻으며 명철이 있는 곳은 어디인가(욥 28:12, 20, 28)."

---

267) 周文王 聘呂尙于磻溪 殷湯 聘伊尹于莘野也(주문왕 빙여상우반계 은탕 빙이윤우신야야).

268) 희(姬)는 주문왕의 성을 말한다. 주나라는 희씨 성이요 후직의 후손이다(周姬姓 后稷之後). 『춘추국명도(春秋國名圖)』주국편(周國篇).

269) 呂尙 釣磻谿 得玉璜 有文曰 姬受命, 呂佐時 阿衡 商宰相之稱(여상 조반계 득옥황 유문왈 희수명, 여좌시 아형 상재상지칭).

(68) 奄宅曲阜 微旦孰營(엄택곡부 미단숙영): 곡부에 집을 지으니, 단이 아니면 누가 경영할 수 있었겠는가

- "덮을, 가릴奄, 집宅, 굽을曲, 언덕阜, 작을微, 아침旦, 누구孰, 경영할營"

엄택(奄宅)은 '집을 짓다'의 뜻이다. 주공(周公) 단(旦, 약 B.C. 1107~B.C. 1027)[270]이 큰 공을 세우고 노(魯)나라를 책봉받아 수도 곡부에 궁(宮)을 세웠다.

곡부는 노나라 땅이니 주공이 큰 공로가 있어서 노나라에 봉해져 곡부에 도읍을 정했다.[271]

단은 주공의 이름이니 주공의 공로가 아니면 누가 능히 큰 기틀을 건설할 수 있겠는가.[272]

曲阜(취푸, Qūfù)는 주공 단이 분봉받은 노나라의 수도이며, 공자(B.C. 51~B.C. 79)가 태어나 학문을 닦은 고향이다.[273] 공자는 주공 단을 매우 존경하여, 꿈에 만나 그의 가르침을 받았다(『천자문』(13), 단과 공자).

성경에 꿈 해석으로 유명한 요셉(약 B.C. 915~B.C. 805)은 애굽(이집

---

270) 주공(周公) 단(旦)은 문왕의 아들이자 무왕의 동생으로 무왕이 죽자 조카 성왕(成王)을 도와 주(周)나라의 기초를 다지고 노나라의 제후로 봉해졌다.
271) 曲阜 魯地 周公 有大勳勞 封於魯定都於曲阜也(곡부 노지 주공 유대훈로 봉어노정도어곡부야).
272) 旦周公名 言非周公之勳 孰能營此鴻其也(단주공명 언비주공지훈 숙능영차홍기야).
273) 공자는 그의 말처럼 "15세에 학문에 뜻을 두었고, 30에 섰다." 했으니, 34세(B.C. 17)에 삼환(三桓: 孟孫·叔孫·季孫, 노나라 권세가)의 난을 피해 曲阜(취푸, Qūfù)를 떠나 제나라에서 2년을 지내고 귀국 후에는 국정에 참여하여 도덕정치를 도모하였다.
子曰 吾十有五而志于學 三十而立 四十而不惑 五十而知天命 六十而耳順 七十而從心所欲不踰矩(나는 15세에 학문의 뜻을 두었고, 30에 세웠고, 40에 미혹함이 없었고, 50에는 하늘의 뜻을, 60에는 귀가 순했고, 70에는 하고 싶은 대로 해도 법도에 어긋남이 없었다). 『論語』 爲政篇.

트)에 노예로 팔려갔지만, 고난을 이겨 내고 총리가 되어 위대한 업적을 남겼다(창 37~50장, 41:38~43).

(69) 桓公匡合 濟弱扶傾(환공광합 제약부경): (제나라) 환공은 (천하를) 바로잡고 모아서, 약한 자를 구하고 기우는 자를 도왔다
- "굳셀桓, 귀인公, 바를匡, 모을合, 구할濟, 약할弱, 도울扶, 기울傾"

환공은 제나라의 군주 소백인데, 춘추오패의 하나로 관중을 기용하여 천하를 하나로 바로잡았고 아홉의 제후들을 합하였다. 그는 주나라 양공의 지위를 안정시켜 미약한 데서 구제하고, 기울어 위태할 때 도와주니 곧 바른 합의 실상이다.[274]

"그러므로 구제할 때에 외식하는 자가 사람에게서 영광을 받으려고 회당과 거리에서 하는 것 같이 너희 앞에 나팔을 불지 말라 진실로 너희에게 이르노니 그들은 자기 상을 이미 받았느니라(마 6:2)."

"…구제하는 자는 성실함으로…베푸는 자는 즐거움으로 할 것이니, 사랑에는 거짓이 없나니 악을 미워하고 선에 속하라(롬 12:8~9)."

"오직 선을 행함과 서로 나누어 주기를 잊지 말라 하나님은 이 같은 제사를 기뻐하시느니라(히 13:16)."

---

274) 桓公 齊君小白 五覇之一用管仲 一匡天下 九合諸侯 定周襄王之位 濟之於微弱 扶之於傾危 卽 匡合之實也(환공 제군소백 오패지일용관중 일광천하 구합제후 정주양왕지위 제지어미약 부지어경위 즉광합지실야).

(70) 綺回漢惠 說感武丁(기회한혜 열감무정): 기리계(綺里系)는 한나라 혜제(惠帝)를 돌아오게 하였고, 부열(傅說)은 무정(武丁)과 서로 감응했다
- "비단綺, 돌아올回, 나라漢, 은혜惠, 기쁠說, 느낄感, 굳셀武, 고무래丁"

"回"는 어떤 판본에 "廻"로 되어 있고, 뜻은 같다.

기는 기리계(전한 초기의 학자)니 상산사호의 하나였다.[275] 한고조가 태자를 폐하려고 할 때 상산사호가 태자를 따라 노닐다 날개를 이루어(보좌하여) 황제의 자리에 오르게 했다.[276]

說은 '말씀 설'이 아닌 '기쁠 열'이며, 은(상)나라 22대 양왕(武丁)의 명재상 부열(傅說)을 말한다. 그는 정치 질서, 부패 척결, 주변국과의 관계 개선으로 상 왕조를 부흥시켰다.[277]

열은 부열로 부암의 들에서 담을 쌓았는데, 상나라 왕 무정이 꿈에 상제께서 좋은 보필자를 주어서 널리 천하에서 찾아 드디어 그를 세워 재상으로 삼으니 이것은 부열이 무정의 꿈에 감응한 것이다.[278]

바벨론 포로로 끌려간 다니엘(약 B.C. 620~B.C. 536)은 느부갓네살 왕

---

275) 상산사호(商山四皓)는 진시황의 가혹한 정치를 피해 상산으로 들어가 은둔한 네 현인을 말한다. 동원공, 녹리선생, 기리계, 하황공이다. 이들은 수염과 눈썹이 하얗게 세어 희다는 뜻의 '호(皓)' 자를 써서 '사호'라 했다. 이들은 산속에 은둔하여 자색 영지를 먹으며 살았다. 자줏빛 영지는 신선이 먹는 약으로, 상산사호는 신선과 같은 삶을 산 것이다.

276) 한나라를 건국한 유방이 태자 유영을 폐하고 척부인의 아들 유여의를 태자로 봉하려 할 때, 기리계와 3인이 간언하여 유방의 뜻을 돌이켰다(綺里系 常山四皓之一 漢高帝將廢太子 四皓從游 成羽翼 使惠 太子之位 轉而安焉, 기 기리계 상산사호지일 한고제장폐태자 사호종유 성우익 사한혜 태자지위 전이안언).

277) 은나라 양왕이 꿈속에서 현인의 모습을 보고, 생김새가 똑같은 부열을 초빙하여 재상으로 삼았다는 이야기가 있다.

278) 說 傅說 築於傅巖之野 商王武丁 夢帝淙浪弼 旁求天下 爰位作相 是 說感夢於武丁也(열 부열 축어전암지야 상왕무정 몽제종랑필 방구천하 원위작상 시 열감몽어무정야).

의 꿈을 해석하고 높은 지위에 올라 왕을 보좌하여 국가를 경영하였다(단 2:48~49).

(71) 俊乂密勿 多士寔寧(준예밀물 다사식녕): 뛰어난 인재들이(준예) 중요한 일에 힘쓰며(밀물), 많은 선비가 있어 참으로 평안하다

- "뛰어날俊, 어질乂, 빽빽할密, 말勿, 많을多, 선비士, 참寔, 편안할寧"

준예(俊乂)는 재주와 슬기가 뛰어난 사람을 말하고, 밀물(密勿)은 기밀의 중요한 일, 또는 그런 일을 하는 자리를 말한다.

천 명 중에 뛰어난 사람(俊)과 백 명 중에 어진 이(乂)가 조정에 모여서 다스림을 부지런히 하였다.[279]

준예가 관직에 있으면 나라가 편안해지니 『시경』에 이르기를 "많고 많은 선비들이여! 문왕이 그들로 편안케 되었다" 한 이것이다.[280]

의인이 많으면 백성이 즐거워하고 악인이 권세를 잡으면 백성이 탄식한다(잠 29:2).

"왕 앞에서 악한 자를 제하라. 그리하면 그의 왕위가 의로 견고히 서리라(잠 25:5)."

"나라가 죄로 주권자가 많아져도 명철과 지식 있는 사람으로 장구하게 된다(잠 28:2)."

---

279) 大而千人之俊 小而百人之乂 咸集于朝 經緯密勿也(대이천인지준 소이백인지예 함집우조 경위밀물야).

280) 俊乂在官 國以寧謐 詩云 濟濟多士 文王以寧 是也(준예재관 국이녕밀 시운 제제다사 문왕이녕 시야).

"왕은 정의로 나라를 견고하게 하나 뇌물을 억지로 내게 하는 자는 나라를 멸망시킨다(잠 29:4)."

(72) 晋楚更覇 趙魏困橫(진초경패 조위곤횡): 진나라 초나라는 번갈아 패권을 잡았고, 조나라와 위나라는 연횡책으로 곤경에 빠졌다
- "나라晋, 나라楚, 다시更, 으뜸覇, 나라趙, 나라魏, 곤란할困, 가로橫"

更은 고칠 경, 다시 갱(更新, 갱신)은 쓰임에 따라 달라진다. 신기록, 새로운 것에는 경으로, 면허, 계약, 재차 등에는 갱으로 읽는다.

진, 초, 조, 위는 모두 주(周)나라의 제후국이다. 주나라가 힘이 약해지자 진(晋)과 초(楚)가 번갈아 패권을 잡아 제후들을 견제했다.[281]

연횡책과 합종작전

춘추시대 진문공이 초성왕을 성복에서 패퇴시켜 패권을 잡았고, 영공 때에 이르러 패권을 잃었다. 초장왕이 또 패권을 잡으니, 이는 진과 초가

---

281) 주 왕조의 권위가 약해지자 힘이 강한 제후들이 스스로 왕이 되어 군웅할거의 전국시대(B.C. 403~B.C. 221)가 시작된다. 따라서 그동안 사회 질서와 정치 균형을 유지해 오던 봉건제에 균열이 생겨 결국 붕괴되는 시발점이 되었고, 중원의 수많은 국가들이 7대 강대국인 7웅(진·초·연·제·한·위·조, 3舊國, 4新興國)에 편입된다. 이 7웅 중 진은 효공(孝公) 때 상앙(商鞅, B.C. 90~B.C. 38)의 변법(變法)에 크게 부흥하여 부국강병(富國強兵)의 강국으로 떠오른다. 4군(君)의 활약과 합종연횡(合從, 連衡策)도 이 시기에 있었다. 드디어 진(秦)이 6국을 굴복시키고 중국 최초의 통일국가가 된다.

번갈아 패권을 잡은 것이다.[282]

전국시대 합종에 편드는 사람들은 육국으로 진을 치려 했고, 횡인은 육국으로 하여 진나라를 섬기게 했으니 육국이 마침내 연횡작전에 피곤하게 되었다. 육국에 조위나라만 들었지만 남은 나라도 보인다.[283]

연횡책(連橫策)은 진(秦)나라 장의(張儀)의 정책으로 친구이며 동문인 소진(蘇秦)의 합종책(合縱策)을 깨기 위한 계책이었다.

합종책(合縱策)은 약자끼리 서로 연합하여 강자에 대항하는 정책으로 중원에서 가장 서쪽에 있던 진나라가 강국이 되어 위협하니, 이에 여섯 나라(연조제위한초)가 힘을 합쳐 대항한 것이다. 즉, 연횡책은 동서(가로 횡)분열, 합종책은 남북(세로 종)연합 정책이다.

"지혜 있는 자는 강하고 지식 있는 자는 힘을 더하니, 너는 전략으로 싸우라. 승리는 지략이 많음에 있느니라(잠 24:5~6)."

(73) 假途滅虢 踐土會盟(가도멸괵 천토회맹): 길을 빌려 괵을 멸하고, 천토에서 제후를 모아 맹약했다

- "거짓(빌릴)假, 길途, 멸할滅, 나라虢, 밟을踐, 흙土, 모을會, 맹세盟"

진나라가 가장 융성했던 시기에 제후국을 멸하고 병합하여 통일하는 과정을 말하고 있다.

---

282) 春秋時 晉文公 敗楚成王于城濮 僕)而覇 至靈公 失覇 楚莊王 又稱覇 是 晉與楚更迭而覇也(춘추시 진문공 패초성왕우성복이패 지령공 실패 초장왕 우칭패 시 진여초갱질이패야).

283) 戰國時代 從人 欲以六國伐秦 橫人欲使六國事秦 六國 終困于橫 六國 只擧趙魏 其餘可見(전국시대 종인 욕이육국벌진 횡인욕사육국사진 육국 종곤우횡 육국 지거조위 기여가견).

진나라 헌공이 괵나라를 치려고 우나라에 길을 빌려 달라 하니, 우공이 궁지기의 간언을 듣지 않고 빌려주어 진이 괵을 멸하고 마침내 우까지 멸하여 병합하였다.[284]

천토는 지명이니 진문공이 제후들과 맹약할 때 여기서 회맹하였다. 주양왕을 하양으로 불러서 조회하니 이는 천자를 끼고 제후를 명령한 것이다.[285]

"왕의 노함은 사자의 부르짖음 같고 그의 은택은 풀 위의 이슬 같으니라 (잠 19:12)."

"왕은 인자와 진리로 스스로 보호하고 그의 왕위도 인자함으로 견고하니라(잠 20:28)."

(74) 何遵約法 韓弊煩刑(하준약법 한폐번형): 소하는 약법을 준수했고, 한비는 번잡한 형벌로 피폐케 했다

- "어찌何, 따를遵, 약속約, 법法, 나라韓, 낡을弊, 번거로울煩, 형벌刑"

"何"는 소하(蕭何, B.C. 57~B.C. 93)를 말한다. 진나라 관리요, 정책가다. 초한전(楚漢戰) 때 한고조(漢高祖, 劉邦)의 신하가 되어 큰 공을 세웠다.

하는 소하이니 한고조가 약법삼장을 만들어 소하가 덜고 더하여 그것을 잘 따라 시행했다. 한의 역사 사백 년 동안 소하 자손 역시 영달(榮達)

---

284) 晉獻公 欲伐虢 假途於虞 虞公 不聽宮之奇之諫而假之 及晉滅虢 竝滅虞(진문공 욕벌괵 가도어우 우공 불청궁지기지간이가지 급진멸괵 병멸우).

285) 踐土地名也 晉文公 約諸侯 會盟於此 召周襄王於河陽而朝之 是挾天子以令諸侯也(천토지명야 진문공 약제후 회맹어차 소주양왕어하양이조지 시협천자이령제후야).

하니 관대한 효과다.[286]

"韓"은 전국시대 법가(法家) 한비(韓非子, B.C. 80?~B.C. 33)를 말한다. 한은 한비라. 참혹하고 각박한 말로 진나라 왕을 유세하고, 저서 십여만 말을 남겼는데 모두 각박한 설이었다. 진나라 2세(황제 만)에 망하여 한비 또한 주살되니 번거로운 형벌의 폐해였다.[287]

"왕의 진노는 죽음의 사자들과 같아도 지혜로운 사람은 그것을 쉬게 하리라. 왕의 희색은 생명을 뜻하니 그의 은택이 늦은 비를 내리는 구름과 같으니라(잠 16:14~15)."

"장인이 온갖 것을 만들지라도 미련한 자를 고용하는 것은 지나가는 행인을 고용함과 같으니라(잠 26:10)."

(75) 起翦頗牧 用軍最精(기전파목 용군최정): 백기, 왕전, 염파, 이목의 용병이 가장 정밀하였다

- "일어날起, 자를翦, 자못頗, 칠牧, 쓸用, 군사軍, 가장最, 자세할精"

백기와 왕전은 진나라 장군이고, 염파와 이목은 조나라 장수다. 군사 쓰는 법은 이 네 장군이 가장 정묘했다.[288]

"이에 여호수아가 일어나…용사 삼만 명을 뽑아 밤에 보내며(수 8:3)."

---

286) 何蕭何也 漢高祖約法三章 蕭何損益而遵行之 漢歷季四百 何亦子孫榮顯 寬大之效也(하소하야 한고조약법삼장 소하손익이준행지 한력년사백 하역자손영현 관대지효야).

287) 韓韓非也 以慘刻說秦王 著書十餘萬言 皆刻薄之論 秦二世而亡 韓亦誅死 煩刑之弊也(한한비야 이참각세진왕 저서십여만언 개각박지론 진이세이망 한역주사 번형지폐야).

288) 白起王翦 秦將 廉頗李牧 趙將. 言用軍之法 四將最精也(백기왕전 진장 렴파이목 조장 언용군지법 사장최정야).

"여호수아와 온 이스라엘이 그들 앞에서 거짓으로 패한 척하여…그의 손을 드는 순간에 복병이 그들의 자리에서 급히 일어나 성읍으로 달려 들어가서 점령하고…(수 8:15~19)."

"그곳에 스루야의 세 아들 (장군) 요압과 아비새와 아사헬이 있었는데 아사헬의 발은 들노루 같이 빠르더라(삼하 2:18)."

(76) 宣威沙漠 馳譽丹靑(선위사막 치예단청): 그 위엄을 사막까지 펼치니, 그 공을 단청하여 길이 드날렸다

- "펼宣, 위엄威, 모래沙, 아득할漠, 달릴馳, 기릴譽, 붉을丹, 푸를靑"

사막은 북쪽의 맨 끝 변방 지역이니 장수된 자가 능히 용맹을 사막에까지 떨쳤음을 말한다.[289]

단청은 그 형태와 얼굴을 그리는 것이니 공을 세우면 모양을 그려 명예를 오래 남기니, 한나라 효선황제가 공신을 기린각에 그린 것과 같은 것이다.[290]

다윗의 유명한 세 용사의 용맹이 후대에 전해졌다.

"그때에 다윗은 산성에 있고 블레셋 사람의 요새는 베들레헴에 있는지라, 다윗이 소원하여 베들레헴 성문 곁 우물물을 누가 내게 마시게 할까 하니, 세 용사(요셉밧세벳, 엘르아살, 삼마)가 블레셋 사람의 진영을 돌

---

289) 沙漠 朔北極邊之地 言爲將者能宣揚威武於沙漠也(사막 삭북극변지지 언위장자능선양위무어 사막야).

290) 丹靑 圖其形貌 樹功卽圓形而馳名譽於永久 如漢宣帝圖畵功臣於麒麟閣 是也(단청 도기형모 수공즉원형이치명예어영구 여한선제도화공신어기린각 시야).

파하여 베들레헴 성문 곁 우물의 물을 가지고 왔으나, 다윗이 마시기를 기뻐하지 아니하고…, 여호와여, 내가 나를 위하여 결단코 이런 일을 하지 아니하리라. 이는 목숨을 걸고 갔던 사람들의 피가 아니니까…(삼하 23:14~17)."

제8장

영토의 범위와 명소, 경작과 조세제도

> **사해지내(四海之內)**
> **(77)~(84) 8문장 64자**
>
> 나라의 관리로서 직무를 수행하기 위해 알아야 할 영토의 범위와 관광명소, 소득 증대를 위한 경작과 조세제도를 설명하는 대목이다. 하(夏)는 전국을 9주로 나누어 국토 경영의 기초가 되는 정전제를 실시하였고, 최초 중앙집권 통일국가를 이룩한 진(秦)은 토지제도를 재정비하였다. 그 기반으로 한(漢)의 광활한 국토 경영의 기초는 농업이고 정전제였다.[291]

(77) 九州禹跡 百郡秦幷(구주우적 백군진병): 구주는 우임금의 자취이며, 일백 군은 진나라 때 병합된 것이다

- "아홉九, 고을州, 성씨禹, 자취跡, 일백百, 고을郡, 나라秦, 아우를幷"

---

291) 정전제(井田制)는 중국 하(夏), 은(殷), 주(周) 삼대(三代)의 유제(遺制)로서, 토지의 한 구역을 '정(井)' 자로 9등분하여 8호의 농가가 각각 한 구역씩 경작하고, 가운데 있는 한 구역은 공동으로 경작하여 그 수확물을 국가에 조세로 바치는 토지제도였다. 진(秦), 한(漢) 이후의 토지겸병(土地兼倂) 현상을 해결하기 위한 정전론은 균전론(均田論), 한전론(限田論) 등과 함께 당, 송대에 이어 제기되었다.

292) 우임금이 九州로 다스려 우적(禹跡)이라 했고, 진시황이 최초로 중국을 통일하여 봉건제를 폐하고 36郡으로 다스렸다.

구주는 기주, 연주, 청주, 서주, 양주, 형주, 예주, 양주, 옹주다. 우임금이 산을 따라다니며 나무를 베어서 구주를 분별하니 모두 우가 지나간 곳이다. 그러므로 우적이라 했다.[293]

진시황이 천하를 얻고 봉건제도를 폐하고 군을 36군(郡)을 설치하였다. 시대를 지나면서 늘려 마침내 100개 군이 되었다. 군 설치 시작은 진이니 "진나라의 병합이라" 하였다.[294]

솔로몬이 그 강에서부터 블레셋 땅과 애굽 지경에 미치기까지 모든 나라를 다스리니 솔로몬이 사는 동안 조공으로 섬겼다(왕상 4:21).

솔로몬이 사는 동안 유다와 이스라엘이 단에서 브엘세바까지 포도나무와 무화과나무 아래서 평안히 살았다(왕상 4:25).

(78) 嶽宗恒岱 禪主云亭(악종항대 선주운정): 오악은 항산과 대산을 으뜸으로, 운운산과 정정산에서 주(임금)가 봉선하였다

- "큰산嶽, 마루宗, 항상恒, 뫼岱, 봉선禪, 주인主, 이를云, 정자亭"

중국의 오악과 성경의 유명한 산

말하기를 **오악은 항산과 대산을 으뜸으로** 하고 항은 당본에 태라 쓰였

---

293) 九州 冀兗青徐揚荊豫梁雍也 夏禹隨山刊木 分別九州 皆禹所經 故 曰禹跡(구주 기연청서양형예량옹야 하우수산간목 분별구주 구주 개우소경 고 왈우적).
294) 秦始皇 有天下 廢封建之制 置郡 凡三十六 歷代增益 乃至百郡 而置郡 始於秦 故曰秦并(진시황 유천하 폐봉건지제 치군 범36 역대증익 내지백군 이치군 시어진 고왈진병).

으니 태대가 동악이다.[295]

천자는 십이 년에 한 번씩 (제후국을) 순시하는데 반드시 태산에서 봉선을 하였다. 운운산과 정정산은 태대 아래 작은 산이니 반드시 왕은 이곳에 묵으며 목욕 후 대종에서 제사했다.[296]

오악은 태산(동), 화산(서), 형산(남), 항산(북), 숭산(중앙)으로 다섯 중 으뜸이 항산(恒)과 태산(岱)이다. 운정(云亭)은 云云山과 亭亭山이고 대종(태산)에 있는 작은 산으로 천자가 이곳에서 봉선(封禪)하였다.[297]

성경의 유명한 산은 아라랏, 호렙(시내), 느보산과 가나안의 헤르몬(거룩), 갈멜(산림)과 울창한 길보아(솟아나는 샘), 모리아(높다)와 시온(요새), 올리브(감람)산 등이 있고 또 남쪽 그리심(자르다)과 북쪽 에발(벌거벗다)산은 축복과 저주의 산이다.[298]

"…너는 그리심 산에서 축복을 선포하고 에발 산에서 저주를 선포하라 (신 11:29)."

"내가 산을 향하여 눈을 들리라 나의 도움이 어디서 올까. 나의 도움은 천지를 지으신 여호와에게서로다(시 121:1~2)."

---

295) 言五嶽 以恒岱爲宗也 恒唐本作泰 泰大 東嶽也 (언오악 이항대위종야 항당본작태 태대 동악야).

296) 天子 十二年 一巡狩 必封禪泰岱 云云亭亭 泰岱下小山 必主宿於是 齋沐而後 祀岱宗焉 (천자 십이년 일순수 필봉선태대 운운정정 태대하소산 필주숙어시 재목이후 사대종언).

297) 五嶽은 泰山(東), 華山(西), 衡山(南), 恒山(北), 崇山(中央), 봉선은 옛날 중국에서 흙으로 단(壇)을 만들어 천자가 하늘에 제를 지낸 것이다.

298) 이 축복과 저주의 산 사이에 세겜 골짜기가 있으니, 바로 이곳에서 하나님이 아브라함에게 "내가 이 땅을 네 자손에게 주리라"고 약속하셨다(창 12:6~7).

(79) 雁門紫塞 鷄田赤城(안문자새 계전적성): 안문과 자새, 계전과 적성이 있다

- "기러기雁, 문門, 붉을紫, 변방塞, 닭鷄, 밭田, 붉을赤, 재城"

중국 북쪽 유명한 곳을 소개하고 있다. 어떤 판본에는 "鴈(안)"으로 같은 뜻이다.

안문(雁門)은 군(郡) 이름으로 병주에 있고 봄에 기러기가 북쪽으로 돌아갈 때 지나므로 이름(안문관)하였고, 자세(紫塞)는 만리장성을 건축할 때 흙빛이 모두 붉어서 지은 이름이다.[299]

계전(鷄田)은 옹주에 있어 옛날 주문공과 진목공이 암꿩을 잡고 왕의 패권을 잡았으며, 그 아래의 보계사(寶雞祀)는 진나라가 교외에서 제사하던 곳이며, 적성(赤城)은 기주의 어복현에 있다.[300]

이스라엘 북부의 유명한 곳은 헬몬 산과 갈릴리(반지 고리) 호수인데, 그 모양이 비파(하프) 같아서 게네사렛(킨네렛)이라 불렀다(민 34:11; 신 3:17; 마 14:34).

남부에는 헬몬에서 발원한 생명의 물이 갈릴리를 지나 초목이 무성한 요단으로 흘러, 들이기만 하고 내놓지 않는 염해(Dead Sea, 死海)가 있다.

---

299) 雁門郡名 在幷州 春雁北歸踰此故名 紫塞地名 秦築長城 土色皆紫(안문군명 재병주 춘안북귀 유차고명 자새지명 진축장성 토색개자).

300) 田在雍州 昔 周文 獲雌而王 秦穆 獲雌而霸 下有寶雞祀 秦郊祀處 赤城 在夔州魚腹縣(전재옹주 석 주문 획자이왕 진목 획자이패 하유보계사 진교사처 적성 재기주어복현).

(80) 昆池碣石 鉅野洞庭(곤지갈석 거야동정): 곤지와 갈석, 거야와 동정이 있다

- "맏昆, 못池, 우뚝솟을碣, 돌石, 클鉅, 들野, 고을洞, 뜰庭"

중국의 유명한 못은 곤지(昆池)이고 험산은 갈산(碣石), 들은 거야(鉅野), 호수는 동정(洞庭)이 아름답다.

곤지는 운남성 곤명현에 있는데 한무제가 운남으로 통하려고 곤명지를 파서 수전(水戰)을 연습했으니, 역시 이를 곤지라 했고 갈석(산)은 북평군 여성현에 있다. [301]

거야군은 태산 동쪽에 있으며 동정호는 악주의 대강 남쪽과 팽려호 서쪽에 있다. [302]

성경의 유명한 못으로는 기브온 못(삼하 2:13)과 사마리아 못(왕상 22:36), 베데스다 못(요 5:2)과 실로암 못(요 9:7)이 있다.

"이르시되 실로암 못에 가서 씻으라 하시니(실로암은 번역하면 보냄을 받았다는 뜻이라) 이에 가서 씻고 밝은 눈으로 왔더라(요 9:7)."

---

301) 昆池 在雲南昆明縣 漢武欲通雲南 鑿昆明池 以習水戰 亦曰昆池 碣石在北平郡黎城縣(곤지 재운남곤명현 한무욕통운남 착곤명지 이습수전 역왈곤지 갈석 재북평군여성현).
302) 鉅野郡 在泰山之東 洞庭湖 在岳州大江之南 彭蠡之西(거야군 재태산지동 동정호재악주대강지남 팽려지서).

(81) 曠遠綿邈 巖岫杳冥(광원면막 암수묘명): 빈들(벌판)은 아득히 멀고, 바위와 산굴은 아득하게 깊고 어둡다

- "빌曠, 멀遠, 솜綿(아득하다), 멀邈, 바위巖, 산굴岫, 아득할杳, 어두울冥"

앞의 글에 나열된바 산천은 모두 빈 듯이 아득히 멀다.[303] 암수(巖岫)는 산이 높아 올라갈 수 없고, 묘명(杳冥)은 물이 깊어 헤아릴 수 없다.[304]

대륙의 땅은 광활하고 바위와 산은 높고 물이 깊으니 기암괴석이 많다. 대륙에 비하면 우리나라는 웅장하지 않지만, 산천이 아름다워 금수강산(錦繡江山)이라 한다. 이스라엘도 그렇다. 특히 광야는 뜨겁고 건조한 바람이 가득하고 아무것도 없어 볼거리가 없지만, 모세와 이스라엘이 광야에서 생활했고, 고난과 시련과 시험, 연단의 장소였기에 사람들은 그곳을 가 보고 싶어 한다.

"이에 사울이 다윗 쫓기를 그치고 블레셋 사람들을 치러 갔으므로 그곳을 셀라하마느곳(분리하는 바위)라 칭하니라. 다윗이 거기서 올라가 엔게디 요새에 머무니라(삼상 23:28~29)."

---

303) 上文所列 山川皆空曠而 遙遠也(상문소열산천 개공광이요원야).
304) 巖岫 山之岌業而不可登 杳冥 水之淵深而不可測也(암수 산지급업이불가등 묘명 수지연심이불가측야).

(82) 治本於農 務玆稼穡(치본어농 무자가색): 농업을 통치의 근본으로 삼고, 심고 거두는 일에 힘쓰게 한다
- "다스릴治, 근본本, 어조사於, 농사農, 힘쓸務, 이것玆, 심을稼, 거둘穡"

제왕이 다스릴 때 반드시 농업을 근본으로 하니, 대개 왕은 백성을 하늘처럼, 백성은 먹는 것을 하늘같이 여기기 때문이다.[305]

농사가 근본이니 반드시 봄에 씨를 뿌리고 가을에 거두는 것에 전력하게 하여 시기를 놓치지 않아야 한다.[306]

"여름에 거두는 자는 지혜로우나 추수 때에 잠자는 자는 부끄러움을 당한다(잠 10:5)."

"곳간에서 인심난다."

창고와 곳간이 가득 차 있어야 백성들이 예절을 안다(『관자(管子)』[307] 목민편(牧民篇)).[308]

"네 손이 선을 베풀 힘이 있거든 마땅히 받을 자에게 베풀기를 아끼지 말며…(잠 3:27~28)."

---

305) 帝王爲治 必以農爲本 蓋君以民爲天 民以食爲天故也(제왕위치 필이농위본 개군이민위천 민이식위천고야).
306) 以農爲本 故必令專力於春稼秋穡 不奪其時也(이농위본 고필영전력어춘가추색 부탈기시야).
307) 관자(管子, 약 B.C. 10~B.C. 45)는 春秋時代 제(齊)나라 재상(宰相)으로, 그는 순자(荀子)의 예법 공용(禮法共用. 牧民, 權修), 도가(道家)의 심술, 백심(心術, 白心) 사상이 병존하고 있다.
308) 倉廩實則知禮節(창름실즉지예절).

(83) 俶載南畝 我藝黍稷(숙재남묘 아예서직): (봄이 되어) 비로소 남쪽 밭(이랑)에 (농작물을) 재배하는데, 나는 기장과 피를 심는다

- "비로소俶, 심을(실을)載, 남녘南, 이랑畝, 나我, 심을藝, 기장黍, 피稷"

　　서직(黍稷)은 메기장과 차기장을 이른다. 기장(黍)과 피(稷)는 가뭄에 강하고 잡초에도 잘 견뎌 주로 척박한 땅에 심는다.

　　『시경』소아 대전편 가사에 "일의 시작은 남쪽 이랑에서부터 한다.".[309]

　　소아 초자편 가사에 "밭의 녹봉이 있어 제사를 받드는 자가 스스로 그 서직을 심는다".[310]

　　"눈물을 흘리며 씨를 뿌리는 자는 기쁨으로 거두리로다…(시 126:5~6)."

　　"그러므로 천국의 제자 된 서기관마다 마치 새것과 옛것을 그 곳간에서 내오는 집주인과 같으니라(마 13:52)."

(84) 稅熟貢新 勸賞黜陟(세숙공신 권상출척): 익은 것으로 세금을 내고 햇것을 바치니, 권하고 상 주고 내치고 올려 준다

- "세금稅, 익을熟, 바칠貢, 새新, 권할勸, 상줄賞, 내칠黜, 올릴陟"

　　전묘(田畝)에 세를 정하는데 반드시 익은 것으로 국가 사용에 대비하고, 바치는 토산물은 반드시 새것으로 종묘에 올렸다.[311]

---

309) 詩小雅大田篇之詞 言 "始事於南畝也"(시소아대전편지 언 "시사어남묘야").
310) 詩小雅楚茨篇之詞 有田祿而奉祭祀者 自言種其黍稷也(시소아초자편지사 유전록이봉제사자 자언종기서직야).
311) 稅以田畝 必用熟以備國用, 貢以土産 必用新以薦宗廟(세이전무 필용숙이비국용 공이토산 필

"전사(田事)를 이루면 농관이 근면한 자에게 상으로 권장하고, 게으른 자는 내쳐서 경계시키니 올림(陟)은 역시 상(賞)이다."[312]

"3년마다 공적(功績)을 살피고 3번을 고려하여, 내침(黜)과 올림(陟)을 깊게 밝히니 여러 공적이 모두 빛났다."[313]

"대답하여 이르되 주인이여 금년에도 그대로 두소서. 내가 두루 파고 거름을 주리니, 이 후에 만일 열매가 열면 좋거니와 그렇지 않으면 찍어 버리소서(눅 13:6~9)."

용신이천종묘).

312) 田事旣成 農官 賞其勤者以勸之 黜其惰者以戒之 陟亦賞也(전사기성 농관 상기근자이권지 출기타자이계지 척역상야).

313) 三載考績 三考 黜陟幽明 庶績咸熙(삼재고적 삼고 출척유명 서적함희).

제9장

관리로서 지켜야 할 태도와 예의

> **진퇴지절의 덕목과 자세**
> **(85)~(92) 8문장 64자**
>
> 관리의 덕목인 인과 의, 절개와 지조, 중용을 잊지 않도록 경각심을 일깨우고, 늘 겸손하고 삼가는 태도로 일을 하되 작은 일에도 소홀하지 말고 잘 살펴 처리할 것이며, 어느 위치에 있든지 나아감과 물러남의 때를 아는 진퇴지절의 자세를 가져야 한다.

(85) 孟軻敦素 史魚秉直(맹가돈소 사어병직): 맹자는 바탕을 두텁게 하였고, 사어는 올곧음을 굳게 지켰다

- "맏孟, 수레軻, 두터울敦, 흴素, 역사史, 물고기魚, 잡을秉, 곧을直"

맹자의 이름은 가(軻)이고 어려서 자애로운 어머니의 교육을 받았으며, 자라서는 자사의 문하에서 공부하여 그 소양을 두텁게 하였다.[314]

사어는 위나라 대부이고 이름은 추, 자는 자어다. 죽음으로 간언함이 있

---

314) 孟子 名軻 幼被慈母之敎 長遊子思之門 厚其素養也(맹자 명가 유피자모지교 장유자사지문 후기소양야).

어 공자가 말하기를 "곧구나! 사어여, 나라에 도가 있었을 때 화살대 같더니 나라에 도가 없을 때도 화살대 같구나" 하였다.[315]

맹모삼천지교의 문제점

맹자의 어머니(仉氏, 급 씨)가 맹자를 훌륭하게 키우기 위해 세 번 이사를 한 이 이야기는 전한 말기 학자 유향(劉向, B.C. 7~B.C. 6)의 『열녀전(列女傳)』에 나온다.

맹자는 처음 시장 근처에 살았는데, 매일 장사꾼 흉내를 냈다. 그러자 어머니는 이사하였다. 두 번째로 간 곳은 무덤이 가까운 집이었다. 맹자는 매일 상여꾼 흉내를 내며 놀았다. 그러자 어머니는 다시 서당 근처로 이사를 갔다. 이사 후 맹자는 글 읽는 흉내를 내며 놀아 어머니는 매우 만족하였다. 이 이야기는 어릴 때부터 공부하는 습관의 중요함을 말하고 있다.

한편, 『청소년을 위한 이야기 동양사상』(김경일·황기홍, 바다출판사, 2017. 2. 20.)에서 맹모삼천지교(孟母三遷之敎)의 **두 가지 문제점**을 지적하였다.

첫째, 맹자 어머니는 장사꾼을 싫어했다는 점이다. 상업이 나쁜 직종이 아닌데 맹자 어머니는 그렇게 생각했다. 사실 이것은 유가들이 상인들을 천시했기 때문에 만들어진 결과다. 그 당시 사회는 선비가 최우선이고 다음이 농업, 공업, 기술자 그다음이 상인이었다.

둘째, 맹자 어머니는 자꾸 실수를 한다는 점이다. 그렇게 아들의 교육에

---

315) 史魚 衛大夫 名鰌字子魚 有尸諫 孔子曰 "直哉! 史魚, 邦有道如矢 邦無道如矢"(사어 위대부 명 추자자어 유시간 공자왈 "직재! 사어, 방유도여시 방무도여시").

관심이 많다면 처음부터 이사 갈 곳을 면밀히 살핀 뒤에 이사를 해야 옳지 않은가.

"내 아들아, 네 아비의 훈계를 들으며 네 어미의 법을 떠나지 말라. 이는 네 머리의 아름다운 관이요 네 목의 금 사슬이니라(잠 1:8~9)."

"훈계를 지키는 자는 생명 길로 행하여도 징계를 버리는 자는 그릇 가느니라(잠 10:17)."

"내 아들아, 나의 법을 잊어버리지 말고 네 마음으로 나의 명령을 지키라. 그리하면 그것이 네가 장수하여 많은 해를 누리게 하며 평강을 더하게 하리라(잠 3:1~2)."

(86) 庶幾中庸 勞謙謹勅(서기중용 노겸근칙): 중용에 가까우려면, 부지런하고 겸손하며 삼가 경계해야 한다

- "여러庶, 얼마幾, 가운데中, 떳떳할庸, 힘쓸勞, 겸손할謙, 삼갈謹, 조서勅"

중용은 치우치지 않고 기울지 않으며 지나치거나 부족함이 없는 평상 원리라 사람이 능히 하기 어려우나 이 또한 거의 힘쓰면 이룬다.[316]

부지런히 힘써 겸손하고 삼가 조심하면 경계와 신중의 두려운 중용에 이른다.[317]

---

316) 中庸 不偏不倚無過不及而平常之理 人所難能而 亦庶幾勉而至也(중용 불편불기무과불급이평상지리 인소난능이 역서기면이지야).

317) 勤勞謙遜 畏謹勅勉 卽可以戒愼恐懼 而庶幾中庸也(근로겸손 외근칙면 즉가이계신공구 이서기중용야).

"하늘이 명한 것은 성이요 성을 따르는 것이 도이니, 성인의 가르침을 알아 행해야 한다(퇴계 이황, 李滉, 1502~1571)."[318]

"감정이 일어나면 그것에 따르지 말고 깨달음으로 다스리라(율곡 이이, 李珥, 1536~1584)."[319]

"지혜로운 자의 마음은 그의 입을 슬기롭게 하고 그 입술에 지식을 더하느니라. 선한 말은 꿀송이 같아 마음에 달고 뼈에 양약이 되느니라(잠 16:23~24)."

(87) 聆音察理 鑑貌辨色(영음찰리 감모변색): 소리를 듣고 이치를 살피니, 모습과 기색을 보고 분별한다

- "들을聆, 소리音, 살필察, 다스릴理, 거울鑑, 모양貌, 분별할辨, 빛色"

감(鑑, 거울, 본보기)은 어떤 판본에는 감(監, 보다, 살피다)로 되어 있다. 어느 글자가 이 문장에 더 잘 어울리는가? 자해(字解)에 監은 신하(臣)가 그릇(皿)의 물을 살펴보는 것이고, 鑑은 監에 金이 붙어 鑑(본보기, 거울)이 되었다.

최상 지혜의 사람은 그 소리를 듣고 일의 이치를 살피니, 예컨대 공자가 자로의 비파 연주를 듣고 "그 연주는 북 변방에 살벌한 소리가 있다"고 말한 이것이다.[320]

---

318) 天命之謂性 率性之謂道 聖人之知爲敎(천명지위성 솔성지위도 성인지지위교).
319) 이이는 입지(立志)-치언(治言)-정심(定心)-근독(謹獨)-공부(工夫)-진성(盡誠)-정의(正義)로 가르쳤다.
320) 上智之人 卽聆其聲音而察其事理 如孔子聽子老鼓琴 "而謂其有北鄙殺伐之聲者" 是也(상지지인

용모와 말, 기색으로 가히 그 감정을 살피고 그 뜻을 분별할 수 있으니, 예컨대 제나라 환공의 부인이 위나라 정벌을 안 것과 관중이 위나라 구원을 안 이것이다.[321]

춘추시대 지혜로운 부인과 충신들

춘추(春秋)시대 제(齊)나라 환공(桓公, 약 B.C. 16~B.C. 43)이 패권을 쥐자(B.C. 81) 위(衛)나라가 조회를 오지 않았다. 이에 환공이 관중과 모의해 위를 치기로 결정했다. 조회를 마치고 규문(閨門)에 들어서자 왕을 바라보던 부인 위희(衛姬)가 비녀와 귀고리를 풀고 내려가서 두 번 절하고 "바라건대 위나라의 죄를 청합니다." 하니, 환공이 시치미를 떼며 "내가 위나라와 아무 일 없는데 그대는 무엇을 청하는 것이오?" 부인이 말하기를 "왕에게는 세 가지 낯빛이 있으니 얼굴이 확 피는 것은 즐거움이요, 숙연하여 기운이 푹 가라앉는 것은 어려움이며, 성내는 기운에 들떠 주먹을 움키는 것은 정벌의 낯빛이라 했습니다. 지금 임금을 보니 위나라의 정벌에 뜻을 두고 있어, 참으면 되는 일에 피를 흘리는 것은 옳지 않으니 이렇게 청하는 것입니다".

다음 날 조회에 나가니 관중이 달려와 말했다.

"주군께서 안색이 공손하고 기운이 가라앉아 말씀도 천천히 하시어 위(衛)를 정벌하겠다는 뜻이 없어 그만두려는 것입니다."

환공이 "옳다" 하고 위희를 정부인으로, 관중을 높여 중보(仲父)로 삼고

즉령기성음이찰기사리 여공자청자로고금 "이위기유북비살벌지성자" 시야).

321) 以容貌辭色 亦可以鑑其情 辨其意 如齊桓公 夫人之知欲伐衛 菅仲之知欲救衛者 是也(이용모사색 역가이감기정 변기의 여제환공 부인지욕벌위 관중지지욕구위자 시야).

"부인은 안을 다스리고 관중이 밖을 다스리면 과인이 비록 어리석지만 세상에 바로 설 수 있을 것이오." 하였다.

춘추오패(春秋五覇)들 중 가장 지혜로운 부인은 초(楚)나라 장왕(莊王, 약 B.C. 33~591)의 번희(樊姫)일 것이다.

장왕이 즉위하여 정사를 돌보지 않고 사냥에 몰입했다. 간언해도 멈추지 않자 번희가 단식하니, 허물을 고치고 정사에 몰입했다. 번희는 덕과 지혜도 갖추었다. 왕이 무지하고 불충한 우구자(虞邱子)를 지극히 신뢰하자. 그녀가 잘못을 고하니, 우구자는 "번희의 말과 같습니다." 하고 물러나고 손숙오(孫叔敖)를 천거하였다. 숙오가 재상이 된 지 3년 만에 장왕은 패업을 이루었다(B.C. 97).

초나라에는 지혜로운 왕비도 있었지만 충신도 많았다. 장왕(莊王)이 주색(酒色)에 빠져 정희(鄭姫)와 채녀(蔡女)를 끼고 술에 취해 있을 때 대부(大夫) 오거(伍擧)가 찾아갔다. 장왕은 게슴츠레한 눈으로 말했다. "대부가 온 것은 풍류를 듣고 싶어서인가? 할 말이 있어서인가? 아니면 술을 마시고 싶어서인가?" "아닙니다. 신이 마침 교외에 나갔다가 은어(隱語)를 들었는데, 이해하기 어려워 물으러 왔습니다." "어허, 무슨 말이기에 이해를 못하는가? 어디 들어 보세." "네, 오색이 영롱한 큰 새 한 마리가 초나라 높은 언덕에 앉은 지 3년이 되었는데, 날지도 울지도 않으니 무슨 새인지 알 수 없어서…." "과인은 알고 있다. 그 새는 보통 새가 아니다. 3년을 날지 않고 울지 않았으니, 날면 하늘을 찌를 것이요, 울면 반드시 사람을 놀라게 하리라. 그대는 기다려 보게."

그러나 장왕은 여전했다. 이에 대부 소종(蘇從)이 참지 못해 왕을 찾아가 죽음을 불사하고 통곡하며 간언하니, 왕이 크게 깨닫고 정치에 전념하여 기강이 바로 서고 국력이 든든해져 마침내 패업을 이루었다(B.C. 97. 『전국책(戰國策)』12국책(十二國策)과 사마천의 『사기(史記)』열전(列傳)). [322]

"세 사람 중 한 사람은 스승이다."

공자가 말하기를 "세 사람이 가면 반드시 내 스승이 있다. 그의 좋은 것을 골라 그것을 따르고 그의 좋지 못한 점은 고쳐라(『논어(論語)』술이편(述而篇))."[323]

전거가감(前車可鑑)은 앞 수레는 뒤 수레의 거울이 된다는 뜻이다. 즉 앞사람의 행위를 뒷사람은 경계로 삼아야 한다. 이 말은 전한 문제(文帝, B.C. 202~B.C. 157) 초기 학자 가의(賈誼, B.C. 200~B.C. 168)의 충언에서 비롯된 성어다. 가의는 제후들이 반란과 흉노의 잦은 침입으로 고민에 빠진 문제에게 진나라 시황제가 왜 14년 만에 사직을 닫게 되었는지 설명하면서 "앞 수레가 뒤집힌 것은 뒤 수레의 경계가 된다." 하였다.[324] 그 후 아들 경제와 한나라의 힘을 크게 키워 태평성대를 이루었다(文景之治, 문경지치).[325]

"면책은 숨은 사랑보다 나으니라(잠 27:5)."

---

322) 위의 글 일부를 원본에서 각색하였음.

323) 子曰 三人行必有我師 焉擇其 善者而從之 其不善者而改之(자왈 삼인행필유아사 언택기 선자이종지기 불선자이개지).

324) 여기서 전거복철(前車覆轍), 전복후계(前覆後戒), 복거지계(覆車之戒), 부답복철(不踏覆轍) 성어가 나왔다.

325) 문경지치(文景之治)는 한나라 5대 문제(文帝, 유항)와 그의 아들 6대 경제(景帝, 유계)의 치세를 말한다. 도가의 무위지치(無爲之治, 無爲而治)를 지향하여, 수비 위주의 전술로 흉노와 비교적 원만하게 지내며 큰 전쟁을 벌이지 않았고, 백성들의 고단한 사업을 자제하고 부요케 하여 태평성대를 이루었다.

"도가니로 은을, 풀무로 금을, 칭찬으로 사람을 단련하느니라(잠 27:21)."
"사람을 경책하는 자는 혀로 아첨하는 자보다 나중에 더욱 사랑을 받느니라(잠 28:23)."

(88) 貽厥嘉猷 勉其祗植(이궐가유 면기지식): 아름다운 계책을 끼쳐 그 공경에 심기를 힘쓰라

- "끼칠貽, 그厥, 아름다울嘉, 꾀(계책)猷, 힘쓸勉, 그其, 공경祗, 심을植"

군자가 자손에게 끼칠(貽) 것은 당연히 아름다운 계책이니 예컨대 소하는 검소로, 양진은 청렴으로, 방덕공은 편안으로 모두 이 선함을 끼쳤다.[326]

그 선한 도를 공경하여 심기에 힘쓰며, 끼친(貽) 아름다운 꾀를 실추시키지 말라.[327]

너에게 아름다운 계략과 아름다운 꾀가 있거든 들어가 고하라. 너 뒤의 안에 심어지리라(『서경(書經)』 군진편(君陳篇)).[328]

"내 아들아, 내 지혜에 주의하며 내 명철에 네 귀를 기울여, 근신을 지키며 네 입술로 지식을 지키도록 하라(잠 5:1~2)."

"내 아들아, 만일 네 마음이 지혜로우면 내 마음이 즐겁고, 만일 네 입술이 정직을 말하면 내 속이 유쾌하리라(잠 23:15~16)."

"내 아들아, 여호와와 왕을 경외하고 반역자와 더불어 사귀지 말라(잠

---

326) 君子貽厥子孫 當以嘉猷 如蕭何以儉 楊震以淸 龐德公以安 皆是善貽也(군자이궐자손 당이가유 여소하이검 양진이청 방덕공이안 개시선이야).
327) 勖其敬植善道 毋墜所貽之嘉猷也(욱기경식선도 무추소이지가유야).
328) 爾有嘉謀嘉猷 則入告 爾后植于內(이유가모가유 즉입고 이후우내식).

24:21)."

(89) 省躬譏誡 寵增抗極(성궁기계 총증항극): 몸을 살펴 나무람이 없는지 경계하고 총애가 더할수록 저항이 심하니 조심해야 한다
- "살필省, 몸躬, 나무랄譏, 경계誡, 사랑寵, 더할增, 저항抗, 다할極"

신하는 스스로 그 몸을 살펴 늘 비난(기풍)과 주의(규계)가 있으리라 생각하고, 스스로 마땅히 진은 어렵게, 퇴는 쉽게 할 것이다.[329]

영예와 총애가 더욱 늘면 당연히 근심이 극에 이르러, 옛사람들이 총애를 받고 거할 때 위험을 생각하라는 것이다.[330]

벼슬로 교만하면 안 되고 복록으로 사치하면 안 된다. 총애를 받으면 위태로움을 생각하여 두려워하라. 두려워하지 않으면 두려움에 함몰될 것이다(『서경(書經)』주서편(周書篇)).[331]

늘 자기를 살펴 윗사람의 총애가 더하면 시기하는 사람도 많으니 평소 범과하지 말아야 한다. 또 벼슬이 높으면 교만하기 쉬우니 자리를 어렵게 여기고 처신을 잘해야 한다.[332]

---

329) 人臣 自省其躬 每念譏諷規誡之來 卽自當難進而易退也(인신 자성기궁 매념기풍규개지래 즉자당난진인이퇴야).
330) 榮寵愈增 當存亢極之憂 古人之居寵思危 以此也(영총유증 당존항극지우 고인지거총사위 이차야).
331) 位不期驕 祿不期侈 居寵思危 罔不惟畏 弗畏入畏(위불기교 녹불기치 거총사위 망불유외 불외입외).
332) 지위가 높아지면 자기도 모르게 교만해지고 부유해지면 사치하기 쉬우니, 소박하고 검소한 생활로 태만하지 직분에 충실하여 맡은 바 책임을 다해야 한다. "맡은 자들에게 구할 것은 충성이니라(고전 4:2)."

노력하여 큰 공을 세워도 겸손하면 만백성이 감복하지만, 교만하고 사치하면 결국 실패하고 형벌을 받을 수도 있다.

"노겸군자는 만민의 존경을 받으리라(勞謙君子 萬民福也, 공자, 『주역』 상전(象傳))."

"교만은 패망의 선봉이요 거만한 마음은 넘어짐의 앞잡이니라(잠 16:18)."

(90) 殆辱近恥 林皐幸卽(태욕근치 임고행즉): 위태로움과 욕됨은 수치에 가까우니, 숲이 우거진 언덕으로 가라

- "위태할殆, 욕될辱, 가까울近, 부끄러울恥, 수풀林, 언덕皐, 다행幸, 곧卽"

높은 지위일수록 작은 실수에도 수치를 당할 수 있다. 그러므로 자연으로 돌아가서 자신을 살펴보아야 한다.

노자(老子, 약 B.C. 71~B.C. 1)가 이르기를, 만족할 줄 알면 모욕을 당하지 않고 그칠 줄 알면 위태롭지 않으니, 신하가 부귀에도 능히 물러나지 않으면 반드시 위태롭고 욕되어 부끄러움에 가깝게 된다.[333]

이미 그칠 줄 알면 만족을 아는 뜻이니, 다행으로 숲 언덕 아래서 천수를 보전한다.[334]

"악을 떠나는 것은 정직한 사람의 대로이니 자기의 길을 지키는 자는 자

---

333) 관직은 중하고 귀한 자리다. 필요할 때는 있어야 하지만 그렇지 않을 때는 미련 없이 떠나야 한다(老子曰 知足不辱 知止不殆 人臣富貴而不能退 卽必殆欲而近恥也, 노자왈 지족불욕 지지불태 인신부귀이불능퇴 즉필태욕이근치야).

334) 旣有知止知足之志 卽可幸就林皐之下 以全其天也(기유지지지족지지 즉가행취림고지하 이전기천야).

기의 영혼을 보전하느니라(잠 16:17)."

"노하기를 더디 하는 자는 용사보다 낫고 자기의 마음을 다스리는 자는 성을 빼앗는 자보다 나으니라(잠 16:32)."

(91) 兩疏見機 解組誰逼(양소견기 해조수핍): 소광과 소수는 시기를 보고 자리에 물러났으니 누가 핍박하겠는가
- "둘兩, 소통할疏, 볼見, 틀機, 풀解, 짤組, 누구誰, 핍박할逼"

"해조(解組)"는 조직에서 풀리다, 즉 자리에서 물러나는 것을 말한다.

양소(두 소씨)는 한나라 태부 소광과 그 형의 아들 소부 소수다. (둘이) 사직을 상소하여 물러나기를 구걸하니 대개 시기를 보고 움직인 것이다.[335]

도장(관인)의 인끈을 풀고 거침없이 떠나가니 누가 능히 핍박하여 그가는 것을 막겠는가.[336]

漢나라 선제(宣帝, B.C. 91~B.C. 49) 때 태자의 스승 태부(太傅) 소광(疏廣)과, 소부(少傅) 소수(疏受)는 성품이 어질고 시기를 아는 데 밝았다. 어느 날 소광이 조카 소수에게 말했다. "만족할 줄 아는 자 욕을 당하지 않고 그칠 줄 아는 자는 위험에 빠지지 않는다. 이제 물러나 고향으로 내려가자." 삼촌의 말에 동감하여, 봉록 2,000석을 사양하고 귀향하여 재물을 나누며 유유자적 행복한 여생을 보냈다(『한서(漢書)』 소광전찬(疏廣

---

335) 兩疏 漢太傅疏廣 及其兄子少傅疏受 上疏乞骸骨 蓋見機而作也(량소 한태부소광 급기형자소부 소수 상소걸해골 개견기이작야).
336) 解脫印紱 浩然長往 誰能逼迫而尼其行哉(해탈인불 호연장왕 수능핍박이니기행재).

傳贊)).

이들은 자신들의 안위를 위해 떠났지만, 그러나 한편으로는 생각하면 재주와 슬기가 아깝다. 사람은 서로 소통하며 죽이든 밥이든 같이 나눠 먹고 어우러져 함께 웃고 울며 살아야 한다. 그런 가운데 발전하고 더 나은 세상이 열린다.

중국 동진(東晉, 317~420) 시대 시인 도연명(陶淵明, 365~427)은 41세에 지방 현령이 되었는데, 그의 봉급은 쌀 다섯 말(五斗米)이었다. 그 시대에 탐관오리들의 아부와 부정부패가 아니꼬워, 관직에서 물러날 때 그들을 비웃으며 말했다.

"어찌 쌀 다섯 말 때문에 허리를 굽혀 소인배 벼슬아치들을 섬기겠는가."

그가 쓴 「귀거래사」는 전원시의 백미이다. 세상과 타협하기를 거부하고 자연을 벗 삼아 안빈낙도, 안분지족의 자유로운 삶을 노래한 내용으로, 후세 선비들에게 많은 사랑을 받았고 벼슬아치들의 귀감이 되었다. 하지만 그의 청렴(淸廉)과 뛰어난 재주가 그 시대에 반영되지 못한 것이 안타까울 뿐이다.

"의로운 입술은 왕들이 기뻐하는 것이요 정직하게 말하는 자는 그들의 사랑을 입느니라(잠 16:13)."

"지혜로운 자의 마음은 그의 입을 슬기롭게 하고 또 그의 입술에 지식을 더하느니라(잠 16:23)."

(92) 索居閑處 沈默寂寥(색거한처 침묵적요): 한가로운 곳을 찾아 살아가니, 잠긴 듯이 고요하고 적막하구나

- "찾을索, 살居, 한가할閒, 곳處, 잠길沈, 잠잠할默, 고요寂, 고요寥"

흩어져 거주하며 고요히 지내니 바로 은퇴하여 쉬는 사람의 일이다. 침묵은 사람들의 말과 논의에 오르내리지 않는 것이고, 적요는 사람들을 쫓아 따르지 않는 것이다.[337]

"미련한 자라도 잠잠하면 지혜로운 자로 여겨지고 그의 입술을 닫으면 슬기로운 자로 여겨지느니라(잠 17:28)."

"명철한 사람의 입의 말은 깊은 물과 같고 지혜의 샘은 솟구쳐 흐르는 내와 같으니라(잠 18:4)."

"입과 혀를 지키는 자는 자기의 영혼을 환난에서 보전하느니라(잠 21:23)."

"그러므로 사람이 자기 일에 즐거워하는 것보다 더 나은 것이 없음을 보았나니 이는 그것이 그의 몫이기 때문이라(전 3:22)."

---

337) 散居而靜處 卽休退者之事. 沈默不與人上下言議, 寂寥不與人追逐過從也(산거이정처 즉휴퇴자지사. 침묵불여인상하언의 적요불여인추축과종야).

제10장

관직을 떠난 군자의 삶

안빈낙도(安貧樂道)
(93)~(102) 10문장 80자

생명이 움트는 봄이 오면 새싹이 돋고, 녹음방초 우거진 푸른 계절을 지나 결실의 계절 가을이 오면, 거두어 감추는 겨울을 준비해야 한다. 인생도 이와 같아서 처음과 끝이 있고 시작의 열정을 마무리하는 때가 있으니, 높은 지위의 부귀영화도 겸허히 내려놓고 웃으며 살다가 가는 것이 지혜로운 삶이다. 가난해도 편안한 마음으로 사는 안빈낙도의 삶이 참행복임을 보여 주고 있다.

(93) 求古尋論 散慮逍遙(구고심론 산려소요): 옛것을 구하여 논의할 것을 찾으니, 근심은 흩어 사라지고 한가로이 거닌다

- "구할求, 옛古, 찾을尋, 의논할論, 흩을散, 생각慮, 한가할逍, 거닐遙"

군자가 한가롭게 거처할 때도 반드시 일하는 것이 있어, 옛사람의 출세와 처세의 본말을 찾아 토론하니 몸은 비록 은퇴했더라도 세상 교화에 큰 도움이 된다.[338]

---

338) 君子閒居 必有事焉 求古人之出處本末而尋索討論 卽身雖退而有補於世敎 大矣(군자한거 필유

또 마땅히 그 우려를 흩어 세상일로 그 마음에 얽히지 않고 소요하며 자적한다.[339]

"걱정이 많으면 꿈이 생기고 말이 많으면 우매한 자의 소리가 나타나느니라(전 5:3)."

"명철한 자의 마음은 지식을 얻고 지혜로운 자의 귀는 지식을 구하느니라(잠 18:15)."

"헛된 것을 더하게 하는 많은 일들이 있나니 그것들이 사람에게 무슨 유익이 있으랴. 헛된 생명의 모든 날을 그림자 같이 보내는 일평생에 사람에게 무엇이 낙인지를 누가 알며, 그 후에 해 아래에서 무슨 일이 있을 것을 누가 능히 그에게 고하리오(전 6:11~12)."

(94) 欣奏累遣 感謝歡招(흔주루견 척사환초): 기쁜 일은 알리고 쌓인 것을 보내니, 슬픔은 사리고 기쁨이 부른다

- "기쁠欣, 아뢸奏, 여러累, 보낼遣, 슬플感, 사례謝, 기쁠歡, 부를招"

이르기를 "한가히 거하며 염려를 흩으면 기쁜 감상의 정은 저절로 나고, 쓸데없이 번거로운 일들은 저절로 물러난다."[340]

쓸데없이 근심하는 생각이 날마다 가 버리니, 기쁨과 즐거운 정취는 나

사언 구고인지출처본말이심색토론 즉신수퇴이유보어세교 대의).

339) 又當散其思慮 不以世事攖其心 逍遙而自適也(우당산기사려 불이세사영기심 소요이자적야).

340) 言居閒散慮 卽欣賞之情自進 而冗累之事自退矣(언거한산려 즉흔상지정자진 이항루지사자퇴의). 冗(용): 쓸데없이 번거롭고 무익하다.

날이 오게 된다.[341]

"그러므로 내일 일을 위하여 염려하지 말라 내일 일은 내일이 염려할 것이요 한 날의 괴로움은 그 날로 족하니라(마 6:34)."

(95) 渠荷的歷 園莽抽條(거하적력 원망추조): 도랑의 연꽃은 뚜렷이 밝고, 동산의 풀은 죽죽 자라 우거져 있다

- "도랑渠, 연꽃荷, 과역(밝다)的, 지낼歷, 동산園, 우거질莽, 뽑을抽, 가지條"

도랑의 연꽃은 여름을 맞아 만개에 뚜렷이 빛나 향기를 취할 수 있고, 동산 수풀은 바야흐로 봄에 푸르게 우거져 가지를 뻗어 나온 것이 사랑스럽다.[342]

"겨울도 지나고 비도 그쳤고 지면에는 꽃이 피고 새가 노래할 때가 이르렀는데 비둘기의 소리가 우리 땅에 들리는구나(아 2:11~12)."

(96) 枇杷晚翠 梧桐早凋(비파만취 오동조조): 비파 잎은 늦게까지 푸르고, 오동잎은 일찍 시든다

- "비파枇, 비파杷, 늦을晚, 푸를翠, 오동梧, 오동桐, 이를早, 시들凋"

비파는 찬 계절이 되어야 꽃을 피우니 만취라 하였고, 오동은 가을 기운

---

341) 疚憾之思日去 而歡樂之趣日來矣(구척지사일거 이환락지취일래의). 정취(靜趣): 고요 속의 흥취, 정취(情趣): 정서의 흥취.
342) 溝渠之荷 當夏盛開 的歷然芳香可把也, 園林之艸 方春交翠 蒙茸然推條可愛也(구거지하 당하 성개 적력연방향가파야, 원림지초 방춘교취 몽용연추가애야).

을 얻어 먼저 떨어지니 조조라 하였다.[343]

　흉년이 들면 모두가 결핍이라, 예로부터 농사는 하늘과 동업으로 간절할 수밖에 없었다.

　"이 땅을 보소서, 결실의 계절에 하늘 문을 여소서!"

　꿈에 하늘이 열리는 기이한 광경을 본 사람도 있고(창 28:12), 고난 속에 하늘이 열리고 하나님 우편의 인자를 본 사람도 있다(행 7:56).

(97) 陳根委翳 落葉飄䫻(진근위예 낙엽표요): 묵은 뿌리는 말라 버리고, 떨어진 잎들은 올바람에 나부낀다

- "묵을陳, 뿌리根, 맡겨(버릴)委, 마를翳, 떨어질落, 잎葉, 나부낄飄, 올바람䫻"

　모든 풀들이 겨울이 되어 말라 떨어지니 묵은 뿌리가 땅에 덮이고, 모든 나무가 서리를 겪고 흔들려 떨어지니 잎들은 쓸쓸히 공중에 나부끼며 춤춘다.[344]

자연가와 청산가

자연가(自然歌)

　산도 절로절로 녹수도 절로절로

---

343) 枇杷 值寒節而乃花 故曰晚翠, 梧桐 得金氣而先零 故曰早凋(비파 치한절이내화 고왈만취, 오동 득금기이선령 고왈조조).

344) 百卉至冬而枯零 陳宿之根 委蔽於地也(백초지동이고령 진숙지근 위폐어지야), 萬木經霜而搖落 蕭疎之葉 飄舞於空也(만목경상이요락 소소지엽 표무어공야).

산절로 수절로 산수 간에 나도 절로

이 중에 절로 자란 몸이 늙기도 절로 하리라.

- 송시열(宋時烈, 1607~1689), 『청구영언』

靑山自然自然 綠水自然自然

(청산자연자연 녹수자연자연)

山自然水自然 山水間我亦自然

(산자연수자연 산수간아역자연)

已矣哉自然生來人生 將自然自然老

(이의재자연생래인생 장자연자연로)

- 김인후, 『하서집』[345]

청산가(靑山歌)

청산은 나를 보고 말없이 살라 하고

(靑山兮要我以無語, 청산혜요아이무어)

창공은 나를 보고 티 없이 살라 하네

(蒼空兮要我以無垢, 창공혜요아이무구)

사랑도 벗어 놓고 미움도 벗어 놓고

(聊無愛而無憎兮, 료무애이무증혜)

물같이 바람같이 살다가 가라 하네

---

345) 위의 「자연가(自然歌)」는 우암 송시열이 쓴 것으로 되어 있는데, 100년 전 김인후(金麟厚, 호 하서, 1510~1560)의 한시가 있으니, 그가 먼저 쓴 것이다. 김인후는 성균관에서 이황과 학문을 닦았고 홍문관 부수찬(副修撰)을 거쳐, 현종 때 이조판서를 지냈으며, 대제학에 올랐다. 을사사화 후 병을 이유로 고향 장성에서 자연을 벗 삼아 성리학 연구에 정진하였다.

(如水如風而終我, 여수여풍이종아)

- 나옹, 『가송집』[346]

(98) 遊鯤獨運 凌摩絳霄(유곤독운 능마강소): 곤은 홀로 옮겨 노닐다가, 붉은 하늘을 넘어 날아다닌다

- "놀遊, 곤이鯤, 홀로獨, 옮길運, 능가할凌, 갈摩, 붉을絳, 하늘霄"

장자는 곤어(鯤魚)와 붕조(鵬鳥) 이야기에서 재능이 탁월하고 원대한 뜻을 품고 있는 사람을 비유하였다.

곤은 장주(莊周)가 말한 소위 북쪽 아득한 바다의 물고기니 그 노님은 홀로 창해에서 움직인다(『莊子』소요유편(逍遙遊篇)).[347]

곤이 새로 변하면 그 이름을 붕이라 하는데 푸른 하늘을 등지고 한 번 날면 구만 리를 가니, 바로 능마강소(凌摩絳霄)이다. 이것은 사람이 날아오름과 가라앉아 있음을 비유한 것이라, 각자 때가 있는 것이다.[348]

"범사에 기한이 있고 천하만사가 다 때가 있나니…(전 3:1~8)."

---

346) 나옹선사(懶翁禪師, 1320~1376)는 고려 말 공민왕의 왕사(王師)였고, 『가송집』은 1363년에 편찬, 사후(1379)에 중간하였다.

347) 鯤莊周所謂北溟之魚 其遊也獨運於滄海(곤장주소위북명지어 기유야독운어창해). 周는 장자(莊子)의 본명.

348) 鯤化爲鳥 其名曰鵬 背靑天一飛九萬里 卽凌摩絳霄 此喩人之飛騰潛運 各有時也(곤화위조 기명왈붕 배청천일비구만리 즉릉마강소야 차유인지비등잠운 각유시야). 능마강소(凌摩絳霄): 붉은 노을 하늘을 넘나들며 날아다님.

(99) 耽讀翫市 寓目囊箱(탐독완시 우목낭상): 글 읽기를 즐겨 시장(책방)에서 놀았으니, 눈으로 보기만 해도 주머니와 상자 속에 넣는 것 같았다
- "즐길耽, 읽을讀, 놀翫, 저자市, 붙일寓, 눈目, 주머니囊, 상자箱"

한나라 때 상우에 사는 왕충은 집이 가난했다. 배우기를 좋아했는데 책이 없어 매일 서점으로 가서 책을 보고 종신토록 잊지 않았다.[349]

사람들이 일컬어 "왕충은 우목낭상이다. 그가 한 번 눈에 붙이면 잊지 않아 책을 자루나 상자에 넣어 두는 것과 같다".[350]

"가난하여도 성실하게 행하는 자는 입술이 패역하고 미련한 자보다 나으니라(잠 19:1)."

"가난하여도 지혜로운 젊은이가 늙고 둔하여 경고를 더 받을 줄 모르는 왕보다 나으니, 그는 자기 나라에서 가난하게 태어났을지라도 감옥에서 나와 왕이 되었음이라(전 4:13~14)."[351]

---

349) 漢上虞王充 家貧好學而無書 每向書肆 覽其書 終身不忘(한상우왕충 가빈호학이무서 매향서사 람기서 종신불망). 서사(書肆): 책 진열장(서점).

350) 人稱王充 寓目囊箱 以其一寓目 不忘如貯書於囊箱之中也(인칭왕충 우목낭상 이기일우목 불망여저서어낭상지중야).

351) 이 구절은 요셉 이야기를 연상케 한다(창 39~50장). 늙고 우둔한 왕을 뒤에 두고, 하나님이 감옥의 가난한 소년에게 지혜를 주셔서 왕이 되게 하셨다.

(100) 易輶攸畏 屬耳垣牆 (이유유외 속이원장): 쉽고 가벼움을 두려워할 바이니, 담장에도 귀가 붙어 있기 때문이다

- "쉬울易, 가벼울輶, 바攸, 두려울畏, 붙일屬, 귀耳, 담垣, 담牆"

『시경』에 이르기를 "군자는 말을 쉽게 하지 말라. 귀가 담장에 붙어 있다." 하니 말을 가벼이 말고 귀가 담장에 붙어 있음을 두려워해야 한다.[352] 이는 말의 불가불 삼가를 이른다. 언행의 경솔은 반드시 실수하니 군자가 두려워하는 바이다.[353]

경솔한 언행을 경계함은 낮말은 새가 듣고 밤 말은 쥐가 들으며, 벽에도 귀가 있고(Walls have ears), 발 없는 말이 천 리를 간다.

"죽고 사는 것이 혀의 힘에 달렸나니 혀를 쓰기 좋아하는 자는 혀의 열매를 먹으리라(잠 18:121)."

"너는 하나님 앞에서 함부로 입을 열지 말며 급한 마음으로 말을 내지 말라 하나님은 하늘에 계시고 너는 땅에 있음이니라 그런즉 마땅히 말을 적게 할 것이라(전 5:2)."

"이와 같이 혀도 작은 지체로되 큰 것을 자랑하도다. 보라 얼마나 작은 불이 얼마나 많은 나무를 태우는가. 혀는 곧 불이요 불의의 세계라 혀는 우리 지체 중에서 온몸을 더럽히고 삶의 수레바퀴를 불사르나니 그 사르는 것이 지옥 불에서 나느니라(약 3:5~6)."

---

352) 詩曰君子無易由言 耳屬于垣 言不可易於其言 恐耳屬于垣也 (시왈군자무이유언 이속우원 언불가이어기언 공이속우원야).

353) 此 言言不可不愼也 輕易其言 卽必致差失 君子之所畏也 (차 언언불가불신야 경이기언 즉필치차실 군자지소외야).

(101) 具膳飱飯 適口充腸(구선손반 적구충장): 반찬을 갖춘 저녁밥을 입에 맞는 것으로 장을 채울 만큼 먹는다

- "갖출具, 반찬膳(선물), 저녁밥飱, 밥飯, 만날適, 입口, 채울充, 창자腸"

"飯(밥 반)"이 어떤 판본에는 "飡(밥 찬)"으로 되어 있다.

반찬을 갖추어 밥을 먹으니 일용 음식이 일상적인 것이요, 음식은 다만 내 입에 맞게 장을 채워 굶주리지 않을 뿐이요 사치해서는 안 된다.[354]

불의한 방법으로 부귀영화를 누리기보다 가난하더라도 도(道)를 따라 사는 것이 군자요, 산해진미(山海珍味), 고량진미(膏粱珍味)의 진수성찬(珍羞盛饌)을 먹느니 소식소찬(素食素饌)으로 떳떳하게 사는 것이 군자의 도리다.

나물 먹고 물 마시고 팔을 베고 자더라도 즐거움이 또한 그 가운데 있는 것이니, 의롭지 못한 부귀는 나에게 뜬구름과 같다(『논어(論語)』 술이편(述而篇)).[355]

군자는 먹는 데 배부르기를 구하지 않고, 거처하는 데 편안을 구하지 않으며, 일에 민첩하고, 말에 신중하며, 정도로 나아가면 가히 그는 배움을 좋아한다 할 것이다(『논어(論語)』 학이편(學而篇)).[356]

"어질다 회여, 한 그릇 밥과 한 표주박 물로 누추한 동네에 살게 되면 다

---

354) 備膳而飱飯 日用飲食之常也, 飲食只當適吾之口 充吾之腸 不飲而已 不可侈也(비선이담반 일용음식지상야, 음식지당적오지구 충오지장 불음이이 불가치야). 不飲: 마시지 않다, 주리지 않다. 而已: ~일 뿐이다.

355) 飯疏食飲水 曲肱而枕之 樂亦在其中矣 不義而富且貴 於我如浮雲(반소식음수 곡굉이침지 낙역재기중의 불의이부차귀 어아여부운). 飯疏食은 거친 밥, 즉 나물밥.

356) 君子食無求 居無求安 敏於事而愼於言 就有道而正焉 可謂好學也已(군자식무구포 거무구안 민어사이신어언 취유도이정언 가위호학야이).

른 사람들은 그 고생을 견디지 못하거늘, 회는 그 즐거움이 변치 않으니 어질다 회여!(『논어(論語)』옹야편(雍也篇)")[357]

"너희 중에 지혜와 총명이 있는 자가 누구냐.…진리를 거슬러 거짓말하지 말라. 이러한 지혜는 위로부터 내려온 것이 아니요 땅 위의 것이요…오직 위로부터 난 지혜는 첫째 성결하고 다음에 화평하고 관용하고 양순하며…편견과 거짓이 없나니, 화평하게 하는 자들은…의의 열매를 거두느니라(약 3:13~18)."

(102) 飽飫烹宰 饑厭糟糠(포어팽재 기염조강): 배부르면 삶은 고기도 질리고, 배고프면 지게미 겨도 맛있어한다

- "배부를飽, 물릴飫, 삶을烹, 재상宰, 주릴饑, 싫을厭, 지게미糟, 조糠"

팽은 삶은 고기, 재는 궁중 요리사 선재(膳宰)를 말한다.

배부를 때는 비록 팽재의 진품도 질리고, 배고프면 비록 조강의 변변찮은 것도 만족하여 달갑다.[358]

눈물에 젖은 빵, 빈곤과 풍요의 역설

나물 먹고 물 마시고 유유자적하며 사는 여유도 좋지만, 지나친 가난은

---

[357] 賢哉回也 一簞食 一瓢飲 在陋巷 人不堪其憂 回也不改其樂 賢哉回也(현재회야, 일단사 일표음 재누항 인불감기우 회야불개기락 현재회야).

[358] 方其飽時 卽雖烹宰珍品 亦厭飫而不嘗也, 及其飢也 卽雖糟糠薄具 必厭足而甘美矣(방기포시 즉수팽재진품 역염어이불상야, 급기기야 즉수조강박구 필염족이감미의).

삶을 피폐하게 만든다. 고난은 참담하나 겪지 않으면 삶의 진정을 알지 못한다.

"눈물 젖은 빵을 먹어 보지 않은 사람은 인생을 논할 자격이 없다(괴테, Goethe, 1749~1832, 독일 작가, 철학자)."[359]

슬픔의 눈물에서 문학이 나오고 고통의 고민에서 철학이 나온다. '눈물 양식'은 성장시키는 힘이 있다.

"주께서 그들을 눈물의 양식을 먹이시며 많은 눈물을 마시게 하셨나이다(시 80:5)."

빈곤에서 생기는 문제도 있지만 풍요에서 생기는 문제도 많다.

자본주의는 쉼 없이 진보하여, 무너진다는 이야기도 수없이 있었으나 여러 문제를 수정, 보완하며 인류를 지배하는 문물이 되었다. 냉전시대에 자본주의와 공산주의가 대립하다가 자본주의가 승리하였고, 민주주의의 시장경제보다 더 나은 체제가 없음을 선언하였다. 하지만 문제가 있으니, 빈부의 격차와 인간의 이기심, 욕망과 무한한 성장을 추구하며 과잉 소비를 장려한다는 것이다. 이에 환경오염과 쓰레기로 지구온난화 등 각종 부작용을 일으켜 인류는 자멸의 위기에 처하였다. 지구는 훼손되어 뜨겁게 불타고, 자연재난은 끊임없이 일어난다. 이 모든 것은 풍요에서 생기는 문제다. 어찌할거나. 우선 시급한 것은 유해되는 것은 줄이고 친환경으로 바꿔야 한다. 우리는 스스로 우리의 마지막을 앞당기고 있다.

"다니엘아, 마지막 때까지 이 말을 간수하고 이 글을 봉함하라. 많은 사

---

[359] 괴테의 소설 『빌헬름 마이스터의 수업시대』에 나오는 시 「하프 타는 사람의 노래」. "눈물과 함께 빵을 먹어 보지 못한 자, 근심에 싸여 수많은 밤을, 잠자리에 일어나 앉아 울며 지새 본 적이 없는 자, 천국의 힘을 알지 못하나니…."

람이 빨리 왕래하며 지식이 더하리라(단 12:4).”

"…이 두루마리 예언의 말씀을 인봉하지 말라 때가 가까우니라(계 22:10).”

"많은 사람이 연단을 받아 스스로 정결하게 하며 희게 할 것이나, 악한 사람은 악을 행하리니 악한 자는 아무것도 깨닫지 못하되 오직 지혜 있는 자는 깨달으리라(단 12:10).”

제11장

평안을 누리는 군자의 삶

> **향오(嚮五)[360]의 평온**
> **(103)~(112) 10문장 80자**
>
> 이제 관직에 떠나 그간 바쁜 일로 만나지 못한 친지와 벗들과 회포를 푸는 즐거움으로, 하늘의 뜻(天命)을 기다리며 주변을 정리하니, 오래 살았고(壽), 청렴으로 부하고(富), 강건하니 편하고(康寧), 덕을 베풀며(攸好德) 인생의 마지막(考終命)을 기다린다. 나이 들어 관직을 은퇴한 군자의 의연함은 『서경』 홍범구주에 나오는 향용오복(嚮用五福)의 아름다운 모습이다.

(103) 親戚故舊 老少異糧 (친척고구 노소이량): 친척과 친구를 (대접할 때), 늙고 젊음에 따라 양식을 다르게 한다

- "친할親, 겨레戚, 연고故, 옛舊, 늙을老, 젊을少, 다를異, 양식糧"

(친척은 친가와 외가의 합한 말로) 친은 같은 성, 척은 다른 성으로, 예

---

[360] 향오(嚮五)는 향용오복(嚮用五福)의 줄임말로 오복을 누리며 나아간다는 뜻이며, 오복은 수(壽, 목숨), 부(富, 재물), 강녕(康寧, 건강·평안), 유호덕(攸好德, 덕을 베풂), 고종명(考終命, 편안한 죽음)을 말한다. 『서경(書經)』 홍범편(洪範篇).

로부터 친한 사람을 고구라 하니 모두 품과 절의 급이 있다.[361]

노인은 비단이 아니면 따뜻하지 않고 고기가 아니면 배부르지 않으니, 젊은이 역시 음식 조절로 사랑양육에 신중히 한다. 『예기(禮記)』에 15세 이상이면 노인과 젊은이의 음식을 달리하게 이른다.[362]

"형제 사랑하기를 계속하고, 손님 대접하기를 잊지 말라. 이로써 부지중에 천사들을 대접한 이들이 있었느니라(히 13:1~2, 창 18:1~8)."

"형제를 사랑하여 우애하고 존경하기를 서로 먼저 하며…아무에게도 악을 악으로 갚지 말고…모든 사람과 더불어 화목하라(롬 12:10~18)."

(104) 妾御績紡 侍巾帷房(첩어적방 시건유방): 아내와 첩은 길쌈을 하고, 휘장 방에서 수건을 들고 시중을 든다

- "첩妾, 모실御, 길쌈績, 길쌈紡, 모실侍, 수건巾, 휘장帷, 방房"

첩어는 첩이라. 왕후가 면류관 끈을 짜는 것에서부터 서민, 사대부 이하가 그 남편의 옷을 입히기까지 모두 그 직책이 있으니 방적이 어찌 첩에만 그치는가. 이는 첩뿐만 아니라 배필(配匹, 짝(偶)) 모두(여자의 일)에 대해 말한 것이다. 수건과 빗을 가지고 휘장 친 내방의 시중 또한 처첩의 일이다.[363]

---

361) 同姓之親曰親 異姓之親曰戚 舊要曰故舊 皆有品節也(동성지친왈친 이성지친왈척 구요왈고구 개유품절야).

362) 老子非帛不暖 非肉不飽 少者亦宜節其飮食 愼其愛養 禮所謂十五以上 老少異食是也(노자비백불난 비육불포 소자역의절기음식 신기애양 예소위십오이상 노소이식시야).

363) 妾御妾也 然 自王后織紞 至庶士以下之衣其夫 皆有其職 紡績 豈止於妾 此 偶不言妾耳(첩어첩야 연 자왕후직담 지서사이하지의기부 개유기직 방적 기지어첩 차 우불언첩이). 妾御績紡 侍

이 문장에서 일부다처제의 양상(樣相, modality)을 보인다. 우리나라도 고대 모계가족에서 부계사회 이후 조선시대까지 일부다처제였다. 남자는 밖에서, 여자는 안에서 일하는 옛날 가정생활로, 왕후도 친히 면류관 끈을 짰고, 공경(公卿)의 아내도 조복의 띠를 손수 만들었으니 서민에 이르기까지 길쌈하여 옷을 짓는 것은 여자의 일이었다.

성경에도 구약시대는 일부다처제였고, 신약시대에 일부일처제가 되었다. 여자들의 사회활동은 1차 산업혁명(1760~1830년경) 이후부터 자유로워졌다.

"네 헛된 평생의 모든 날…네가 사랑하는 아내와 함께 즐겁게 살지어다. 그것이 네가 평생 해 아래에서 수고하고 얻은 네 몫이니라.(전 9:9)."

(105) 紈扇圓潔 銀燭煒煌(환선원결 은촉휘황): 흰 비단으로 만든 부채는 둥글고 깨끗하며, 은 촛대의 불은 휘황찬란하다

- "흰깁紈, 부채扇, 둥글圓, 깨끗할潔, 은銀, 촛불燭, 빨간빛煒, 빛날煌"

"圓"이 어떤 판본에서는 "圜"이지만 둘 다 '둥글 원'으로 뜻은 같다.[364]

비단을 잘라 부채를 만드니 둥글고 깨끗하다. 潔은 唐本에 挈로 되어 있으나 잘못된 것이다.[365]

옛날에 섶을 묶어 촛불을 만들었고 후세에는 밀랍으로 만들었으니 그

巾帷房(첩어적방 시건유방).

364) 圜(둥글 원, 두를 환).

365) 裁紈爲扇 團圓潔白也 潔唐本作挈誤(재환위선 단원결백야 결당본작결오).

빛나는 것이 은과 같아서 은촉이라 하였고 휘황 역시 빛난다는 뜻이다.[366]

"솔로몬 왕이 레바논 나무로 자기의 가마를 만들었는데, 그 기둥은 은이요 바닥은 금이요 자리는 자색 깔개라. 그 안에는 예루살렘 딸들의 사랑이 엮어져 있구나(아 3:9~10)."

(106) 晝眠夕寐 藍筍象床(주면석매 남순상상): 낮에 졸고 저녁에 자니, 쪽빛 대나무 침상과 상아 장식 걸상이다

- "낮晝, 졸眠, 저녁夕, 잘寐, 쪽藍, 죽순筍, 코끼리象, 평상床"

낮에 자고 저녁에도 자는 것은 한가한 사람이 스스로 유유자적하는 일이다. 그런데 재아가 낮잠을 자니 공자가 비유컨대 '썩은 나무와 분토의 담장'이라 했으니 군자는 마땅히 일찍 일어나고 밤에 자야 한다.[367]

람이 람이어야 하듯, 남순은 대나무를 바구니로 엮어 가마를 만든 것이다. 상상은 안석이니 그 사이를 상아로 꾸민 것이다.[368]

"왕이 또 상아로 큰 보좌를 만들고 정금으로 입혔으니, 그 보좌에는 여섯 층계가 있고…또 열두 사자가 있어 그 여섯 층계 좌우편에 서 있으니 어느 나라에도 이같이 만든 것이 없었더라(왕상 10:18~20)."

썩은 나무는 조각할 수 없고 더러운 흙 담장은 손질할 수 없다(『논어(論

---

366) 古者 束薪爲燭 後世 用蠟燭 其光明如銀 故 曰銀燭 煇煌 亦光明之意(고자 속신위촉 후세 용랍촉 기광명여은 고 왈은촉 위황역광명지의).

367) 晝而眠 夕而寐 閒人自適之事 然 宰我晝寢 孔子比於朽木糞墻 君子惟當夙興而夜寐也(주이면 석이매 한인자적지사 연 재아주침 공자비어후목분장 군자유당숙흥이야매야).

368) 藍恐當作籃 藍筍 籠竹爲輿也 象牀案席 間以象骨飾之者(람공당작람 람순 롱죽위여야 상상안석 간이상골식지자).

語)』공야장편(公冶長篇)).³⁶⁹⁾

"철 연장이 무디어졌는데도 날을 갈지 않으면 힘이 더 드느니라. 오직 지혜는 성공하기에 유익하니라(전 10:10)."

(107) 絃歌酒讌 接杯擧觴(현가주연 접배거상): 거문고 타고 노래하는 술잔치에 잔을 들어 건배하며 술잔을 부딪친다

- "줄絃, 노래歌, 술酒, 잔치讌, 이을接, 잔杯, 들擧, 잔觴"

"絃"은 어떤 판본에 "弦"으로 되어 있다.

현악기와 노래를 번갈아 연주하는 것은 술을 권하는 것이고, 술잔을 번갈아 주는 것은 기쁨을 장식하며 즐기는 것이다.³⁷⁰⁾

기쁨은 무엇이며, 즐거움은 어떤 것인가? 생각하기에 달려 있지 아니한가.

"나는 생각한다. 고로 나는 존재한다(데카르트, René Descartes, 1596~1650, 프랑스 철학자)."

"사람이 무엇이기에 주께서 그를 생각하시며 인자가 무엇이기에 주께서 그를 돌보시나이까. 그를 하나님보다 조금 못하게 하시고 영화와 존귀로 관을 씌우셨나이다(시 8:4~5)."

영화와 존귀로 관이 씌워진 사람이 누구인가?

"이스라엘아, 너는 행복한 사람이로다. 여호와의 구원을 너 같이 얻은 백성이 누구냐. 그는 너를 돕는 방패요 네 영광의 칼이로다. 네 대적이 네

---

369) 朽木不可雕也 糞土之墻 不可圬也(후목불가조야 분토지장 불가오야).
370) 絃歌迭奏 所以侑酒也(현가질주 소이유주야), 杯觴交錯 所以飾歡也(배상교착 소이식환야).

게 복종하리니 네가 그들의 높은 곳을 밟으리로다(신 33:29)."

(108) 矯手頓足 悅豫且康(교수돈족 열예차강): 손을 들고 발을 구르니, 기쁘고 즐겁고 또 편안하다

- "들矯, 손手, 두드릴頓, 발足, 기쁠悅, 미리豫, 또且, 편안康"

교돈은 손으로 춤추며 발은 도약하는 모양이고, 현악기와 술잔과 노래와 춤으로 즐기며 기뻐하는 것은 편안한 까닭이다.[371]

"초장은 양 떼로 옷 입었고 골짜기는 곡식으로 덮였으매 그들이 다 즐거이 외치고 또 노래하나이다(시 65:13)."

"너희 의인들아 여호와를 기뻐하며 즐거워할지어다. 마음이 정직한 너희들아 다 즐거이 외칠지어다(시 32:11)."

(109) 嫡後嗣續 祭祀蒸嘗(적후사속 제사증상): 정실 맏이가 뒤를 이어 증제와 상제를 지낸다

- "정실嫡, 뒤後, 이을嗣, 이을續, 제사祭, 제사祀, 찔蒸, 맛볼嘗"

적후는 적장자 후계를, 사속은 그 대를 잇는 것을 말한다.[372]
제사의 예를 말한 것이니 다만 가을 상제, 겨울 증제, 봄 사제, 여름 체

---

371) 矯頓 手舞足蹈之貌(교돈 수무족도지모), 絃觴歌舞 所以悅豫而康樂也(현상가무 소이열예이강락야).
372) 嫡後嫡長之爲後者 嗣續繼其代也(적후적장지위후자 사속계기대야).

제도 또한 포함된 것이다.[373]

제사의 관습과 조상 제사

제사의 관습에는 두 가지가 있다. 첫째는 하늘에 드리는 것이요, 둘째는 조상에게 드리는 것이다.

중국의 제사 기원은 공자 이전, 제정일치 부족국가 하(夏) 왕조 때부터였다. 왕이 하늘에 제를 올렸는데, 상(商, 殷)나라와 진(秦)나라에 이어져 시황제(始皇帝, B.C. 259~B.C. 210)가 천제(天祭)를 드렸고, 그것이 왕가의 조상 제사로 발전되어 제후들에게 전해지고, 한(漢)나라 때 성행하였다. 조상 제사의 관습은 계급제도의 결과다.

그 후 송나라(南宋) 때 성리학(性理學)을 집대성한 주희(朱熹, 1130~1200)가 제사에 대한 이론을 정립하여 일반 백성에 확대되었다.

우리나라 최초의 부족국가 고조선(古朝鮮, B.C. 2333~B.C. 108) 왕의 천제 관습이 삼국시대에서 고려까지 이어졌다. 고려 말 성리학이 도입되면서 조상 제사가 활성화되었는데, 처음 양반 가문에서 부모 공경으로 하다가, 퇴계 이황(李滉, 1501~1570)이 성리학을 정립하면서 일반 백성에 성행하게 되었다.

사실 조상 제사는 죽은 자를 위한 것으로, 효도는 부모님이 살아 계실 때이지 돌아가신 뒤는 자기 위안일 뿐이고, 가정의 화목과 평안이 진정한 효도다.

---

373) 言祭祀之禮也 只擧秋嘗冬蒸而春祀夏禘 亦可包也(언제사지예야 지거추상동중이춘사하체 역기포야).

"마른 떡 한 조각만 있고도 화목한 것이 제육이 집에 가득하고 다투는 것보다 나으니라(잠 17:1)."

"산 자들은 죽을 줄을 알되 죽은 자들은 아무것도 모르며…그들의 사랑과 미움과 시기도 없어진 지 오래니 해 아래에서 행하는 모든 일 중에 그들에게 돌아갈 몫은 영원히 없느니라(전 9:5~6)."

"무릇 이방인이 제사하는 것은 귀신에게 하는 것이요 하나님께 제사하는 것이 아니니 나는 너희가 귀신과 교제하는 자가 되기를 원하지 아니하노라(고전 10:20)."

성경의 제사 제도

성경의 제사는 사람에게 아니라 하나님께 드리는 것이다. 레위기 1~7장에 다섯 가지 규례가 있는데, 이 모든 것이 사람의 죄를 사하기 위함이다.

인류 초기 아담의 아들(창 4:3~4), 족장들(아브라함, 이삭, 야곱)은 제단을 쌓아 드렸고(창 12:8, 26:25, 28:16~19), 출애굽 이후 모세가 제단을 쌓았는데(출 24:4), 가장 중요한 것은 하나님의 말씀을 따르는 것이었다(출 24:5~8).

모세가 광야에서 성막(회막)을 지었고, 후손들이 가나안에 입성, 왕정시대에 솔로몬이 예루살렘 시온에 성전을 세워(B.C. 957) 바벨론 느부갓네살이 훼파하였고(B.C. 586), 포로시대가 끝나 성전을 재건하여 주후 70년 로마의 티투스(Titus, 장군 39~78, 황제 79~81)가 무너뜨리기 전까지 성전에서 드렸다.

어떤 사람들이 성전을 가리켜 그 아름다운 돌과 헌물로 꾸민 것을 말하매 예수께서 이르시되, "너희 보는 이것들이 날이 이르면 돌 하나도 돌 위에 남지 않고 다 무너뜨려지리라(눅 21:5~6, 마 24:1~2, 막 13:1~2)".
"이 장막은 현재까지의 비유니 이에 따라 드리는 예물과 제사는 섬기는 자를 그 양심상 온전하게 할 수 없나니(히 9:9)."

구약의 제사 제도는 짐승의 피를 흘려 드리는 제사였다. 하지만 이제는 그리스도의 십자가 피로 모든 죄가 사하여져 짐승의 피 제사는 드릴 필요가 없어졌다.
"그리스도께서는 장래 좋은 일의 대제사장으로 오사 손으로 짓지 아니한 것…염소와 송아지의 피로 하지 아니하고 오직 자기의 피로 영원한 속죄를 이루사 단번에 성소에 들어가셨느니라(히 9:11~12)."
"새 언약이라 말씀하셨으매 첫 것은 낡아지는 것이니 낡아지고 쇠하는 것은 없어지는 것이라(히 8:13)."
"한번 죽는 것은 사람에게 정해진 것이요 그 후에는 심판이 있으리니, 이와 같이 그리스도도 많은 사람의 죄를 담당하시려고 단번에 드리신 바 되셨고 구원에 이르게 하기 위하여 죄와 상관없이 자기를 바라는 자들에게 두 번째 나타나시리라(히 9:27~28)."

이스라엘의 절기

기념일의 절기(節氣, season)는 축제(祝祭, festival, carnival)이다. 성경에 이스라엘의 유명한 절기 일곱이 있으니, 바로 여호와의 7절기(레 23장, 출 12, 23, 34장, 민 28~29장, 신 16장)이다.

여호와께서 모세에게 이르시되 "이스라엘 자손에게 말하여 이르라 이것이 나의 절기들이니 너희가 성회로 공포할 여호와의 절기들이니라(레 23:1~2)".

첫째, 유월절이다. 애굽의 종살이에서 해방된 날을 기념하는 이 절기는, 어린양이신 예수 그리스도의 희생으로 완성되었다(고전 5:7, 요 1:29).

둘째, 무교절이다. 무교병은 그리스도의 몸이요 참생명의 양식을 상징한다(요 6:48~55).

셋째, 초실절이다. 첫 열매는 잠자는 자들의 첫 열매가 되신 그리스도의 부활을 상징한다(고전 15:20).

넷째, 칠칠절(맥추절)이다. 초실절로부터 50(칠×칠+1)일이 되므로 오순절이며, 오순절 성령 강림으로 교회가 시작되었다(행 2장).

다섯째, 나팔절이다. 나팔 소리는 복음을 상징하며, 그리스도의 재림 때 천사들의 큰 나팔 소리를 말한다(마 24:30~31, 살전 4:16).

여섯째, 속죄일이다. 죄 사함은 그리스도 십자가의 대속으로 완성되었다. 그러므로 그리스도의 최후 심판 때(마 16:27)에 결코 정죄함이 없다(롬 8:1~2).

일곱째, 초막절이다. 해의 마지막 절기로 고난의 광야 생활을 생각하는 장막절(帳幕節)이며, 하나님의 보호와 인도하심을 감사하고 마지막 곡식을 거둬들이는 수장절(收藏節)이다. 이는 마지막 때 알곡을 천국 곳간으로 거둬들이는 추수를 상징한다(요 4:35~36, 계 14:15~6).

구약의 절기는 예수 그리스도의 사역으로 완성되었다. 그러므로 이제

더 이상 지킬 필요가 없다.

기독교의 절기는 새해 신년예배와 가족의 화목을 위한 명절예배와 사순절로 이어지는 부활절과 여름 열매를 수확하는 맥추감사, 성령강림절과 추수감사와 성탄절과 송구영신 예배다.

(110) 稽顙再拜 悚懼恐惶(계상재배 송구공황): 이마를 조아려 다시 절하되, 두렵고 두려워하여 공경이 지극하다

- "조아릴稽, 이마顙, 다시再, 절拜, 두려울悚, 두려울懼, 두려울恐, 두려울惶"

적장자가 대를 이어 제사의 예를 다하는 모습을 보여 주고 있다.

의식의 절차(禮數)가 부지런하고 엄숙하고 공경함이 지극하다.[374]

禮數(예수)는 주인과 손님이 서로 만나 하는 인사와, 신분에 따라 각기 알맞은 예우와 격식으로, 예의와 예절을 아우르는 말이다.[375]

예로부터 부모에 대한 공경은 엄하였고, 최선을 다하였다.

"네 부모를 즐겁게 하며 너를 낳은 어미를 기쁘게 하라. 내 아들아 네 마음을 내게 주며 네 눈으로 내 길을 즐거워할지어다(잠 23:25~26)."

옛 시대는 장자가 그 가문(家門)의 대를 잇고 상속도 가장 많았으나, 지금은 남녀 구분 없이 모든 자녀는 동등한 권리를 갖는다. 이스라엘의 기업제도가 바로 그런 권리를 가졌다.

여호와께서 모세에게 이르시되 "슬로브핫 딸들의 말이 옳으니 너는…

---

374) 禮數之勤也 嚴敬之至也(예수지근야 엄경지지야).
375) 예의(禮儀)는 몸가짐과 말투고, 예절(禮節)은 절차와 순서 즉 규칙과 관습의 체계다.

그들의 아버지의 기업을 그들에게 돌릴지니라(민 27:6~7)".

(111) 牋牒簡要 顧答審詳(전첩간요 고답심상): 편지는 요점을 간추려 전하고, 묻고 답하는 것은 자세히 살펴서 한다

- "편지牋, 편지牒, 대쪽簡, 중요要, 돌아볼顧, 대답答, 살필審, 자세할詳"

윗사람에게 올리는 것(啓上)은 전(牋)이요, 대등한 관계의 서찰은 첩(牒)이니 그 글은 엄하여 중요하고 절실히 한다.[376]

안부를 서로 묻는 것은 고(顧)이며, 다시 알리는 것은 답이니 살펴 분별하여 자세하게 밝힌다.[377]

"형제들아, 너희는 선을 행하다가 낙심하지 말라. 누가 이 편지에 한 우리말을 순종하지 아니하거든…그러나 원수 같이 생각하지 말고 형제 같이 권면하라(살후 3:13~15)."

(112) 骸垢想浴 執熱願凉(해구상욕 집열원량): 몸에 때가 있으면 목욕을 생각하고, 더운 것을 잡으면 서늘한 것을 원한다

- "몸·뼈骸, 때垢, 생각想, 목욕浴, 잡을執, 더울熱, 바랄願, 서늘할凉"

몸에 때가 있으면 반드시 씻기를 생각하고, 손에 뜨거운 것을 잡으면 반

---

376) 啓上曰牋 平等曰牒 欲其簡嚴而要切也 (계상왈전 평등왈첩 욕기간엄이요절야).
377) 通問曰顧 報覆曰答 欲其審辨而詳明也 (통문왈고 보복왈답 욕기심변이상명야).

드시 시원한 것을 찾는다.[378]

『예기』 내칙에 이르기를 무릇 안과 밖의 사람은 첫닭이 울면 모두 대야에 씻고, 양치하고 옷을 입고 잠자리를 정돈하고 집 마루, 뜰에 물을 뿌려 청소한 다음 자리를 펴 놓고 각기 자기 일에 종사한다.[379]

"범사에 네 자신이 선한 일의 본을 보이며 교훈에 부패하지 아니함과 단정함과, 책망할 것이 없는 바른 말을 하게 하라…(딛 2:7~8)."

"오직 너 하나님의 사람아, 이것들을 피하고 의와 경건과 믿음과 사랑과 인내와 온유를 따르며, 믿음의 선한 싸움을 싸우라. 영생을 취하라. 이를 위하여 네가 부르심을 받았고 많은 증인 앞에서 선한 증언을 하였도다(딤전 6:11~12)."

---

378) 體有垢 卽必思澡浴 手執熱 卽必求淸凉(체유구 즉필사조욕 수집열 즉필구청량).

379) 禮記內則曰 凡內外 鷄初鳴 咸盥漱 衣服斂枕簟 灑掃室堂及庭 布席 各從其事(범내외 계초명 함관수 의복렴침점 쇄소실당급정 포석 각종기사).

제12장

시대에 뛰어난 인재들

> **회고(回顧), 인생을 돌아보다**
> **(113)~(118) 6문장 48자**
>
> 이 장은 인생을 회고하며, 한 시대를 풍미한 인재들의 삶을 다루고 있다. 뛰어난 재주로 세상을 놀라게 하고 풍속을 이롭게 한 기인들의 아름다움과 젊음도 한때이니, 군자는 내면의 덕이 참됨을 은연중 강조하고 있다. 인사만사[380] 국태민안에 사회가 발전하고 문예부흥이 일어난다.

(113) 驢騾犢特 駭躍超驤(여라독특 해약초양): 나귀와 노새와 송아지가 특히 놀라 뛰며 달린다

- "나귀驢, 노새騾, 송아지犢, 특히特, 놀랄駭, 뛸躍, 넘을超, 달릴驤"

말하기를 "시대가 평화로워 백성들은 부요하고, 가축을 기르니 번성한

---

380) 인사만사(人事萬事)는 『논어(論語)』 위정편에서 나온 말이다. 노나라 애왕이 공자에게 "어떻게 하면 백성이 복종하겠습니까(何爲則民服, 하위즉민복)?" "곧고 바르면 등용하고 못한 자를 버리면 백성이 따르고(擧直措儲枉 則民服, 거직조저왕 즉민복), 못한 자를 등용하고 곧은 사람을 버리면 백성이 복종하지 않습니다(擧枉措儲直 則民不服, 거왕조저직 즉민불복)." 또 『논어』 위령공편에 "군자는 말하는 것을 보고 사람을 등용하지 않는다(君子 不以言擧人)"고 하였다.

다".³⁸¹⁾

해약은 놀라 뛰어나와 달리는 모양이고 초양은 분주하게 뛰어 다니는 상태다.³⁸²⁾

"이삭이 그 땅에서 농사하여 그해에 백 배나 얻었고…창대하고 왕성하여 마침내 거부가 되어…종이 심히 많으므로…(창 26:12~14)."

"요셉이 애굽 왕 바로 앞에 설 때에 삼십 세라…요셉이 애굽 땅에 있는 그 칠 년 곡물을 거두어 각 성에 저장하되…그 성읍 중에 쌓아 두매…그 수가 한이 없음이라(창 41:46~49)."

(114) 誅斬賊盜 捕獲叛亡(주참적도 포획반망): 도적을 베어 없애고 배반자와 도망자를 포획한다

- "벨誅, 벨斬, 도적賊, 도적盜, 잡을捕, 얻을獲, 배반叛, 도망亡"

잔적과 절도가 있으면 죄를 성토하여 머리를 베고, 배반자나 도망자는 사로잡아 법을 바로잡는다.³⁸³⁾

도적과 배반자는 민심을 분열시키고 나라를 위태롭게 하니 엄벌로 다스린다. 한 사람의 벌로 만인의 경계가 되게 한다(一罰百戒, 일벌백계).

여호수아가 아간을 잡아 훔친 은과 외투와 금덩이와 그에게 속한 모든 것을 아골 골짜기로 끌고 가서 그를 돌로 치고 그 위에 돌무더기를 쌓고

---

381) 言 時平民富 畜養蕃盛也(언 시평민부 축양번성야).
382) 骸躍放逸驚跳之貌 超驤奔走騰踏之狀(해약방일경도지모 초양분주도답지상).
383) 有殘賊竊盜者 則聲罪而斷首, 有叛負亡逸者 則擒獲而正法(유잔적절도자 즉성죄이단수, 유반부망일자 즉금획이정법).

그곳 이름을 아골 골짜기라 불렀다(수 7:24~26).

(115) 布射僚丸 嵇琴阮嘯(포사료환 혜금완소): 여포는 활쏘기, 웅의료는 탄환 던지기, 혜강은 거문고, 완적은 휘파람을 잘 불었다
- "베布, 쏠射, 동료僚, 알丸, 이름嵇, 거문고琴, 이름阮, 휘파람嘯"

한나라 여포는 활과 창으로 작은 가지 가운데를 맞춰 소열을 원술 병사에서 풀었고, 초나라 웅의료는 세 개의 구슬을 손에 들고 번갈아 돌리면서 떨어뜨리지 않았다. "료(僚)"는 속본에 "요(遼)"로 썼으나 오자다.[384]

위나라 혜강(嵇康, 죽림칠현)은 거문고를 잘 타서 광릉산(廣陵散) 한 곡조가 당대 절묘했고, 완적은 휘파람을 잘 불어 일찍이 소문산 손등(孫登)을 만났다. 산에 소대가 있는 것은 즉 손 씨와 완 씨가 휘파람 불던 곳이다.[385]

이스라엘이 싸울 때, 블레셋 거인족 아들 중 이스비브놉은 삼백 세겔의 놋 창과 새 칼을 찼고 가드 사람 골리앗의 아우 라흐미는 창 자루가 베틀채 같았으나, 다윗과 부하들이 모두 이겼다(삼하 21:15~22).

---

384) 漢呂布射戟 中小枝 解昭烈袁術兵 楚熊宜僚 弄三丸 以手遞承 旋轉不墜 僚欲本作遼誤也(한여포사극 중소지 해소열원술병 초웅의료 농삼환 이수체승 선전불추 료욕본작요오야). 소열(昭烈, 161~223)은 한 황제 유비(劉備)다.

385) 魏嵇康 善琴 廣陵散一曲 妙絶當時 阮籍 善嘯 嘗遇孫登於蘇文山 山有嘯臺 卽孫阮嘯處(위혜강 선금 광릉산일곡 묘절당시 완적 선소 상우손등어소문산 산유소대 즉손완소처).

(116) 恬筆倫紙 鈞巧任釣(염필륜지 균교임조): 몽염은 붓을, 채륜은 종이를, 마균은 기교가 뛰어났고 임공자는 낚시 바늘과 대를 만들었다
- "편안할恬, 붓筆, 인륜倫, 종이紙, 고를鈞, 공교할巧, 맡길任, 낚시釣"

옛날에 대나무를 깎아 책을 만들고 옻칠에 그어서 글을 쓰니, 진(秦)의 몽염이 토끼털 붓과 소나무를 태운 먹을 만들었고, 후한의 환관 채륜은 닥나무 껍질과 헌솜을 사용해 종이를 만들었다.[386]

위(魏)의 마균은 교묘한 생각으로 지남거를 만들어 수레에 나무모형 손가락을 남향하고, 전국시대 임공자는 백균(百鈞)의 갈고리(낚시)를 만들어 동해에 드리워 큰 물고기를 잡았다.[387]

모세가 신의 감동으로 지혜를 얻은 유다 지파 브살렐과 단 지파 오홀리압을 부르니 조각과 세공과 일과 여러 가지 정교한 일을 고안하였다(출 35:30~35).

(117) 釋紛利俗 竝皆佳妙(석분리속 병개가묘): 얽힌 것을 풀어 세상을 이롭게 하니, 모두가 아름답고 기묘한 것들이다
- "풀釋, 어지러울紛, 이로울利, 풍속俗, 아우를竝, 다皆, 아름다울佳, 묘할妙"

앞의 여덟 사람의 기술과 솜씨는 단단히 장단과 득실이 있었으니 요약

---

[386] 古者 削竹爲冊 畵漆而書 秦蒙恬 始造兔毫筆 松煙墨 後漢宦者蔡倫 始用楮皮敗絮 爲紙(고자 삭죽위책 화칠이서 진몽염 시조토호필 송연묵 후한환자채륜 시용저피패서 위지).

[387] 魏馬鈞 有巧思 造指南車 車有木人 指必向南 戰國任公子 爲百鈞之鈎 垂竿東海 釣巨魚(위마균 유교사 조지남거 거유목인 지필향남 전국임공자 위백균지구 수간동해 조거어). 1鈞은 30斤.

하면 모두가 번잡함을 풀어내고 세속을 이롭게 하였던 것이다. 그 기술이 모두 아름다움을 말한다.[388]

백성들이 자원하여 예물을 드리니 넉넉하였고, 지혜로운 모든 사람들의 기술로 성막과 기구를 아름답게 만들었다(출 36~39장).

(118) 毛施淑姿 工嚬姸笑(모시숙자 공빈연소): 모(毛)와 시(施)는 자태가 아름다워 찡그리는 모습도 공교하고 웃는 모습도 고왔다

- "털毛, 베풀施, 맑을淑, 모습姿, 장인工, 찡그릴嚬, 고울姸, 웃음笑"

모시(毛施)는 모장(毛嬙)과 서시(西施)를 말하고, 숙자(淑姿)는 숙녀의 얌전한 자세, 아름다운 멋을 뜻한다.[389]

중국과 성경의 미녀

모장(毛嬙)은 춘추시대 오나라의 일색(一色)으로 훗날 월왕(越王) 구천(句踐)의 애첩이 되었다. **서시(西施)**는 절세미녀(絶世美女)로 월나라 구천이 오(吳)나라 부차(夫差)와 전쟁에 패배하자 구천의 참모 범려의 전략에 의해 오나라에 보내졌다. 서시에게 빠진 부차는 월나라를 끝까지 멸해

---

388) 上文八字 技術之巧 固有長短得失 而要之皆能釋紛而利俗也. 言其技術俱佳美也(상문팔자 기술지교 고유장단득실 이요지개능석분이리속야. 언기기술구가미야).

389) 모장과 서시는 모두 옛 미인으로 그 아름다운 모습이 세상에 뛰어났음을 말한다. 아름다운 자태가 세상에 뛰어났으니 근심하여 찡그려도 기뻐 웃듯 모두 아름다웠다(毛嬙西施 皆古之美女 言其美姿絶世也 美姿絶世 故 愁而嚬 喜而笑 皆美, 모장서시 개고지미녀 언기미자절세야 미자절세 고 수이빈 희이소 개미).

야 한다고 주장하던 오자서를 죽이고 주색(酒色)에 빠져 안일방심하다 결국 국력을 키운 월나라에 패망했다.

장자를 비롯한 사상가들은 서시를 좋게 보지 않았다. 이는 나라를 망하게 한 경국지색(傾國之色) 외에도 '효빈(效顰)' 민담에서 잘 보여 준다.

춘추시대 말 월나라 절세미녀 서시(西施)는 가슴앓이 병이 있어 언제나 미간을 찌푸렸는데, 워낙 아름다운지라 그 표정마저 고왔다. 그런데 이웃 마을의 추녀 동시(東施)가 그 모습을 보고 자기도 가슴에 손을 대고 미간을 찡그리며 마을을 돌아다녔더니, 마을 사람들이 모두 기겁하여 부유한 사람은 집으로 들어가 나오지 않았고 가난한 사람은 가족을 데리고 다른 마을로 이사를 갔다는 우스운 이야기다(『장자(莊子)』 천운편(天運篇)).

고사성어 '서시빈목(西施顰目)'과 '빈축(嚬蹙)'의 단어가 여기서 생겼다. 엄밀히 따지면 분수를 모르고 서시를 따라 한 동시의 잘못도 있지만, 서시가 그 빌미를 주었기 때문에 근본은 그녀의 잘못이라는 것이다. 빈축(嚬蹙)은 눈살을 찌푸리게 하는, 빈축을 사다(상대방의 미간을 찌푸리게 하다)의 뜻이다.

중국의 4대 미녀는 서시, 왕소군, 초선, 양귀비다.

여기서 사자성어 '침어낙안(沈魚落雁)'과 '폐월수화(閉月羞花)'가 생겼다.[390]

침어(沈魚)는 월나라(越國, B.C. 6세기~B.C. 306) 미녀 서시(西施)가 강가로 나가면 물고기가 그 아름다운 미모에 헤엄치기를 잊고 가라앉았으

---

390) 물고기는 부끄러워 물속에 숨고 기러기는 넋을 잃고 바라보다가 떨어졌고, 달은 부끄러워 구름 뒤로 감추고 꽃도 부끄러워 고개 숙였다.

며, 낙안(落雁)은 한나라 원제(元帝, B.C. 76~B.C. 33)가 흉노를 달래고자 미녀 왕소군(王昭君)이 흉노의 호한야선우(呼韓邪單于)와 정략결혼으로 궁을 떠날 때, 그 심정을 담아 비파를 연주하자 날아가는 기러기들이 날 갯짓을 잊고 떨어진 것을 말한다.

폐월(閉月)은 한나라 헌제(獻帝, 181~234) 때 대신 왕윤(王允, 137~192)의 수양딸 초선이 밤에 달을 보고 있는데 구름 한 조각이 달을 가리자 "달도 내 딸과 비교할 수 없구나. 너의 아름다움을 보고 부끄러워 구름 뒤로 숨었으니" 하였고, 수화(羞花)는 절세미모에 총명하기까지 한 양귀비(楊貴妃, 719~756)가 정원에서 꽃구경을 하며 꽃을 쓰다듬자 그 꽃이 부끄러워 시들어 버렸다는 것이다.

사람들은 아리따움을 꽃으로 비유한다.

"그러므로 모든 육체는 풀과 같고 그 모든 영광은 풀의 꽃과 같으니 풀은 마르고 꽃은 떨어지되, 오직 주의 말씀은 세세토록 있도다 하였으니 너희에게 전한 복음이 곧 이 말씀이라(벧전 1:24~25; 사 40:6~8)."

성경의 7대 미녀(아홉 여인)는 다음과 같다.

① 다윗의 시중 아비삭(왕상 1:4).
② 애국황후 에스더(에 2:3).
③ 아브라함의 아내 사라(창 12:14).
④ 우리아의 아내 밧세바(삼하 11:2).
⑤ 야곱의 아내 라헬(창 29:16~17).
⑥ 이삭의 아내 리브가(창 24:16).

㉗ 욥의 세 딸(욥 42:14~15).

동심초와 설도의 춘망사

동심초(同心草)[391]는 풀인가, 꽃인가, 사람인가?

　동심초 노래시는 당나라 최고의 여류 시인 설도(薛濤, 字: 洪度(홍도), 약 767~832)의 「춘망사」 4수 중 제3수에 나온다.

제1수(봄)

　꽃이 피어도 함께 즐길(감상할) 이 없고

　꽃이 져도 함께 슬퍼할 이 없네

　묻노니, 서로 생각해 줄 이 어디에 있나

　꽃이 피고 지는 이 시기에.[392]

제2수(여름)

　그리운 마음에 풀잎 따서 붙이며

　내 마음 알아 줄 임에게 보내려니

---

391) 동심초 노래시는 1934년 김억(金億, 1896~납북)이 시집 『망우초(忘憂草)』에 동심초로 번역, 1945년 김안서의 역시(譯詩)를 김성태가 작곡하여 많은 가수들이 불렀고, 1955년 『한국가곡집』에 수록되었다. 이 한시 제목으로 1959년 KBS 라디오 일요드라마(방송극, 주제곡 권혜경)으로 큰 인기를 얻어 1959년, 1980년 영화로도 방영되었다. 설도는 평생 결혼하지 않고 500여 수의 시를 남겼다. 중국 쓰촨성(四川省, 사천성) 청두(成都, 촉한의 수도) 망강루공원(望江樓公園)에 그녀의 묘(墓)가 있다.

392) 花開不同賞(화개불동상) 花落不同悲(화락불동비) 欲問相思處(욕문상사처) 花開花落時(화개화락시).

봄에 임 소식(수심)이 마침 끊어져
봄의 새가 다시 와서 슬피 우네.³⁹³⁾

제3수(가을)

꽃은 바람에 나날이 시들고
만날 기약은 아직도 아득해
마음과 마음은 맺지 못하고
헛되이 풀잎만 맺으려 하네.³⁹⁴⁾

제4수(겨울)

어찌 견디리 꽃 핀 나뭇가지
사모하는 이 마음 괴로워라
눈물이 아침 거울에 떨어지니
봄바람은 (내 마음을) 아는지 모르는지.³⁹⁵⁾

이 시에서 사계(四季)는 시인의 정서, 계절의 감흥을 뜻하고 있다.

"동심초(同心草)"는 풀이나 꽃이 아니다. "동심(同心)"은 '한마음'으로, "동심결(同心結)"은 '한마음으로 맺다'는 의미고, "결동심인(結同心人)"은

---

393) 攬結草同心(남결초동심) 將以遺知音(장이유지음) 春愁正斷絶(춘수정단절) 春鳥復哀吟(춘조복애음).
394) 風花日將老(풍화일장노) 佳期猶渺渺(가기유묘묘) 不結同心人(불결동심인) 空結同心草(공결동심초).
395) 那堪花滿枝(나감화만지) 翻作兩相思(번작양상사) 玉筯垂朝鏡(옥저수조경) 春風知不知(춘풍지불지).

'마음을 맺는 사람들'을 말한다.

설도는 유명한 꽃 편지지 제작자였다. 그녀는 흰 종이에 꽃이나 풀잎으로 무늬를 놓아 유명 인사들에게 선물로 주었는데, 이를 설도전(薛濤箋)이라 불렀다. 동심초(同心草)는 연애편지(Love Letter)다. 제3수 2행(원어)의 가기(佳期)는 사랑을 처음 알게 된 시절, 첫사랑의 만남을 뜻한다 (초련, 初戀).

인류 최초의 서정시

독일의 괴테(Goethe, 1749~1832)는 인류 최초의 서정시를 아담의 시라 하고, '가장 아름다운 연애시'로 정의했다.

"이는 내 뼈 중의 뼈요
살 중의 살이라.
이것을 남자에게서 취하였은즉
여자라 부르리라."

- 창 2:2

"나와 당신은 한 몸이다"라는 표현은 조건 없는 사랑(αγάπη, 아가페)을 말한다. 사랑은 인생의 시작이요, 끝이다. 모든 것이 사랑으로 이루어져야 아름다운 것이다. 우리가 자연을 보고 아름답게 느끼는 것도 사랑하기 때문이다.

우리나라 최초의 서정시는 유리왕(琉璃王, B.C. 약 38~18)의 「황조가(黃鳥歌)」다. 이 시의 배경 이야기는 다음과 같다.

"유리왕 3년…겨울 10월 왕비 송씨가 죽자 새로 두 여자를 후취로 삼았는데, 한 사람은 화희로 골천 사람의 딸이고 다른 한 사람은 치희로 한나라 사람의 딸이다. 두 여자는 서로 마음을 얻으려고 다투어서 화목하지 못했다. 왕은 양곡에 동과 서로 두 개의 궁을 지어 각각 머물게 하였다. 나중에 왕이 기산으로 사냥을 떠나 7일 동안 오지 않을 때, 두 여인이 다투다가 화희가 치희에게 "너는 한나라 집의 천한 첩으로 어찌 무례함이 심하냐고 모욕하였다. 이에 치희는 부끄럽고 한스러워 돌아가 버렸다. 왕이 소식을 듣고 말을 몰아 쫓아갔으나 치희는 화를 내고 돌아오지 않았다. 왕이 나무 밑에서 휴식을 취하다가 꾀꼬리가 모여드는 것을 보고 느끼는 바 있어 노래를 불렀다."

- 『삼국사기(三國史記)』 고구려본기1 유리왕편[396]

펄펄 나는 저 꾀꼬리(翩翩黃鳥, 편편황조)

암수 서로 정답구나(雌雄相依, 자웅상의)

---

396) (유리왕)三年…冬十月 王妃松氏薨 王更娶二女以繼室 一曰禾姬 川人之女也 一曰雉姬 漢人之女也 二女爭寵不相和 王於 谷 造東西二宮 各置之後 王田於箕山 七日不返 二女爭鬪 禾姬罵雉姬曰 汝漢家婢妾 何無禮之甚乎 雉姬慙恨亡歸 王聞之 策馬追之 雉姬怒不還 王嘗息樹下 見黃鳥飛集 乃感而歌曰 翩翩黃鳥 雌雄相依 念我之獨 誰其與歸(삼년…동십월 왕비송씨훙 왕갱취이여이계실 일왈화희 골천인지여야 일왈치희 한인지여야 이여쟁총 불상화 왕어양곡조동서이궁 각치지후 왕전어기산 칠일불반 이여쟁투 화희매치희왈 여한가비첩 하무예지심호 치희참한망귀 왕문지 책마추지 치희노불환 왕상식수하 견황조비집 내감이가왈 편편황조 자웅상의 념아지독 수기여귀).

외로워라 이내 몸은(念我之獨, 염아지독)
뉘와 함께 돌아갈까(誰其與歸, 수기여귀).

이별 상황에서 겪는 슬픔과 그것을 감내하는 안타까운 심정을 노래한 고려가요 「가시리」는 김소월의 「진달래꽃」과 그 의미가 비슷하다.[397]

그리스 사포(Σαπφώ, B.C. 630~B.C. 570)는 최초의 여류 시인이다. 알렉산드리아 학자들이 그녀의 시를 9권으로 편찬하였으나, 중세 암흑기에 「쌍화점」, 「만전춘」 같은 남녀상열지사로 여겨 불태워져 현재 213편이 남았다.

그대는 한 송이 히아신스
목동의 발굽에 마구 밟혀도
흙 속에서 자주 꽃 피워 내는
그대는 한 송이 히아신스.

저녁의 별빛은
눈부신 아침빛이
사방에 흩어 놓은 것을
제 자리로 돌려준다.
양을 돌려주고

---

397) 가시리 가시리잇고 나는, 버리고 가시리잇고 나는(1연) 잡스와두어리마ᄂᆞ는, 션ᄒᆞ면 아니 올셰라(2연) 셜온 님 보내옵나니 나는 가시는 듯 도셔 오쇼셔 나는(3연). 위 증즐가 대평셩ᄃᆡ 大平盛大(각 연의 끝 후렴). 작자 미상, 『시용향악보(時用鄉樂譜)』

염소도 돌려주고
귀여운 아이도 또한
엄마 품으로 돌려준다.

높은 나뭇가지에 매달려 그 끝에 매달려
과일 따는 이가 잊고 가 버린
아니, 잊고 간 것이 아니라
따기 어려워 남겨 놓은, 그대는 빨간 사과.

- 사포

독일의 시인 하이네(Heine, 1797~1856. 유대계)는 문학평론가요, 기자였다. 신랄한 풍자와 비판의식, 사랑과 허무주의 경향의 시와 사설을 남겼으며, 독일 정부의 미움을 받아 추방되기도 하였다. 괴테와 함께 널리 알려진 시인이다.

너는 한 송이 꽃과도 같이
그토록 예쁘고 맑고 고와라
너를 바라보고 있노라면
서러움이 가슴에 스며드네.

하나님이 너를 언제나 이대로
맑고 곱고 귀엽게 지켜주시길
너의 머리에 두 손을 얹고

나는 빌고만 싶어지구나.

- 하이네

임에 대한 간절한 마음이 담긴 노래는 조선 중기의 기녀(妓女) 황진이(黃眞伊, 약 1505~1567)의 우리글 언문(諺文)[398] 시에서 볼 수 있다. "소리를 글로 나타내니 만물의 뜻이 통한다."[399]

동지ㅅ달 기나긴 밤을 한 허리를 버혀 내여
춘풍 니불 아레 서리서리 너헛다가
어론 님오신 날 밤이여든 구뷔구뷔 펴리라.

- 『청구영언』 등

이 아름다운 순우리말(한글) 시조를 조선 후기 관악 출신 문인 신위(申緯, 호: 자하(紫霞), 1769~1845)가 없어져 가는 악부를 보존하려고 시조 40수를 한시로 번역하여 소악부(小樂府)를 편집했는데 그 하나가 7언 절

---

398) 언문(諺文)은 훈민정음을 낮추어 부른 것이라 하나, 『세종실록』 권102에 "상친제언문이십팔자(上親製諺文二十八字)"로 한글을 한자로 표기한 것이다. 우리말이 '한글'로 불린 것은 1910년 이후다(1908년 주시경 선생과 학자들이 '국어연구학회' 창립, 1911년 '배달말글 음(조선언문회)', 1913년 '한글모', 1921년 '조선어연구회'로 변경. 세종대왕과 학자들은 나랏말(國語) 정음(正音, 바른 소리)으로 불렀다. 이에 훈민정음 사용을 반대한 집현전의 부제학 최만리(崔萬理, 약 1380~1445)와 사대주의(事大主義) 학자들이 한글을 낮추어 언문(諺文), 반절(反切)이라 했다는 것은 잘못 알려진 것이다. 한문을 한글로 풀이한 것이 언해(諺解)이며, 최세진(崔世珍, 1468~1542)의 『훈몽자회(訓蒙字會)』에서 "언문 자모는 소위 반절이라(諺文字母所謂反切)" 하였으니, 언문(諺文)과 음절 표시의 반절(反切)은 낮추는 말이 아니라 그 시대에 쓰던 말이었다.

399) 옛사람이 소리를 따라 글자를 만들어 만물의 뜻을 통하게 하고(所以古人因聲制字 以通萬物之情, 소이고인인성제자 이통만물지정). 『훈민정음 해례』 정인지 서문.

구 「동지영야(冬之永夜)」이다.[400]

황진이는 어린 시절부터 『천자문』과 사서삼경을 익히고 빼어난 미모로 시, 서예, 음악에도 재능을 보였으며 기생이 되어 평탄치 않은 생애를 보냈으나, 조선 최고의 여류시인으로 시조 문학의 수준을 높여 후세에 길이 남겼다.

산은 옛산이로되 물은 옛물이 아니로다
주야로 흐르나니 옛물이 있을쏘냐
인걸도 물과 같아야 가고 아니 오노메라.

- 황진이, 『청구영언』 등

청산리(靑山裏) 벽계수야 수이감을 자랑마라
일도창해(一到滄海) ᄒᆞ면 도라오기 어려오니
명월(明月)이 ᄒᆞ니 수여 간들 엇더리.[401]

- 황진이, 『해동가요』 등

이 시조는 중의적 표현으로 유명하다. 겉으로는 자연을 노래하듯 하지만, 속으로는 세종의 증손 벽계수(碧溪水) 이종숙(李終叔, 호: 벽계, 약

---

400) 冬之永夜(동지영야, 겨울의 긴 밤) 截取冬之夜半强(절취동지야반강, 겨울의 밤을 절반 넘게 잘라서) 春風被裏屈幡藏(춘풍피리굴번장, 춘풍 이불에 구부려 감춰 두었다) 有燈無月郞來夕(유등무월랑래석, 달 없는 밤 님 오시는 등불에) 曲曲鋪舒寸寸長(곡곡포서촌촌장, 차곡차곡 꺼내 굽이굽이 길게 펴리라). 황진이, 『자하시집(紫霞詩集)』.

401) 靑山裡碧溪水 莫誇易移去(청산리벽계수 막과이이거) 到滄海不復還(일도창해부부환) 明月滿空山 暫休且去若何(명월만공산 잠휴차거약하). 황진이, 『자하시집(紫霞詩集)』.

1508~1578)을 유혹하는 뜻으로 지었다. 명월은 황진이의 기명(妓名)이고, 벽계수는 세종의 17째 아들 영해군 안도공 이당(李瑭)의 손자다.

황진이는 많은 시인묵객(詩人墨客)들을 만나 시를 읊으며, 임을 향한 일편단심을 노래하였다.

연정가(戀情歌)

청산은 내 뜻이오 녹수눈 님의 정이라
녹수야 흘러간들 청산이야 변홀손가
녹수도 청산을 못 니져 우러 예어 가눈다.

- 황진이,『대동풍아(大東風雅)』,『근화악부』등

조선시대 여류시인은 기녀 황진이(黃眞伊, 약 1506~1567)를 비롯하여 신사임당(申師任堂, 1504~1551), 허난설헌(許蘭雪軒, 1563~1589), 기녀 이매창(李梅窓, 1573~1610), 김호연재(金浩然齋, 1681~1722), 김부용(金芙蓉, 약 1800~1860) 등이 있다. 이들의 뛰어난 작품들이 많다.

다음 시는 신사임당이 늙으신 어머니를 강릉에 두고 한양 길을 가며 지은「대관령을 넘어 친정을 바라보며(踰大關嶺望親庭, 유대관령망친정)」이다.

흰머리 어머니 임영에 계시는데
이 몸 홀로 장안을 가는 심정이여.
머리 돌려 때때로 북평을 바라보니

흰 구름 나는 아래 저녁 산이 푸르네.[402]

- 신사임당

허난설헌(본명: 초희, 아명: 옥혜)은 조선의 뛰어난 예술가로, 시대를 잘 못 만나 재능을 마음껏 피워 보지 못하고 27세의 안타까운 나이로 세상을 떠났다.

한글소설 『홍길동전(洪吉童傳)』을 지은 허균(許筠, 1569~1618)의 누이인 그녀는 조선이 아닌 중국에서 인기를 끌었다. 중국의 국립도서관에 소장된 『조선시선』[403]에 허난설헌의 시가 수록되어 있는데, 그녀의 글이 가장 많은 분량을 차지하고 있다. 또 베이징대학 조선어학과 정규과목 한 학기 강의가 허난설헌의 작품으로, 그녀의 시를 높이 평가하고 있다.

그녀는 어려서부터 신동 소리를 듣고 자랐다. 4세 때 『천자문』을 읽었고 가족 모두 재능이 있어, 아버지 허엽(許曄, 1517~1580)은 아들과 딸을 차별하지 않았다. 그 덕분에 그녀는 천재성을 발휘하였다. 오라버니 허성(許筬), 허봉(許)도 관직에 올라 명망을 얻었고, 동생 허균도 어릴 때부터 뛰어난 문사의 기질로 촉망받았다. 그래서 모두 이 집안을 부러워했고 3허(三許)니 4허(四許)니 하며 명인 가문으로 손꼽았다. 의관(醫官) 허준(許浚, 1539~1615)은 11촌 아저씨다.

하지만 그녀의 불행은 혼인 이후 시작되었다. 남편 김성립의 방탕은 멈출 줄 몰랐고 행복하던 친정집에 환란은 연이어 일어났다. 관직에 있던

---

402) 慈親鶴髮在臨瀛(자친학발재임영)身向長安獨去情(신향장안독거정) 回首北坪時一望(회수북평시일망) 白雲飛下暮山靑(백운비하모산청).

403) 『조선시선』은 명(明)나라 때 시집으로 신라의 최치원부터 조선시대까지 뛰어난 인물들의 시가 수록되어 있다.

아버지는 상주에서 객사하였고, 어린 자식들은 잇달아 세상을 떠나고 오라버니 허봉은 이이의 잘못을 탄핵하다가 갑산으로 귀양 가서 2년 뒤 풀려났으나, 금강산 등지로 방랑하며 세월을 보내다 병들어 객사했다. 이런 슬픔과 외로움에 가슴이 메어, 병으로 27세에 요절(夭折)하였다. 강릉 허난설헌공원에 허균을 비롯한 허씨 5문장의 시비(詩碑)가 있다. 다음의 시는 「규방원망(閨怨, 규원)」 중 1수다.

비단 띠 엷은 치마 눈물흔적 얼룩져
한 해살이 향기 풀도 왕손을 원망하네.
옥 악기 강남곡을 아무리 튕겨 봐도
배꽃은 비에 젖어 한낮의 문 닫혀 있네.[404]

- 허난설헌

이매창(본명 향금(香今))은 부안(扶安)의 기녀로 한시와 가무, 악기에 다재다능하였다. 작품으로 가사와 한시 70여 수와 금석문(金石文)이 있으나 『매창집』은 현존하지 않는다.

이화우 흣뿌릴 제 울며 잡고 이별한 님
추풍낙엽에 저도 날 생각난가
천리에 외로운 꿈만 오락가락 하노라.

- 이매창, 『가곡원류』

---

404) 錦帶羅裙積淚痕(금대라군적루흔) 一年芳草恨王孫(일년방초한왕손) 箏彈盡江南曲(요쟁탄진강남곡) 雨打梨花晝掩門(우타이화주엄문).

옥 동산에 배꽃 피고 두견새 우는 밤

뜰 가득한 달그림자 더욱 서러워라.

꿈에라도 만날 생각에 되레 잠은 오지 않고

일어나 매화 핀 창가에 기대어 오경의 닭소리 듣네.[405]

- 이매창,「규중원(閨中怨)」

호연재는 고성군수 김성달(金盛達, 1642~1696)의 딸이며, 의금부도사, 광주목사를 지낸 송요화(宋堯和, 1682~1764)의 부인이다. 다음의 시는 숙종이 승하(1720)하고 지은 국애(國哀)로, 군은(君恩, 임금의 은혜)을 기리는 내용이다. 1행의 간우(艱憂)는 슬픔과 근심, 즉 국상을 의미하고 3행의 사기(四紀)는 1기 12년으로 48년인데, 숙종의 재위기간(1674~1720, 46년)을 말한다.

동방을 불쌍히 여기지 않아 간우를 만나니

시골 백성들이 쉬지 않고 통곡하네.

사기의 임금 은혜 어느 곳에 물을까

머리 돌려 북궐을 보니 한이 아득하네.[406]

- 김호연재

부용 김운초(金雲楚)는 평북 성천에 살던 가난한 선비의 무남독녀로 태

---

[405] 瓊苑梨花杜宇啼(경원리화두우제) 滿庭蟾影更悽悽(만정섬영갱처처) 相思欲夢還無寐(상사욕몽환무매) 起倚梅窓聽五鷄(기의매창청오계).

[406] 東方不弔遭艱憂(동방부조조간우) 田野愚民哭未休(전야우민곡미휴) 四紀君恩何處問(사기군은하처문) 回瞻北闕恨悠悠(회첨북궐한유유).

어나 4세에『천자문』을 배워 10살 때 당시(唐詩)와 사서삼경에 익숙한 신동으로 알려졌다. 11살에 부친을 여의고 그다음 해 어머니마저 잃은 그녀는 어쩔 수 없이 기생의 길을 걷게 되었다. 관기로 지내다가 뒤에 이조참판, 함경감사를 지낸 김이양(金履陽, 1755~1845)의 소실이 되어, 말년에 거문고와 시문을 노래하며 행복하게 지냈다. 시집에『운초시고(雲楚詩稿)』등이 있고 247편의 시가 전한다.

> 꽃은 산 뜻으로 기뻐하고
> 새는 나무숲 넋으로 노래하네.
> 자연의 심오한 이치 그려 냄은
> 하늘이 내게 맡긴 솜씨이랴.[407]
>
> - 김부용,『운초집(雲楚集)』

성경 아가(雅歌)의 사랑의 노래는 솔로몬이 지었다(아 1:1).

"겨울도 지나고 비도 그쳤고 지면에는 꽃이 피고 새가 노래할 때가 이르렀는데 비둘기의 소리가 우리 땅에 들리는구나. 무화과나무에는 푸른 열매가 익었고 포도나무는 꽃을 피워 향기를 토하는구나. 나의 사랑 나의 어여쁜 자야, 일어나서 함께 가자(아 2:13)."

"북풍아, 일어나라. 남풍아, 오라. 나의 동산에 불어서 향기를 날리라. 나의 사랑하는 자가 그 동산에 들어가서 그 아름다운 열매 먹기를 원하노라(아 4:16)."

---

407) 花欣山意思(화흔산의사) 鳥喚樹精神(조환수정신) 摸寫玄玄妙(막사현현묘) 天工付此人(천공부차인).

제13장 ─────

인생의 마지막 길에서

> **하늘의 명을 기다리다**
> **(119)~(125) 7문장 56자**
>
> 사람이 한세상 살다가 마지막 부름을 받지만, 죽음이 임박하니 세월의 무상함을 느낀다. 그래도 하늘이 부여해 준 소명대로 잘 살았으니 그 정신은 후세에 이어질 것이다. 인생의 한 장을 담은 대서사시 『천자문』은 "위어조자 언재호야"의 의미심장한 구절로 끝을 맺는다. 끝은 곧 새로운 시작이니(終則有始, 종즉유시), 이로써 끝나지만 이 글을 잘 이해하고 인생을 생각하라는 깊은 뜻이 담겨 있다.

(119) 年矢每催 曦暉朗曜(연시매최 희휘낭요): 해는 화살처럼 늘 재촉하지만 햇빛은 밝게 빛을 낸다

- "해年, 화살矢, 매양每, 재촉할催, 햇빛曦, 빛날暉, 밝을朗, 빛날曜"

"曜"는 어떤 판본에 "耀"로 되어 있으나 뜻은 같다.

햇빛은 화살과 같아서 항상 서로 재촉하는데, 희화는 당우(요순)시대 책력을 담당하는 관원이라. 해를 일러 희화라 하였으니, 햇빛이 밝게 비

추어 그 운행이 그치지 않음을 말한 것이다.[408]

앞의 글에서 唐虞(당우)는 중국 요(堯)임금, 도당(陶唐)과 순(舜)임금 유우(有虞)로, 곧 '요순시대'를 말한다.

> 당우(요순) 태평 시절이 멀어 쓸쓸한데,
> 초와 한이 다퉈 그치지 않으니 위태롭구나.[409]
>
> - 두보(杜甫), 「우제(偶題)」[410]

"활을 당겨 나를 화살의 과녁으로 삼으심이여, 화살통의 화살들로 내 허리를 맞추셨도다(애 3:12~13)."
"광야에는 칼이 있으므로 죽기를 무릅써야 양식을 얻사오니, 굶주림의 열기로 우리의 피부가 아궁이처럼 검으니(애 5:9~10)."

(120) 璇璣懸斡 晦魄環照(선기현알 회백환조): 옥구슬(천체관측기구)은 매달린 채로 돌고, 그믐에 빛이 없어 둘레만 비친다

- "옥璇, 구슬璣, 매달懸, 돌斡, 그믐晦, 넋魄, 고리環, 비칠照"

기는 기계이니 선(옥)으로써 그 기틀을 꾸며 매달아 돌게 하였으니 천

---

408) 歲色如箭 每相催迫也, 羲和 唐虞主歷日之官 故謂日爲羲暉也 言日光明照運行不息也(세색여전 매상최박야, 희화 당우주력일지관 고위일위희휘야 언일광명조운행불식야).

409) 蕭瑟唐虞遠 聯翩楚漢危(소슬당우원 연편초한위).

410) 초한대전(B.C. 206~B.C. 202)이 치열하던 때, 두보가 우연히(偶然) 지은 즉흥시다. 偶는 원래 허수아비, 꼭두각시 인형(木偶石人, 돌·나무인형)인데, 여기서 무리나 동류, 짝(배우자), 라이벌, 화합 등의 의미로 파생되었다.

체의 운행을 형상하였다.[411]

회백은 달그림자가 그믐에 밝음이 다하고 초하루에 밝은 것이 살아나 보름 뒤에 검은 부분이 생기니, 날이 가고 날이 오는 순환의 비침을 말한다.[412]

"그 안에 생명이 있었으니 이 생명은 사람들의 빛이라. 빛이 어둠에 비치되 어둠이 깨닫지 못하더라(요 1:4~5)."

"때가 아직 낮이매 나를 보내신 이의 일을 우리가 하여야 하리라. 밤이 오리니 그 때는 아무도 일할 수 없느니라. 내가 세상에 있는 동안에는 세상의 빛이라(요 9:4~5)."

(121) 指薪修祐 永綏吉邵(지신수우 영수길소): 복을 닦는 것은 손가락을 섶에 지피는 것과 같으니, 오래도록 편안하여 상서로움이 높아지리라

- "가리킬(손가락)指, 섶薪, 닦을修, 도울(복)祐, 길永, 편안綏, 길할吉, 높을(고을)邵"

"邵"는 어떤 판본에 "劭"으로 되어 있는데, 잘못 쓰인 것이다.

"선을 쌓아서 복을 닦는 것은 손가락을 섶에 지피는 것에 비유할 수 있으니, 불탄 섶은 없어져도 화기는 전해져 영구히 멸하지 않으리라."[413]

---

411) 璣 機也 以璿 飾璣懸布斡旋 象天之轉也 (기 기야 이선 식기현포알선 상천지전야).

412) 晦魄 月影 晦卽明盡 朔卽明蘇 望後生魄也 言日往日來 循環照曜也 (회백 월영 회즉명진 삭즉명소 망후생백야 언일왕일래 순환조요야).

413) 積善修福 可以指薪爲喩 如薪盡火傳 永久不滅也 (적선수복 가이지신위유 여신진화전 영구불멸야).

"이와 같이 영원히 편안하게 되어 상서로움이 저절로 높아진다."[414]

"지혜 있는 자는 궁창의 빛과 같이 빛날 것이요 많은 사람을 옳은 데로 돌아오게 한 자는 별과 같이 영원토록 빛나리라 (단 12:3)."

"많은 사람이 연단을 받아 스스로 정결케 하며 희게 할 것이나, 악한 사람은 악을 행하리니 악한 자는 아무것도 깨닫지 못하되 오직 지혜 있는 자는 깨달으리라 (단 12:10)."

(122) 矩步引領 俯仰廊廟(구보인령 부앙랑묘): 법도대로 걷고 옷깃을 단정히 하며 조정 일은 심사숙고해서 처리해야 한다

- "법칙矩, 걸음步, 끌引, 거느릴(옷깃)領, 숙일俯, 우러를仰, 행랑廊, 종묘廟"

구보(矩步)는 꺾어 돌 때 법칙에 맞게 함이고, 인령(引領)은 혈령(絜領)과 같으니 옷깃을 단정히 함을 말한다.[415]

부앙(府仰)은 주선(周旋)[416]과 같다. 랑(廊)은 종묘의 랑이니, 옛날에 일이 있으면 반드시 종묘에서 시행했기 때문에 조정을 랑묘(廊廟)라 하였다.[417]

"슬기롭게 행하는 신하는 왕에게 은총을 입고 욕을 끼치는 신하는 그의

---

414) 如是 卽永以爲綏而吉祥自邵也(여시 즉영이위수이길상자소야).
415) 矩步 折旋中矩也 引領猶絜領 言整齊衣衿也(구보 절선중구야 인령유혈령 언정제의금야).
416) 일이 잘되도록 여러 가지 방법으로 힘쓰는 것으로, 특히 국가의 중대사를 교섭(交涉)하는 것을 말한다.
417) 府仰 猶周旋也 廊 宗廟之廊也 古者有事 必行於宗廟 故 謂朝廷爲廊廟(부앙 유주선야 랑 종묘지랑야 고자유사 필행어종묘 고 위조정위랑묘).

진노를 당하느니라(잠 14:35)."

"마음이 지혜로운 자는 명철하다 일컬음을 받고, 입이 선한 자는 남의 학식을 더하게 하느니라(잠 16:21)."

"노하기를 더디 하는 자는 용사보다 낫고 자기의 마음을 다스리는 자는 성을 빼앗는 자보다 나으니라(잠 16:32)."

(123) 束帶矜莊 徘徊瞻眺(속대긍장 배회첨조): 띠를 묶고 엄한 긍지로, 노닐고 걸으며 보고 또 바라본다

- "묶을束, 띠帶, 자랑矜, 엄할莊, 노닐徘, 노닐徊, 볼瞻, 바라볼眺"

"띠를 묶고 조정에 들어갈 때는 당연히 긍지를 갖고 엄히 경건하고 게을러서는 안 된다."[418]

"긍지와 엄함이 바탕에 있으면 배회하며 주변을 두루 살필 수 있으니, 『시경』에 말하기를 백성들이 모두 너를 우러러본다는 이것이다."[419]

"의로운 입술은 왕들이 기뻐하는 것이요 정직하게 말하는 자는 그들의 사랑을 입느니라(잠 16:13)."

"많은 재물보다 명예를 택할 것이요 은이나 금보다 은총을 더욱 택할 것이니라(잠 22:1)."

"도가니로 은을, 풀무로 금을, 칭찬으로 사람을 단련하느니라(잠 27:21)."

"너는 내일 일을 자랑하지 말라. 하루 동안에 무슨 일이 일어날는지 네

---

418) 束帶入於朝 當矜持莊敬 不可懈也(속대입어조 당긍지장경 불가해야).
419) 矜莊有素 卽徘徊之間 可以聳動瞻眺 詩曰 民具爾瞻 是也(긍장유소 즉배회지간 가이용동첨조 시왈 민구이첨 시야).

가 알 수 없음이니라(잠 27:1)."

"무화과나무를 지키는 자는 그 과실을 먹고 자기 주인에게 시중드는 자는 영화를 얻느니라(잠 27:18)."

(124) 孤陋寡聞 愚蒙等誚(고루과문 우몽등초): 홀로 배움이 적으면 어리석고 몽매한 자와 똑같이 꾸짖는다

- "외로울孤, 천할陋, 적을寡, 들을聞, 어리석을愚, 어릴蒙, 같을等, 꾸짖을誚"

천자문의 마지막 교훈

이 문장은 『천자문』 마지막 교훈이다.

"홀로 배우고 벗이 없으면 외롭고 비루해서 듣는 것이 적다(『예기(禮記)』학기편(學記篇)).[420]"

"배우고 때때로 익히면 즐겁지 아니한가. 벗이 먼 곳에서 찾아온다면 또한 기쁘지 아니한가. 남이 나를 알아주지 않아도 개의치 않으면 이 역시 군자가 아닌가(『논어(論語)』학이편(學而篇)).[421]"

"배우기만 하고 생각하지 않으면 어둡고, 생각하기만 하고 배우지 않으면 위태롭다(『논어(論語)』위정편(爲政篇)).[422]"

"열의가 없으면 이끌어 주지 않고, 표현하지 않으면 알아듣지 못한다

---

420) 獨學而無友 則孤陋而寡聞(독학이무우 즉고루이과문).

421) 學而時習之 不亦說乎(학이시습지 불역열호), 有朋自遠方來, 不亦樂乎(유붕자원방래 불역락호), 人不知而不慍 不亦君子乎(인부지이불온, 불역군자호).

422) 學而不思則罔(학이불사즉망), 思而不學則殆(사이불학즉태).

(『논어(論語)』술이편(述而篇))."[423]

"아침에 도를 들으면 저녁에 죽어도 좋다(朝聞道 夕死可矣,『논어(論語)』이인편(里仁篇))."

공자(孔子, B.C. 551~B.C. 479)는 "참된 이치를 깨달으면 죽어도 여한이 없다" 하여 절실한 도의 추구와 소원을 이같이 말하였다. 짧은 인생을 값있게 살아야 한다는 의미로 받아들여진다. 공자가 그냥 뛰어나서 성인이 된 것이 아니다. 공자는『주역』을 늘 가까이 두고 읽었다. 그래서 책 가죽 끈이 세 번이나 끊어질 정도였다(孔子 晩而喜易 韋編三絶, 공자 만이 희역 위편삼절).

그는 말년에『주역십익전(周易十翼傳)』을 저술하여 주역을 완성했다.『주역』은 동양철학의 근본이 되고 유가와 도가, 유학사상의 뿌리가 되었다.

하늘이 나를 이 땅에 보낸 것은 다 쓸모가 있어서이니(天生我材必有用),[424] 재주가 있는데 때를 얻지 못해도 절망하지 말고 잠잠히 기다리면, 언젠가는 꿈을 펼칠 날이 오리라. 그러므로 살아 있는 날까지 결단코 소망을 잃지 말아야 한다.

"그런즉 믿음, 소망, 사랑, 이 세 가지는 항상 있을 것인데 그중의 제일은 사랑이라(고전 13:13)."

"그러므로 너희를 권하노니 사랑을 그들에게 나타내라. 너희가 범사에 순종하는지 그 증거를 알고자 하여 내가 이것을 너희에게 썼노라(고후 2:8~9)."

---

423) 不憤不啓(불분불계, 분발하지 않으면 계도하지 않고), 不悱不發(불비불발, 표현하지 않으면 깨우치지 못한다).

424) "天生我材必有用(천생아재필유용)"은 이백(李白, 701~762, 字: 太白)의「장진주사(將進酒辭)」28구절 중 제9절에 나온다.

(125) 謂語助者 焉哉乎也(위어조자 언재호야): 어조사는 언, 재, 호, 야이다
- "이를謂, 말씀語, 도울助, 놈者, 잇기焉, 잇기哉, 온乎, 잇기也"

"언, 재, 호, 야" 이 네 어조사는 문장의 끝에서 의문(哉, 乎)과 종결(焉, 也)을 나타낸다.

문자에는 허사와 실사가 있으니, 허사 역시 없어서 안 된다. 기(起) 발어사(發語辭), 결(結) 종결사(終結辭), 승(承), 접(接) 접속사(接續辭)로 이어서 글을 만들 수 있는 것이니 즉 어조사다.[425]

모든 일에 끝이 좋아야 한다(유종지미)

모든 일에 끝이 좋아야 하고(有終之美), 인생도 끝맺음을 잘해야 한다.

> 흐르는 물은 다시 돌아오지 않고
> 떠도는 구름 다시 볼 수 없구나.
> 늙은이의 머리 위의 하얀 눈은
> 봄바람이 불어도 날아가지 않네.
> 봄은 지나도 돌아올 날 있는데
> 늙음은 와서 가지 않는구나.
> 봄이 오면 풀은 저절로 나건만
> 청춘은 붙들어도 머물지 않네.

---

425) 文字有虛有實 虛字亦不可無 其起結承接之際 可以聯綴爲文者 卽所謂語助辭也(문자유허유실 허자역불가무 기기결승접지제 가이련철위문자 즉소위어조사야).

꽃은 다시 필 날이 있어도

사람은 다시 소년이 될 수 없고

산색은 예나 지금이 같은데

사람의 마음은 조석으로 변하구나.[426]

- 작자 미상

"전제와 같이 내가 벌써 부어지고 나의 떠날 시각이 가까웠도다. 나는 선한 싸움을 싸우고 나의 달려갈 길을 마치고 믿음을 지켰으니, 이제 후로는 나를 위하여 의의 면류관이 예비되었으므로 주 곧 의로우신 재판장이 그 날에 내게 주실 것이며, 내게만 아니라 주의 나타나심을 사모하는 모든 자에게도니라(딤후 4:6~8)."

"각자 맡은 일에 책임을 명확히 하라."

"군주는 군주다워야 하고, 신하는 신하다워야 하며, 아버지는 아버지다워야 하고, 자식은 자식다워야 한다(君君 臣臣 父父 子子, 『논어』 안연편)."

"옛것을 익혀 새것을 알면 스승이 될 수 있다(溫故而知新 可以爲師矣, 『논어』 위정편)."

"그러므로 천국의 제자 된 서기관마다 마치 새것과 옛것을 그 곳간에서 내오는 집주인과 같으니라(마 13:52)."

자로가 공자에게 물었다. "위나라 임금이 선생님을 모시고 정치를 할

---

426) 流水不復回(유수불부회) 行雲難再尋(행운난재심) 老人頭上雪(노인두상설) 春風吹不消(춘풍취불소) 春盡有歸日(춘진유귀일) 老來無去時(노래무거시) 春來草自生(춘래초자생) 靑春留不住(청춘유부주) 花有重開日(화유중개일) 人無更少年(인무갱소년) 山色古今同(산색고금동) 人心朝夕變(인심조석변).

경우 선생님은 무슨 일부터 하시겠습니까?" 공자가 말했다. "반드시 명분을 바로잡는 일이다(『논어』자로편)."[427]

"명분이 바르지 않으면 말에 순리가 없고, 말에 순리가 없으면 일을 이룰 수 없고, 일이 이루어지지 않으면 예악이 흥하지 않고, 예악이 흥하지 않으면 형벌이 중하지 않으며, 형벌이 중하지 않으면 백성들은 손발을 둘 곳이 없게 된다. 그러므로 군자는 명분에 반듯한 말을 할 수 있게 되고 말을 하면 반드시 행할 수 있게 되니, 군자는 말에 있어서 구차한 바가 없어야 한다."[428]

---

427) 子路曰 衛君待子而爲政 子將奚先 子曰 必也正名乎(자로왈 위군대자이위정 자장해선 자왈 필야정명호).

428) 名不正 則言不順 言不順 則事不成 事不成 則禮樂不興 禮樂不興 則刑罰不中 刑罰不中 則民無所措手足 故君子名之必可言也 言之必可行也 君子於其言 無所苟而已矣(명부정 즉언불순 언불순 즉사불성 사불성 즉예악불흥 예악불흥 즉형벌부중 형벌부중 즉민무소조수족 고군자명지필가언야 언지필가행야 군자어기언 무소구이이의).

마치는 말

"천지현황 시작인데, 언재호야 어디인가."

중국 양(梁)나라 무제(武帝, 464~549, 재위 502~549) 때 『천자문』 열풍이 불었는데, 무제는 주흥사가 편집한 『천자문』을 읽으며 "신이 내린 글"이라 극찬했다고 한다. 이에 『천자문』은 우리나라를 비롯한 동아시아에 널리 보급되었고, 학습교재로 가장 많이 사용되었다. 그래서 고을마다 신동들이 3~5세부터 『천자문』을 익혔다는 기록이 전해지고 있다.

하지만 다산 정약용(丁若鏞, 1762~1836)은 "『천자문』은 어린아이가 배울 책이 아니다."라고 말한 것처럼 『천자문』은 결코 쉬운 책이 아님을 알 수 있다. 이는 『천자문』이 『주역(역경)』, 『시경』, 『서경』, 『효경』, 『예기』, 『사기』, 『논어』, 『춘추』 등 고전에서 뽑아내어 사언절구에 압축하여 의미를 담아냈기 때문이다. 따라서 이 압축된 문장을 어느 정도 이해하기만 하면 많은 학습 정보, 지식을 습득할 수 있는 장점이 있다.

"…바울이…두란노 서원에서 날마다 강론하니라(행 19:9)."

"베뢰아 사람들은…신사적이어서 간절한 마음으로 말씀을 받고…날마다 성경을 상고하여(행 17:11)."

군자와 선비와 양반은 어떤 사람인가?

군자는 행실이 점잖고 어질며 덕과 학식이 높은 사람이다. 즉 도덕적으로 완성된 인격자를 일컫는다. 공자는 『논어』 술이편에서 "성인은 내가 보지 못하였지만, 군자라도 보았으면 좋겠다."[429] 하였으니, 군자는 어디서나 유덕한 사람이다.

군자는 가정과 사회생활에서 모범을 보여야 한다. 많은 사람과 학문을 논하고, 배움에 열중하여 괄목상대(刮目相對)의 실력을 길러야 한다. 무슨 일이든 깊이 생각하고 맡은 본분에 열정을 가지며, 예의 바른 표현으로 모두 즐겁고 행복한 세상을 만들어야 한다.

선비는 신분의 개념이 아니라 인격적 관념이다. 따라서 인품을 갖춘 사람으로 높은 품격의 지식인이며, 특히 유교이념을 구현하는 신분계층이었다. 또 예전에는 학식은 있으나 벼슬하지 않은 사람을 이르기도 했다.

조선은 '선비정신'이었다. 선비는 대쪽같이 곧아 정의와 대의를 위해 죽기를 각오하고 임금에게 직언과 상소를 올리는 용기 있는 사람들이었다. 이 전통은 현대 지식인들의 학생운동에 계승되어 국가의 발전과 민주화 운동에 매우 큰 영향을 끼쳤다. 현대의 선비는 예의 바르고 어질고 학식이 있는 사람이다.

선비는 관직을 하지 않아도 덕과 인품을 갖춘 군자를 일컫는 경우가 많

---

429) 子曰 聖人吾不得而見之矣 得見君子者 斯可矣(자왈 성인오불득이견지의 득견군자자 사가의).

았다. 그래서 군자와 선비와 양반은 그 의미에서 공통점을 갖는다.

양반(兩班)은 고려시대에 관원 문반(文班)과 무반(武班)을 지칭하는 말로, 조선시대에 와서 벼슬에 오른 사대부(士大夫) 계층을 이르는 말이 되었다. 사대부는 덕과 인품이 있는 군자와 선비가 되어야 했다.

조선시대는 신분사회였다. 양반, 중인, 평민, 천민으로 나뉘어져, 최고의 기득권인 양반과 가장 많은 평민(상민, 常民)으로 이뤄진 이 사회의 신분제를 반상제(班常制)라 하였다.

벼슬은 원칙적으로 과거를 통해 관직에 나아갈 수 있는데, 천민은 아예 과거를 보지 못하여 신분 상승의 기회조차 없었고, 평민은 과거에 올라 양반이 되는 경우가 많았다. 또 양반도 가문이 기울고 가진 것이 없으면 평민이나 중인으로 전락하기도 했다.

양반과 평민 사이의 중인(中人)은 기술이나 사무직 향리(鄕吏), 군교(軍校), 역리(驛吏), 아전(衙前) 등 양반에서 격하된 벼슬을 가졌다.

"모든 사람은 태어날 때부터 자유롭고 존엄과 권리에 있어 평등하다. 사람은 천부적으로 이성과 양심을 부여받았으므로, 서로 형제애의 정신으로 대하여야 한다(『세계인권선언』 제1조)."

사람은 사람다워야 한다. 그래서 옛 사람들은 사람 '人' 일곱 글자로 문장 하나를 만들었다.

"人이면 다 人이냐 人해야 人이지 人이 人이어야 人이니라."[430]

사람은 사람다운 삶을 살아야 한다. 그러므로 자기인식이 중요하다.

안데르센(Andersen, 1805~1875)의 동화 「미운 오리 새끼」는 백조로 인

---

430) 人人人人人人人(사람이면 다 사람이냐 사람 짓해야 사람이지 사람이 사람이어야 사람이니라).

식하고 깨닫기까지 시간이 걸린다.

하지만, 사람은 한순간에 깨달음을 얻을 수 있다. 한순간에 큰 깨달음을 얻고 변화되어 다른 사람에게 선한 영향력, 복된 영향력을 끼칠 수 있다. 모든 것은 때가 있고 기한이 있는 것이다(전도서 3장).

시간과 기회

헬라인들은 시간을 크로노스(χρόνος)와 카이로스(καιρός)로 구분하였다. 크로노스는 보통 흐르는 시간이고, 카이로스는 특별한 때와 기회를 말한다.

지혜자가 이상하게 생긴 어떤 사람에게 질문했다.
"앞머리는 왜 그렇게 무성합니까?"
"사람들이 나를 빨리 알아차리지 못하게 하고, 나를 발견하면 쉽게 잡을 수 있도록 하기 위해서다."
"뒷머리는 왜 그렇게 대머리인가요?"
"지나가면 잡지 못하고, 또 언제 올지 모른다."
"어깨와 발에 크고 작은 날개는 왜 달렸나요?"
"최대한 빨리 사라지기 위해서다."
"왼손에 저울은 왜 들고 있나요?"
"옳고 그름을 판단하고 분별하는 것이다."
"오른손의 칼은 왜 들고 있나요?"
"옳다고 판단될 때 칼 같은 결단을 촉구한다."

"당신의 이름은 무엇인가요?"

"나는 바로 사람들이 평생에 몇 번 잡을 기회다! 기회의 신 카이로스(kairos)."

기회는 준비된 자에게 찾아오는 선물과도 같다. 지나간 기회를 놓쳐 후회하기보다, 앞으로 다가올 기회를 잡기 위해 노력해야 한다.[431] 그런데 기회가 와도 깨닫지 못하고 바뀌지 않는 사람이 있다. 왜 그런가? 여러 가지 이유가 있겠지만 깊이 생각해 보아야 한다.

"모세에게 이르시되 내가 긍휼히 여길 자를 긍휼히 여기고 불쌍히 여길 자를 불쌍히 여기리라 하셨으니, 그런즉 원하는 자로 말미암음도 아니요 달음박질하는 자로 말미암음도 아니요 오직 긍휼히 여기시는 하나님으로 말미암음이니라 (롬 9:15~16; 출 33:19)."

"긍휼히 여기는 자는 복이 있나니 그들이 긍휼히 여김을 받을 것임이요 (마 5:7)."

공자가 자하에게 이르기를 "너는 군자다운 선비가 되어야지, 소인 선비는 되지 마라(『논어(論語)』 옹야편(雍也篇))".[432]

선비도 선비 나름이다. 덕이 많은 군자가 있고 소인 선비도 있으니, 선비 되기가 쉬운 일이 아님을 알 수 있다. 세상에는 군자 선비도 많지만 소인 선비도 많다.

다산 정약용은 "선비는 도(道)를 배우는 사람이다. 도를 익히는 사람(學

---

431) 필로스미의 「따스한 책글방」에서 인용.
432) 子謂子夏曰 女(汝)爲君子儒, 無爲小人儒(자위자하왈 여위군자유 무위소인유).

道之人)은 시(詩), 서(書), 예(禮), 악(樂), 법도(法度), 전장(典章)을 익혀야 한다."라고 말하고 "도를 위하는 사람이 군자요 선비지만, 그 마음이 명성을 얻으려는 데 있으면 소인 선비가 된다."라고 하였다.

다음 글은 『논어』의 여섯 가지 군자와 소인에 대한 글이다.

"군자는 의(義)에 밝고, 소인은 이(利)에 밝다."[433]

"군자는 자기에게 구하고, 소인은 남에게 구한다."[434]

"군자는 조화롭지만 똑같지 않으며, 소인은 똑같지만 조화롭지 못하다."[435]

"군자는 도를 배우면 사람을 사랑하지만, 소인은 도를 배우면 부리려고 한다."[436]

"군자는 평탄하여 여유가 있고, 소인은 늘 걱정스러워한다."[437]

"군자는 곤궁을 견디지만 소인은 궁하면 넘쳐난다."[438]

공자가 말하기를 "군자가 두려워하는 세 가지가 있다. ① 천명을 두려워하고, ② 높은 어른을 두려워하고, ③ 성인의 글을 두려워한다. (그러나) 소인은 천명을 알지 못하여 두려워하지 않으며, 어른을 어려워하지

---

433) 君子喩於義 小人喩於利(군자유어의 소인유어이). 이인편.
434) 君子求諸己 小人求諸人(군자구저기 소인구저인). 위령공편.
435) 君子和而不同 小人同而不和(군자화이부동 소인동이불화). 자로편.
436) 君子學道則愛人 小人學道則易使也(군자학도즉애인 소인학도즉이사야). 양화편.
437) 君子坦蕩蕩 小人長戚戚(군자탄탕탕 소인장척척). 술이편.
438) 君子固窮 小人窮濫(군자고궁 소인궁람). 위령공편.

않고, 성인의 말씀을 업신여긴다(『논어(論語)』계씨편(季氏篇))".[439]

많은 것을 아는 것은 좋은 일이다. 그러나 사람이 어떻게 모든 것을 알 수 있는가. 사람의 능력은 한계가 있다. 능력이 무한하다면 그는 신(神)이지 사람이 아니다.

그러므로 사람은 학식이 없어도, 누구나 신언서판(身言書判)을 제대로 갖춘 사람이 될 수 있다. 맵시와 말씨가 곱고 글과 판단이 바르면 그가 바로 양반이요, 참다운 군자와 선비다.

"그러므로 너희가 더욱 힘써 믿음에 덕을, 덕에 지식을, 지식에 절제를, 절제에 인내를, 인내에 경건을, 경건에 형제 우애를, 형제 우애에 사랑을 더하라(벧후 1:5~7)."

"마음의 정결을 사모하는 자의 입술에는 덕이 있으므로 임금이 그의 친구가 되느니라(잠 22:11)."

---

439) 孔子曰 君子有三畏 畏天命 畏大人 畏聖人之言 小人不知天命而不畏也 狎大人 侮聖人之言(공자왈 군자유삼외 외천명 외대인 외성인지언 소인부지천명이불외야 압대인 모성인지언).

어느 시골내기 목사의
이야기 천자문

ⓒ 이종도, 2025

초판 1쇄 발행 2025년 3월 31일

지은이	이종도
펴낸이	최종렬
펴낸곳	도서출판 나선민
주소	서울 양천구 남부순환로 70길 17, 201호
전화	02) 2632-9618
팩스	0504-341-5240
이메일	hjc9787@naver.com
홈페이지	nsmbooks.onmam.com

ISBN 979-11-92586-15-1 (03230)

- 가격은 뒤표지에 있습니다.
- 이 책은 저작권법에 의하여 보호를 받는 저작물이므로 무단 전재와 복제를 금합니다.
- 파본은 구입하신 서점에서 교환해 드립니다.